Märkische Sagen

Märkische Sagen

Berlin und die Mark Brandenburg

Herausgegeben von Ingeborg Drewitz

Mit einem Vorwort von
Siegfried Neumann

Diederichs

Die Deutsche Bibliothek – CIP-Einheitsaufnahme
Märkische Sagen: Berlin und die Mark Brandenburg / hrsg. von Ingeborg Drewitz. Mit einem Vorw. von Siegfried Neumann. – 2. Aufl. – München: Diederichs, 1992
ISBN 3-424-01087-1
NE: Drewitz, Ingeborg [Hrsg.]

2. Auflage 1992

Umschlaggestaltung: Zembsch' Werkstatt, München
Produktion: Tillmann Roeder, München
Gesamtherstellung: Spiegel Buch, Ulm-Jungingen
ISBN 3-424-01087-1

Inhalt

Einleitung zur Neuauflage

Dieses Sagenbuch ist von der Heimatliebe einer Berlinerin geprägt, die das Erwandern der märkischen Städte und Landschaften zu den bleibenden Bildungserlebnissen ihrer Jugend zählte. So umfaßt ihre Auswahl aus der Erzählüberlieferung der Mark Brandenburg vor allem Geschichten, die sich auf die Historie des Landes oder auf lokale Besonderheiten beziehen. Das sind nicht nur historische Sagen, sondern auch Chronikberichte, Anekdoten und Schwänke. Daneben treten mythische Sagen, die einen wesentlichen Teil des märkischen Sagenguts ausmachen, deutlich zurück. Der Band bietet jedoch Erzählgut, das in besonderer Weise das geschichtliche Werden der Mark und herausragende Örtlichkeiten, Ereignisse und Personen aus der Sicht von Zeitgenossen und Nachfahren illustriert. So ist eine Art Lesebuch über die Mark Brandenburg »auf den Spuren Fontanes« entstanden, das durch die zahlreichen Bildbeigaben besondere Anschaulichkeit gewinnt.

Das Buch entstand in den siebziger Jahren, zu einer Zeit also, in der Berlinern im Westen der Stadt der Besuch des märkischen Umlandes kaum möglich war. So mag in dieser Ausgabe auch ein Stück Sehnsucht der Herausgeberin nach den Wandergebieten ihrer Jugend Ausdruck gefunden haben. Seit dem Fall der Mauer, den sie nicht mehr erlebte, ist ganz Brandenburg wieder allen Deutschen zugänglich, und Millionen Besucher haben das genutzt. Dieses gewachsene Interesse für die deutsche Hauptstadt und ihre landschaftlich schöne, geschichtsträchtige Umgebung gibt auch den Sagen dieses Raumes neue Aktualität.

Rostock, 1991 SIEGFRIED NEUMANN

Einführung

Wer die Landkarte der Mark Brandenburg auffaltet, sieht große Wasserflächen, Sümpfe, Wasserläufe, Heiden – eine Landschaft, die sich dichter Besiedlung widersetzt. Er sieht Dorfanlagen, vornehmlich Angerdörfer, Klostersiedlungen mit großräumiger Kultivierung im Umland, er sieht Städte an Furten oder auch von Wasserläufen und Seen gesichert angelegt. Er sieht eine Landschaft, die ihre Geschichte noch spiegelt. Er sieht, was die Leser der Sagen, die in dieser Landschaft überliefert worden sind, erfahren: Jahrhunderte der Auseinandersetzung zwischen Germanen und Slawen, Besiedlungsgeschichte in einer den schweifenden Völkern und Heeren offenen, wenn auch tückischen Landschaft; Missionsgeschichte und die Geschichte des Widerstands gegen Missionierung und Besiedlung, Kämpfe, in denen die Landschaft mitgespielt hat – und schließlich das Ineinandergreifen beider Kulturen, die Vermischung christlicher und heidnischer, germanischer und slawischer Bräuche und Überlieferungen, germanischer und slawischer Namen und Ortsbezeichnungen.
Die Sagen erzählen davon. Die Sagen bewahren und überliefern die ungeschriebene Geschichte in voralphabetären Gesellschaften einschließlich der »vermischten« Nachrichten, die sich in den Jahrhunderten gleichen und doch, durch die auswählende Überlieferung, gesellschaftsbildende und -bindende Werte setzen. Der Lohn für die gerechte, die Nachwirkung der ungerechten Tat sind in den Sagen aller Landschaften motivbildend. In einem Gebiet, das Grenzland war wie die Mark Brandenburg, verschieben sich die Wertungen mit der Etablierung der neuen Herrschaft und entwickeln sich in der Überlieferung der besiegten – hier der slawischen – Bevölkerung Motive wie Großmut, List, Verzicht und Weisheit, die anstelle von Heldenhaftigkeit, kriegerischem Erfolg und Siegerlaune gefeiert werden. Als Überlieferung voralphabetärer und teil-alphabetisierter Gesellschaften reicht die Sagenbildung im Bereich der Mark Brandenburg bis ins frühe 19. Jahrhundert. Unvergessen sind der vorreformatorische Ablaßhandel Tetzels, die Schwedendurchzüge im Dreißigjährigen Krieg, die Familiensagen märkischer Geschlechter, die Sagen vom »Alten Fritz«. Besonders reich aber ist die Überlieferung slawischer Motive in den Sagen, in denen die Landschaft mitspielt.

Die Entscheidung, die Sagen nach den Landschaften der Mark Brandenburg aufzugliedern, folgt dem Prinzip der Diederichsschen Sagenbände. Sie entspricht aber auch ganz dem des frühen Sammlers märkischer Sagen, Märchen, Gebräuche, des Sprachwissenschaftlers Adalbert Kuhn.
Andere Gliederungsprinzipien wären denkbar gewesen, etwa die nach Berufen aus dem ländlichen Bereich (Fischer- und Bauern-, Müller- und Schmiede-Sagen), dem städtischen Bereich (Pfarrer- und Kaufmannssagen, Richter- und Henker-Sagen, Brauer- und andere Handwerker-Sagen), daneben Adels- und Königssagen. Auch die Abspiegelung der historischen Auseinandersetzungen in den ungeschriebenen Überlieferungen hätte sich angeboten; oder das Abtasten der Veränderungen slawischer Überlieferung nach der Christianisierung. Es hätten sich Sagen, die sich mit Rechtsfällen beschäftigten, abheben lassen von solchen, die die List feiern und anderen, die den Hochmut verhöhnen.
Da aber die Mark Brandenburg auf den Landkarten nicht mehr nachgezeichnet werden kann, sowohl durch neue Zuordnung der Landkreise als auch durch Abtrennung der Neumark und des Sternberger Landes nach dem Zweiten Weltkrieg, oder schon durch die Grenzverschiebungen zwischen Sachsen und Preußen im 19. Jahrhundert, schien sich die Gliederung nach Landschaften, deren Namen ja noch erhalten sind, auch für die heutigen Leser anzubieten.
Der wendisch-sorbischen Überlieferung mit dem Kernland an der oberen Spree ist ein besonderes Kapitel gewidmet, auch wenn das Überlieferungsfeld weit über die Grenzen der Mark Brandenburg bis hinauf ins Lausitzer Gebirge und bis zur Elbe oberhalb Wittenbergs reicht, weil in diesen Sagen – wohl durch die Bewahrung der sorbischen Umgangssprache – wenig zu spüren ist von der Christianisierung des Landes. Der große Wendenaufstand von 983 hatte die vereinzelten Kirchen im besiegten Land wie weggefegt und auch die Predigten der böhmischen Mönche (11. Jh.) vermochten die religiöse Widerstandskraft der Wenden nicht zu brechen.
Natürlich gibt es Sagen, die in den verschiedenen Landschaften weitererzählt worden sind, andere, die landschaftsspezifisch sind wie etwa die aus dem Warthe- und Netzebruch mit dem besonderen Anteil des Deutschen Ritterordens an der Christianisierungs- und Kolonisierungsgeschichte. Immer wieder aber ist es das Wasser, sind es die unergründlichen, vom Faulschlamm schwarzen Seen, ist es die Unzugänglichkeit der Venne und Moore, die in ihrer Menschenfeindlichkeit zum Erzählen Anlaß geben. Die Farbe der Erdkrume, die Vögel des Sumpf- und

Waldlandes sind beredte Zeugen vergangenen Geschehens. Die Dörfer mit ihren Kirchen, ihren Mühlen haben eigene Überlieferungen. Und noch hier wird erkennbar, daß es in der Mark keine Einzelgehöfte gibt, daß die Ansiedlungen gefährdet waren. Und die Ritter- und Adelsgeschlechter werden weniger als Ausbeuter und Raubritter gefürchtet als in ihrer groben Kumpanei beschrieben – völlig anders als im südwestlichen Deutschland. Fast zu wenige Sagen erinnern an die Christianisierung und Kolonisierung durch die Mönchsorden, obgleich deren Arbeit weit über die Klöster Chorin und Lehnin hinaus Bedeutung hat. In einigen Proben wird der märkische Eulenspiegel aus Trebbin vorgestellt, weil die Geschichten von Hans Clauert nun mal zur beliebtesten, mündlich überlieferten Dichtung gehören. Aber auch die Faustsage, das Hans-im-Glück-Motiv, die Schildbürger finden sich in der Mark. Die Siedler kamen ja aus den angrenzenden und ferneren Gebieten des Deutschen Reiches. Erstaunlich, daß die Holländer, die Franzosen, ohne die die Mark und Berlin kaum zur Bedeutung in der Neuzeit gelangt wären, fast keine Spuren in der mündlichen Dichtung hinterlassen haben!

Auffällig ist die Wiederaufnahme von Sagenmotiven in der schriftlichen Literatur. Schon Luther hat in seine Tischreden gern Sagen eingeflochten. Kleists Novelle »Michael Kohlhaas« fußt zwar auf einer historischen und zudem aktenkundigen Begebenheit, sie findet aber auch in Sagen ihre Entsprechung. Fontanes schönes Gedicht »Herr von Ribbeck auf Ribbeck im Havelland« geht auf eine Lokalsage zurück, wie sich Fontane überhaupt gern auf Sagenmotive gestützt hat, ohne immer die Zusammenhänge mit Altüberliefertem einzugestehen (siehe Leopold Schmidt, Theodor Fontane und die Sagen der Mark Brandenburg, in: Fabula 20. Bd. 1979, Heft 1/3).

Auch Willibald Alexis hat märkisches Sagengut verarbeitet, Hermann Hesse hat eine Berliner Sage umgedichtet. Und wer weiß schon, daß der damals noch völlig unbekannte Lyriker Johannes Bobrowski den märkischen Eulenspiegel für junge Leser neu erzählt hat!

Wie allenthalben in Deutschland, ist das Sammeln von Sagen auf den mächtigen Impuls der Brüder Grimm zurückzuführen; so hatten die Lehrer im Lande großen Anteil am Aufzeichnen mündlicher Überlieferung, man wollte retten, bevor alles in Vergessenheit geriet. Nach den Deutschen Sagen der Grimms folgte eine Anzahl regionaler Sammlungen, denn »gar manches blieb noch dunkel und machte die Auffindung neuer Quellen wünschenswerth« (so der schon erwähnte Adalbert Kuhn, Lehrer am Köllnischen Gymnasium in Berlin, der 1843 als erster »Märkische Sagen und Märchen« herausgab). Auch in der von ihm und seinem Schwager Wilhelm Schwartz verfaßten Sammlung »Norddeutsche Sagen« (1848) war die Mark reich vertreten. Dagegen nimmt sie im »Sagenbuch des Preußischen Staates« von J. G. Th. Grässe (2 Bde. 1868/71) nur einen vergleichsweise bescheidenen Platz ein, denn Grässe ging es auch um die im Krieg von 1866 neueroberten Provinzen Preußens: ein patriotisches Unternehmen. Durchaus von politischen Zielen durchdrungen war auch, wenige Jahre nach dem Friedensschluß von Versailles, »Eichblatts Deutscher Sagenschatz in Einzeldarstellungen«; Heinrich Lohre hat, nach mythologischen Begriffen und nach Sagengattungen, eine Auswahl »Märkische Sagen« (1921) getroffen, und sie bleibt durchaus noch lesbar.

Der jetzige Versuch, aus der Fülle der landschaftlich gebundenen Einzelsammlungen einen möglichst breiten Überblick über den Sagenschatz der Mark Brandenburg zu geben, ist notgedrungen unvollkommen, sonst hätte das vorliegende Buch den vier- bis fünffachen Umfang haben müssen. Nicht immer kann die älteste Überlieferung eingesetzt werden, weil die Sammler unterschiedlichen Editionsprinzipien gefolgt sind, und weil es dann und wann auch reizvoll war, eine andernorts nicht aufgeführte Sage weiterzugeben. Nicht immer war die Zuordnung zu einer Landschaft, einer Provinz, ganz eindeutig zu leisten. Die Mark Brandenburg ist ja weder durch Bergriegel noch durch unpassierbare Ströme in Siedlungs- also Überlieferungsgebiete zergliedert, sondern hat sich der Eroberung aus dem (nieder)sächsischen Kernland und der Christianisierung durch die Ritter- und Mönchsorden offen dargeboten, wenn auch die slawischen Einwohner und ihre Führer das wasserreiche Land zu nutzen verstanden haben und der Wendenkönig von Burg an der oberen Spree noch jahrhundertelang in der Phantasie der Bewohner der südöstlichen Mark gegenwärtig geblieben ist, groß und geheimnisvoll noch als Besiegter – und ganz ohne Haß.

Aber auch die Stadtgrenzen Berlins haben sich mit dem Zusammenschluß zur Großstadt Berlin verändert und ist die Zuordnung der Sagen nicht konsequent den heutigen Stadtgrenzen gefolgt (die ja von der Zweiteilung der Stadt 1961 nicht berührt worden sind), sondern fügt sich kulturhistorischen Zusammenhängen. Der Kenner alter Landkarten wird Grenzüberschreitungen zwischen Provinzen und Landschaften feststellen. Die aber zeugen von der Lebendigkeit der Überlieferung bis ins 19. Jahrhundert, die festzuhalten hier noch einmal versucht wird, ehe sie in Familienüberlieferungen fast völlig versickert und als Aberglaube kaum noch kenntlich ist.

Ich habe meinem ersten Lehrer an der Volksschule in Berlin Oberschöneweide zu danken, einem Uckermärker, der uns Kindern die Überlieferung der Sagen lebendig gemacht hat, der uns durch das alte Berlin rings um den Molkenmarkt geführt hat (einem Quartier, dessen Untergang ich im Februar 1945 miterlebt habe), ich habe meinem Vater zu danken, der mich früh gelehrt hat, Karten zu zeichnen und mir so ein Bild der Mark Brandenburg einzuprägen, wie ich es nicht mehr finde. Ich habe den Eltern zu danken, die uns Kinder früh schon von den Endstationen der Berliner S-Bahn aus die Mark erschlossen haben. Bräuche aus dem Sorbisch-Wendischen haben meine Kindheit noch bestimmt, rätselhaft schön. Erst spät habe ich ihre Herkünfte erkannt.
So mag die Auswahl der Sagen sehr persönlich geworden sein wie auch die Anordnung in Spiralenform, die von Berlin ihren Anfang nimmt, so daß die ältesten Überlieferungsgebiete, die Altmark und der sorbische Bereich, zuletzt vorgestellt werden (auch weil sie über die Peripherie der Mark hinausreichen). So hat der Leser die Möglichkeit, die Überlagerung von neuerer und alter Überlieferung kapitelweise zu entschlüsseln und dabei eines der interessantesten Gebiete mündlichen Erzählens kennenzulernen.

Berlin, 1979 INGEBORG DREWITZ

Berlin

Die Rippe zu Berlin

An dem Eckhaus des Molkenmarkts und der Bollengasse hängen ein Paar gewaltige Knochen, das ist das Schulterblatt und die Rippe eines Riesen, und darum nennt man das Haus auch schlechthin »Die Rippe«. Dieser Riese soll aber hier von einem Erdwurm, so nannten die Riesen in ihrem Übermut die Menschen, erschlagen und so groß gewesen sein, daß sein Leib nicht auf einem Kirchhof Platz hatte, daher hat man ihn denn zerstückeln und auf allen Kirchhöfen begraben müssen.
In der Nähe des Molkenmarkts, nach dem Rathaus zu, soll überhaupt ehemals die wahre Bärengrube gewesen sein, wo sich die Bären aufgehalten haben, und daher ist es denn auch gekommen, daß Berlin einen Bären im Wappen führt. (1)

Links das älteste Berliner Stadtsiegel, das den brandenburgischen Adler zeigt (um 1272). Rechts das Stadtsiegel zu Ende des 13. Jh.: zwei gepanzerte Bären halten das Adlerschild

Der Molkenmarkt. Kupferstich von Johann Georg Rosenberg um 1780

Die drei Blutstropfen

Es lebte ungefähr zur Zeit der Regierung des Großen Kurfürsten ein Brauer in der Lindenstraße, der besaß dreierlei: ein gutes Bier, einen Batzen Geld und eine hübsche Schenkin. Freute sich auch, daß letztere so keusch und sittsam war, daß sie sich auf die Liebesbeteuerungen der Gäste nicht einließ, denn er begehrte das schöne Kind selber zur Ehefrau. Aber als er damit Ernst machen wollte, ging's ihm wie den andern, das Mädchen lachte ihn aus und wies ihn ab. Da schlich er sich zu nächtlicher Zeit in des Mädchens Kammer, wollte sie durch gleißendes Gold betören und gebrauchte schließlich Gewalt, um den Widerstand der schönen Schenkin zu brechen. Die aber entfloh vor ihm und sprang in ihrer Angst zum Fenster hinaus auf den Hof. Als der Brauer ihr nacheilte, war sie verschwunden, aber die Stelle, wo sie herabgesprungen, war durch drei Blutstropfen gekennzeichnet. Haß und Rache füllten nun das Herz des Brauers. Er schlug Lärm, behauptete, er sei von seiner Schenkin bestohlen worden und wies auf die Goldstücke hin, die in ihrer Kammer gefunden wurden, die er selbst aber dort zurückgelassen hatte. Das Mädchen wurde erwischt und nach kurzem Prozeß zum Tod verurteilt. Als man sie noch einmal nach dem Hof ihres früheren Brotherrn führte, rief sie aus: »Diese drei Blutstropfen werden für mich zeugen, wenn ich unschuldig sterben muß.« Und so geschah es auch. Die Blutflecken blieben sichtbar, so sehr sich auch der Brauer, von Gewissenspein gequält, bemühte, sie fortzuschaffen. In der Nacht erhob er sich von seinem Lager und wusch und scheuerte auf dem Hof herum, bis ihm Arme und Beine schmerzten und er sich kaum halten konnte vor Ermattung. Aber auch in nächtlicher Stunde leuchteten ihm die drei Blutstropfen wie flammende Wahrzeichen entgegen, also daß er keine Ruhe mehr finden konnte bei Tag und Nacht. Da entschloß er sich, den ganzen Hof neu pflastern zu lassen. Die Steine mit den Blutstropfen hob er selber heraus, nahm sie in den Keller und zerschlug sie mit einem großen Hammer. Nun hoffte er Ruhe zu haben sein Leben lang. Als er aber am andern Morgen erwachte, sah er auf der Straße viele Gaffer vor seinem Haus stehen, hörte auch laute Verwünschungen gegen sich aussprechen. Er eilte auf die Straße und gewahrte zu seinem Schreck die drei Blutstropfen an der weißgestrichenen Wand des Hauses. Da packte ihn die Verzweiflung und in der Nacht stieg er zum Fenster hinaus auf ein Gesims und versuchte, mit den Nägeln die Blutflecken abzukratzen. Als es ihm aber nicht gelang, hob er verzweifelnd die Hände zum Himmel, verlor den Halt und stürzte auf die Straße. Dort fand man ihn am andern Morgen tot, mit zerschmetterten Gliedern. Die drei Blutstropfen aber verschwanden erst mit dem Abbruch des Hauses. (2)

Wo man Bernauer Bier holt

Das Bernauer Bier war einst weltberühmt. Sie hatten in Bernau dafür auch eine merkwürdige Bierprobe. Sobald es geprüft werden sollte, wurde nämlich auf dem Ratssaal etwas davon über die großen gepolsterten Stühle gegossen. Wenn nun die Ratsherren sich hinsetzten und mit ihren ledernen Büxen (Hosen) so fest saßen, daß sie beim Aufstehen den Stuhl mit in die Höhe zogen, dann galt es als stark genug und probehaltig und durfte verzapft und ausgeführt werden, sonst nicht.
Von seiner Dauerhaftigkeit und Güte gab es nun in Berlin immer eine alte Geschichte, die zur Zeit des Dreißigjährigen Krieges passiert sein sollte. Ein Junge aus Bernau, heißt es, war bei einem Berliner Schuhmacher in die Lehre gebracht worden, wo ihm nicht gerade goldene Tage blühten, denn

Kurfürst Georg Wilhelm (1595–1650). Zeitgenössischer Kupferstich

die Meisterin führte ein strenges Regiment. Deshalb erschrak er sehr, als sie ihm gleich in den ersten Tagen eines Nachmittags, als einige Gevattersleute zum Besuch einsprachen, eine zinnerne Kanne gab und ihm auftrug, Bernauer Bier zu holen. Daß es Bernauer Bier in Berlin geben könne, der Gedanke kam ihm nicht in den Sinn; zu fragen getraute er sich weiter auch nicht, und so wanderte er denn zum damaligen Georgen-, jetzigen Neuen-Königstor hinaus, um aus seiner Vaterstadt Bernauer Bier zu holen. Spät abends kam er dort an zum großen Erstaunen seiner Eltern, und das wuchs noch, als sie den Zusammenhang hörten. Was sollten sie aber mit dem Jungen machen? Nachdem er für seine Dummheit ausgescholten worden, fütterte ihn seine Mutter gehörig nach dem weiten Weg und schickte ihn zu Bett; den andern Morgen sollte er wieder zurück nach Berlin. Am andern Tag füllten sie ihm dann auch den Krug wirklich mit echtem Bernauer Bier und gaben ihm noch Eier, Speck und dergleichen an die Frau Meisterin mit, damit er sie etwas besänftigen könne. Der Junge wanderte auch zuerst rüstig fort, je näher er aber Berlin kam, desto unheimlicher wurde ihm der Gedanke, der Frau Meisterin wieder vor die Augen zu treten. Endlich faßte er einen raschen Entschluß; er vergrub die Kanne in einen Steinhaufen und ging in die weite Welt.

Es waren damals wilde Zeiten, wo man nach einem solchen Knaben nicht weiter viel fragte; der Junge war eben verschwunden, damit war es genug. Gelegentlich sprach man wohl bei den Schuhmachersleuten noch davon, dann hörte auch dies auf.

Viele Jahre waren nun seitdem vergangen, da hielt eines Tages ein Reiter vor dem Haus des Schuhmachers. Es war unser Junge, der inzwischen herangewachsen, Kriegsdienste genommen und es durch Mut und Tapferkeit bis zum Rittmeister gebracht hatte und nun seinen alten Lehrherrn und die Frau Meisterin, vor der er jetzt sich nicht mehr fürchtete, aufsuchte, als er gerade einmal durch Berlin kam. Die Leute wollten es zuerst gar nicht glauben, daß er der Junge sei, der ihnen mit der zinnernen Kanne, wie die Meisterin sich ausdrückte, »durchgegangen« wäre. Da bestand er darauf, daß sie alle mit hinauskämen nach dem Bernauer Weg zu dem Steinhaufen, in den er die Kanne vergraben hatte; denn daß der noch da war, davon hatte er sich vorher überzeugt. Nun gingen alle, auch die Nachbarn, mit hinaus, und wie man die Steine wegräumte, siehe, da stand der Krug noch unversehrt da, und als man gar den Deckel hob, da hatte sich das Bernauer Bier nicht bloß gut erhalten, sondern war, wie es heißt, noch duftender und schöner geworden denn zuvor. (3)

Der Wucher-Bäcker

Die Sage erzählt, daß einst ein Bäcker in Berlin sich durch List und Betrügereien ein bedeutendes Vermögen erworben hatte. Das bewog ihn, sein mühsames Gewerbe niederzulegen und sich dafür durch Wucher ein noch größeres Vermögen auf eine leichtere Weise zu verschaffen. Er verkaufte in dieser Absicht sein Bäckergeschäft und lieh das Geld nur solchen Personen, die es nicht entbehren konnten und ihm daher höhere Zinsen und endlich das Darlehen doppelt und dreifach zurückzahlen mußten. Diese schändliche Wucherei wurde aber bald bekannt und der schmutzige Geizhals gemieden. Niemand fragte mehr nach seinem Geld und er war genötigt, nun von seinen Zinsen zu leben. Das tat seiner harten Wucherseele

Das Beizen der fertigen Münzen. Kupferstich 1881

doch zu weh, um dabei gleichgültig zu bleiben. Er sann auf ein anderes Mittel, um ohne Mühe zu gewinnen und gemächlich von dem Ertrag seiner Betrügerei zu leben, und hatte es bald gefunden, indem er nun selbst von andern Geld borgen und diese um Zinsen und Kapital betrügen wollte. Der erste und nächste, an dem er seine Schurkerei übte, war der Bäkker Kunz, sein ehemaliger Lehrling, dem er seine Bäckernahrung käuflich überlassen hatte.

»Da ich eben kein bares Geld im Hause habe«, trat er eines Morgens zu diesem in die Stube, »so wärest du wohl so gut, mir nur auf drei Tage 50 Dukaten zu borgen?« Kunz fand ein solches Darlehen gar nicht gefährdet und zahlte ihm ohne Zeugen und Handschrift die verlangte Summe sogleich aus.

Der dritte Tag war vorüber und der Erborger hatte keine Zahlung geleistet. Kunz war darüber eben nicht ängstlich, brauchte aber selbst das Geld in seinen Geschäften und bat jenen, als er ihm eben auf der Straße begegnete, um gefällige Wiederbezahlung. Da fuhr dieser auf, wie er denn die 50 Dukaten noch einmal von ihm fordern könne, da er doch solche ihm bereits zurückgezahlt hätte. Kunz wußte nicht, ob er wache oder träume und versicherte, noch keinen Heller wiedererhalten zu haben! Der Wucherer wurde noch heftiger, und es entstand ein so lebhafter Wortwechsel, daß dadurch eine bedeutende Menschenmenge herbeigelockt wurde. Jeder der Streitenden blieb bei seiner Behauptung, an deren Wahrheit bei Kunz niemand zweifelte. Damit aber war diesem nicht zu seinem Gelde geholfen, was er in so bedeutender Summe nicht missen wollte und konnte, und er brachte die Sache vor den Stadtrat. Dieser ließ den Bäcker vorladen, der auch sogleich mit einer kalten, gleichgültigen Miene und einem dicken spanischen Rohr erschien. Eine Menge neugieriges Volk folgte. Der Bäkker wiederholte hier seine Versicherung, daß er das Geld in die Hände Kunzens zurückgegeben habe und darüber einen Eid ablegen wolle. Die Richter, bei diesem wunderlichen Handel keine andere Auskunft kennend, erkannten auch darauf und daß er sogleich geleistet werden solle. Um die Hände frei zu bekommen, bat der Bäcker den neben ihm stehenden Kunz, unterdes seinen Hut und Stock zu halten. Kunz wollte das seinem alten Lehrmeister nicht abschlagen, und dieser sprach nun so heiter die Eidesformel und die in ihr enthaltenen Anrufungen der Gerechtigkeit Gottes nach, daß darüber das Volk ein unwillkürliches Grausen anwandelte. Der Eid war geleistet und der Bäcker nahm, Kunzen hämisch drohend, daß er es ihm schon vergelten wolle, den Ruf seines guten Namens verdächtig gemacht zu haben, Hut und Stock und verließ die Gerichtsstube! Da fing das Volk laut an von Meineid zu sprechen, und Kunz, außer sich, machte Miene, den Betrüger die Rathaustreppe (die da war, wo noch jetzt am Rathaus in der Königsstraße eine vermauerte Tür zu sehen) hinunterzuwerfen. Dieser aber setzte sich zur Wehr und schlug mit seinem gewichtigen Rohr so gewaltig auf den Gegner los, daß es zersprang und – die abgeschwornen Dukaten die Treppe hinabrollten. Der Bäcker hatte also zwar buchstäblich recht geschworen, daß er das Geld in seines Gläubigers Hand zurückgegeben habe, indem dieser den Stock mit den Dukaten, während jener schwur, in den Händen hielt; aber diese jesuitische Abfindung mit dem Gewissen wollte das Volk nicht gelten lassen, sondern hätte den schlauen Betrüger auf der Stelle umgebracht, wenn ihn nicht die Wache in Schutz genommen hätte! Kunz erhielt nun sein Geld zurück und verzieh dem Bäcker, aber der Rat verurteilte diesen, alle Kosten zu zahlen, zeitlebens einen seidnen Strick um den Hals zu tragen und dem Scharfrichter, der alljährlich einmal untersuchen sollte, ob er das tue, für seine Mühe jedesmal 50 Gulden zu geben. (4)

Der Todeswürfel

Unter dem großen Kurfürsten hat in Berlin ein reicher Waffenschmied gelebt, der nur ein einzig Kind, ein wunderschönes Mädchen, besaß. Um diese bewarben sich zwei Leib-Trabanten des Kurfürsten, Heinrich und Rudolph, beide bei ihrem Herrn sehr beliebt, und obwohl sie gleich außer ihrer Stelle dem Mädchen nicht viel zu bieten hatten, wagte doch der Vater derselben sie wegen der Gunst, in der sie bei dem Kurfürsten standen, nicht zurückzuweisen. Die Jungfrau selbst entschied sich anfangs für keinen, allein endlich fühlte sie sich doch mehr zu dem stillen Heinrich hingezogen als zu dem heftigen Rudolph. Als nun ersterer eines Abends den alten Waffenschmied aus den Händen roher Gesellen, die ihn mißhandeln wollten, befreit hatte und überdies auch gleichzeitig durch eine Erbschaft zu Geld gekommen war, da gab ihm auch der Vater den Vorzug vor seinem Kameraden, und dieser räumte zwar notgedrungen das Feld, beschloß aber, bittere Rache zu nehmen. Er schlich nun den Liebesleuten auf Tritt und Schritt nach und als er sie eines Abends im Schatten der Häuser versteckt am Brunnen belauert hatte, wurde er durch die Liebkosungen, welche das Mädchen ihrem Liebhaber zuteil werden ließ, so zur Wut entflammt, daß, als jener sich von ihr entfernt, er auf sie losstürzte und ihr sein Schwert in die Brust stieß. Er entfernte sich unbemerkt, und als das Mädchen in ihrem Blut gefunden wurde, fiel natürlich der Verdacht nicht auf ihn allein, den niemand gesehen hatte und auf den man eben nur darum kommen konnte, weil seine Eifersucht bekannt war, sondern auch auf Heinrich, den mehrere Zeugen noch ganz kurz zuvor mit dem Mädchen hatten sprechen sehen. Der unglückliche Vater flehte den Kurfürsten um Bestrafung des Verbrechers an und dieser ließ beide Trabanten verhaften, weil nur einer von ihnen es gewesen sein konnte. Beide leugneten entschieden, und auch die Tortur brachte aus ihnen kein Geständnis heraus, so daß der Kurfürst nicht wagte, ein Urteil zu fällen, sondern die Entscheidung Gott anheimstellte. Er befahl nämlich, jene zwei sollten um den Tod würfeln, so daß wer den höchsten Wurf getan für unschuldig zu erachten sei, der andere aber hingerichtet werden sollte.

Sämtliche Trabanten mußten aufmarschieren, vor der Front wurde eine Trommel hingestellt, dabei stand ein Geistlicher und unfern davon ein Sarg. Beide Angeklagten schritten fest zu dem furchtbaren Gottesgericht, Heinrich forderte noch einmal, indem er seine Unschuld beteuerte, seinen Kameraden auf, sich schuldig zu bekennen, allein umsonst; derselbe nahm die Würfel, schüttelte sie und warf zwei Sechsen, so daß sonach eigentlich seines Gegners Los entschieden war. Allein dieser ließ sich nicht beirren, gläubig sah er gen Himmel und flehte zu Gott, er möge ein Zeugnis seiner Unschuld ablegen. Und siehe, was geschah, als er die Würfel auf die Trommel warf, zersprang der eine, der andere zeigte eine Sechs und die zwei Seiten des zersprungenen eine Sechs und eine Eins, so daß er dreizehn, also eins mehr als sein Gegner geworfen hatte. Letzterer aber wurde von diesem offenbaren Gericht Gottes so ergriffen, daß er seine Schuld nicht mehr leugnete, sondern ehrlich gestand, wie die Sache zugegangen war. Der Kurfürst aber wagte auch nicht, die Hinrichtung des Schuldigen zu befehlen, sondern verurteilte ihn, um ihm Zeit zur Reue zu lassen, zu ewigem Gefängnis, jener Todeswürfel aber kam in die Kunstkammer des königlichen Schlosses zu Berlin als ein Wahrzeichen von des Schicksals wundersamen Fügungen und der ewigen Gerechtigkeit des Himmels. (5)

Das Galgenhaus

So wird das Haus Nr. 10 in der Brüderstraße genannt. Es ist an ihm ein Loch, mit einem eisernen Gitter versehen, das als Kellerloch benutzt wird, ein Wahrzeichen eines traurigen Ereignisses.

Unter der Regierung König Friedrich Wilhelms I. nahmen die Hausdiebstähle in Berlin so überhand, daß alle polizeilichen Maßregeln zu ihrer Verhütung nichts helfen wollten. Darüber wurde der König so zornig, daß er den Befehl gab, jeden, der als Hausdieb entdeckt würde, sofort und ohne lange weitere Untersuchungen vor dem Haus, in dem er gestohlen, an einem dazu aufgerichteten Galgen, der aus einem hölzernen Schandpfahl mit einem Arm bestand, aufzuhängen. Der Befehl war leider kaum bekanntgemacht, als in dem Haus eines Ministers ein silberner Löffel, auf den der Minister selbst großen Wert legte, vermißt wurde. Darüber erhob sich unter der zahlreichen Dienerschaft ein großer Aufruhr, indem jeder den Verdacht, der zum Galgen führen konnte, von sich abzulenken suchte. Endlich fiel er auf ein Hausmädchen, erst vor kurzer Zeit hier in Dienst getreten. Sie war die Geliebte eines Soldaten, um den sie von den übrigen weiblichen Dienstboten beneidet wurde! Der Verdacht wurde zur Anklage, von der sie sich in ihrer Einfalt und Befangenheit selbst nicht reinigen konnte und arm und unbekannt auch keinen andern Verteidiger fand. Dem Minister war es höchst unangenehm, vor seinem Haus einen Galgen errichtet und das Mädchen hängen zu sehen, aber dennoch wagte er es nicht, dem strengen Befehl seines Königs entgegen zu handeln. Das unglückliche Mädchen wurde gehängt und die Brüderstraße vermochte nicht die Menschen zu fassen, welche die Neugierde, dieses neue Trauerspiel zu sehen, herzugeführt hatte. Ein Jahr war bereits seit der Hinrichtung vergangen und noch immer standen die Menschen gruppenweise dem Haus gegenüber und erzählten sich von der rührenden Hinrichtung des schönen Dienstmädchens. Das machte dem Minister seine Wohnung höchst unangenehm, aber sie wurde ihm ganz zuwider, als ein Zufall die Unschuld des Mädchens und den wahren Dieb an den Tag brachte, und dieser war eine – zahme Ziege, welche jetzt den weggetragenen Löffel wieder zum Vorschein brachte. Jetzt wurde das Haus von Neugierigen belagert und fast erstürmt, die nun die Ziege, den Löffel und den Ort sehen wollten, wo ihn jene versteckt gehalten habe. Der Minister bot das Haus zum Verkauf aus, aber niemand wollte das Galgenhaus, wie man es jetzt nannte, in Besitz nehmen. Als die Geschichte mit der Ziege nun der König erfuhr, hob er gleich das strenge Gesetz wegen der Hausdiebe auf und ließ durch den Magistrat das Haus ankaufen, das auch bis heute den widerlichen Namen behalten hat. In dem obenerwähnten Loch soll der Galgen gestanden haben. (6)

Der Scharfrichter als Heilkünstler

Die Scharfrichter haben allezeit den Ärzten ins Handwerk gepfuscht; aber zur Zeit Joachims I. hat einmal der Scharfrichter von Berlin eine ganz absonderliche Kur angewandt. Da lagen einst am grünen Donnerstag drei Bettler vor der Klosterkirche der schwarzen Brüder gegenüber dem Schloß, taten gar jämmerlich, als hätten sie die Krämpfe, und lahm stellten sie sich auch. Meister Hans, der Scharfrichter, hatte aber die Leute genau

Ausstellung am Pranger auf der Gerichtslaube um 1380. Kupferstich 1881

angesehen und bemerkt, daß der Schaum vor ihrem Mund eitel Seifenschaum war. Da fragte er den Kurfürsten, ob er die drei wohl gesund machen dürfe. Als der's nun erlaubte, zog er eine Knotenpeitsche unter dem Wams hervor und schlug so unbarmherzig auf die Krüppel los, daß eine Staubwolke aus ihren Kitteln aufstieg. Da haben dann die Krüppel schnell ihre Messer gezogen, aber nicht, um sich zu wehren, sondern um die Stricke zu zerschneiden, mit denen sie die Beine unter dem Leib zusammengebunden, sind aufgesprungen und schnell über die lange Brücke bis ans Georgentor gelaufen. Meister Hans aber hat ihnen bis dahin das Geleit gegeben und seine Knotenpeitsche die Musik dazu gepfiffen. Der Kurfürst war ein gar ernster Mann; aber diesmal hat er denn doch gelacht und den Meister Hans gelobt, der sich seitdem seines besonderen Wohlwollens zu erfreuen hatte. (7)

Der Henkersknoten

In dem Haus Behrenstraße 69 wohnte zur Zeit Friedrich Wilhelms I. eine wohlhabende Witwe. Einst wurde sie am Morgen erdrosselt aufgefunden. Der Verdacht, den Mord begangen zu haben, lenkte sich auf den einzigen Sohn, einen leichtsinnigen Menschen, der am Tage zuvor, wie das Dienstmädchen aussagte, mit der Mutter in Streit geraten war, weil sie ihm kein Geld mehr geben wollte. Da er geäußert haben sollte, er wisse schon, wie er es bekommen würde, waren die Richter fest davon überzeugt, daß er und kein anderer der Schuldige sei. Als er nun auf der Folter die Tat schließlich zugab, verurteilte man ihn dazu, an demselben Strick gehängt zu werden, mit dem die Mutter erdrosselt worden war. Der Tag der Hinrichtung kam heran. Dem Jüngling wurde noch einmal das Urteil verlesen; dann sollte der Henker seines Amtes walten. Als der aber den Knoten im Strick bemerkte, trat er vor den Richter und sagte: »Dieser Jüngling kann nicht der Täter sein; denn niemand außer einem Scharfrichter vermag einen solchen Knoten zu schürzen!« Dabei sah er seine Knechte scharf an. Einer derselben erbleichte und gestand denn auch, die Tat begangen zu haben; die Magd, mit der er ein Verhältnis unterhielt, habe ihm verraten, daß ihre Frau viel Geld besitze und ihm Gelegenheit gegeben, die ruchlose Tat auszuführen. So wurde der Unschuldige noch im letzten Augenblick gerettet; die Bösewichter aber empfingen ihren Lohn. (8)

Der fliegende Chorschüler

In vielen Städten der Mark und namentlich in Berlin erzählt man sich folgende Sage:
Eines Tages verabredeten mehrere Chorschüler miteinander, daß sie auf den Kirchturm (in Berlin soll es der der Marienkirche gewesen sein) steigen und dort aus den Krähennestern, deren sich eine große Anzahl oben befand, die Eier ausnehmen wollten. Diesen Vorsatz führten sie auch aus und stiegen zum Turm hinauf; als sie dort ankamen, wurde zu einem der Schallöcher hinaus ein Brett gelegt, welches zwei Schüler hielten, der dritte aber kroch auf diesem Brett hinaus, um in den Ritzen und Spalten des Turms Nester zu suchen. Er fand auch bald eine große Zahl derselben, gab jedoch seinen Gefährten kein einziges der Eier, welche er dort fand, und als sie ihn nun fragten, ob sie ihr Teil nicht erhalten würden, schlug er es ihnen rund ab, weil er sagte, er habe sich allein der Gefahr unterzogen und so wolle er auch allein die Frucht derselben genießen. Da wurden die andern böse und drohten ihm, daß sie das Brett loslassen würden, wenn er ihnen nicht augenblicklich einen Teil seiner Beute abgäbe; er jedoch, der vor der Ausführung ihrer Drohung sicher zu sein glaubte, sagte, das sollten sie nur tun, dann würden sie gewiß nichts bekommen. Aber kaum hatte er das gesagt, so ließen jene das Brett los und der arme Chorschüler stürzte von der höchsten Höhe des Turms herab. Nun hatte er aber seinen weiten Mantel um, der bis unten hinab zugeknöpft war, so daß sich sogleich der Wind darunter fing, den Fall hemmte und ihn wohlbehalten und unversehrt mitten auf den Markt hinabtrug, wo er zur größten Verwunderung der Käufer und Verkäufer ankam. Ob er jetzt seinen Gefährten ihren Anteil am Gewinn gegeben, weiß ich nicht, sie mögen aber auch wohl nicht mehr danach verlangt haben. (9)

Das Kreuz auf dem Marienkirchhof

Auf dem Marienkirchhof zu Berlin, so erzählt Grässe, befindet sich rechts vom Eingang unter dem Turm der Kirche ein uraltes, ziemlich roh gearbeitetes steinernes Kreuz mit fünf Löchern (wahrscheinlich zum Anbringen eines Kruzifixes bestimmt), welches sich aber früher an einer andern Stelle befand, nämlich da, wo im Jahr 1726 das Küsterhaus hingebaut worden ist. Nach der gewöhnlichen Annahme soll dasselbe nach der hier im Jahr 1335 geschehenen Ermordung des Probstes Nicolaus von Bernau

errichtet worden sein. Derselbe war nämlich in der Marienkirche wegen einer Aufforderung Rudolphs von Sachsen mit einigen von der Gemeinde hart zusammengeraten und hatte, als dieselben sich nicht fügen wollten, mit dem Bann gedroht, allein dadurch waren diese noch mehr erbittert worden, sie drängten ihn aus der Kirche heraus und vor der Tür wurde der Unglückliche von dem wütenden Pöbel zu Boden gerissen, mit Füßen getreten und hauchte bald unter den Streichen der Rasenden sein Leben aus. Der Bischof von Brandenburg Johann III. tat hierauf die Stadt in Bann und sein Nachfolger Stephan hob diesen dann erst 1347 wieder unter der Bedingung auf, daß die Gemeinde an der Stelle, wo der Mord verübt worden, ein Kreuz errichten und eine ewige Lampe in einem Kapellchen unterhalten würde. Eine Spur von diesem Lichtgestifte war lange nachdem das Kapellchen verschwunden war noch vorhanden, denn das Haus in der Spandauer Straße Nr. 76 wurde noch lange die Lampe genannt, und der Besitzer, ein Schmied, hieß im Volksmund der Lampenschmied.
Die Sage über die Entstehung dieses Kreuzes wird jedoch auch noch ganz anders erzählt. Es soll nämlich der Teufel dereinst gefunden haben, daß seit der Erbauung der Marienkirche ihm viele Seelen entgangen seien und mancher Sünder, auf den er schon mit Sicherheit gerechnet, sich gebessert habe und von unserem Herrgott wieder zu Gnaden angenommen worden sei. Da beschloß er denn, den ersten besten, den er an der Kirche erwischen könne, seinem Grimm zu opfern.
Nun trug es sich zu, daß gerade ein Feiertag war und ein armer Musikant nach alter frommer Sitte hoch oben auf des Turmes Zinnen einen frommen Choral in früher Morgenstunde blasen sollte, da packte ihn der Teufel beim Kragen und schleuderte ihn mit gewaltigem Ruck auf die Straße herab. Allein unser Herrgott hatte Erbarmen mit dem armen Mann, es erhob sich auf einmal ein fruchtbarer Sturm, der Wind fing sich in den Falten des Mantels des Herabstürzenden, und so wurde er langsam aus der schwindelnden Höhe hinab auf die Erde getragen, und die Stelle, wo er gesund und mit ungebrochenen Gliedern ankam, wird durch das steinerne Kreuz bezeichnet. Andere erzählen freilich, der vom Teufel herabgeschleuderte Stadtmusikus (Hausmann) hätte an dieser Stelle wirklich seinen Geist aufgegeben, während wieder andere berichten, beim Neubau des Turms sei einer der Bauleute vom Teufel herabgestürzt worden und an jener Stelle verstorben. (10)

Parochialkirche. Radierung von Johann Georg Rosenberg um 1780

Die Löwen an der Parochialkirche

Bekanntlich wird die Spitze des Parochialkirchturms, den man wegen seines Glockenspiels gewöhnlich die Singuhr nennt, von vier Löwen getragen; diese, erzählt man, sollen früher alle Stunde gebrüllt haben; dem Meister aber, der ein so künstliches Werk vollführt, sind die Augen ausgestochen worden, damit er nicht ein zweites der Art mache. Da hat er denn gebeten, man möge ihm doch gestatten, nur noch einmal hinaufzugehen, denn er habe noch etwas vergessen. Da hat man ihn denn hinaufgeführt; als er aber oben war, hat er an einer Schraube gedreht, und seit der Zeit sind die Löwen verstummt und man hat das Werk nicht wieder in Ordnung bringen können. (11)

Der Fisch und der Kolk am Berliner Rathaus

Am Rathaus in der Spandauer Straße war vordem ein eiserner Fisch angebracht, der nach der Sage anzeigen sollte, wie hoch einst da das Wasser gestanden. Allein dies ist unrichtig, jener eiserne Fisch gab nämlich früher den Fischern die Größe an, unter welcher sie keine Fische mit dem Garn fangen und zur Stadt bringen durften. Ein ähnliches Bild, dessen Erklärung nicht ganz sicher ist, ist der sogenannte Kolk, ein aus Sandstein geformtes Spottbild in Vogelgestalt, mit menschlichem Antlitz und langen Tierohren, das sich an einem der niedrigen Strebepfeiler des Rathauses befindet und eine Allegorie des Prangers sein sollte, insofern früher gerade drüber das Halseisen angebracht war. (12)

Der Türträger in der Wallstraße

Eins der ältesten Wahrzeichen der Stadt Berlin befindet sich am Haus Nr. 25 der Wallstraße. Es ist der sogenannte Türträger und besteht aus einem Relief, auf welchem ein nackter, nur mit einem Schurz um die Hüften versehener kräftiger Mann dargestellt ist, welcher den Flügel eines Stadttores mit gewaltigen Riegeln auf seinem Rücken von einer im Hintergrund sichtbaren Stadt bergaufwärts zu tragen scheint. Nach der prosaischen Erklärung wäre dies weiter nichts als die Abbildung des Simson, der nach der Bibel (B. d. Richter XVI, 3) die Torflügel der Stadt Gaza auf die Höhe von Hebron trug, und würde sich als eine Gedenktafel auf das frühere Köpenicker Tor (dieses verschwand um 1735) beziehen, wie denn in demselben Haus, welches eben jetzt noch dieses Bildwerk trägt, die eisernen Haspen von dem abgetragenen Tor aufbewahrt werden sollen.
Die Sage selbst aber, wie sie noch im Volk lebt, lautet anders. Es lebte nämlich einst in der Stadt Berlin ein armer Schuhmacher, der sehr sparsam war und was er sich und seiner Familie am Mund abdarben konnte hinlegte, um sich ein Lotterielos kaufen zu können, weil er sich einmal fest eingebildet hatte, auf diesem Weg allein sei es ihm beschieden, reich zu werden. Endlich hatte er auch das nötige Geld beisammen, kaufte sich ein Los, und als der Tag der Ziehung gekommen war, eilte er auf das altköllnische Rathaus, wo dieselbe stattfand, um selbst anwesend zu sein, wenn sein Los mit einem Gewinn herauskäme. Siehe da, seine Ahnung ging in Erfüllung, er hörte seine Nummer ausrufen und gleich darauf den höchsten Gewinn. Er eilte spornsteichs nach Hause, teils um sich zu überzeugen, daß er auch wirklich die glückliche Nummer im Besitz habe, teils um sein Los herbeizuholen. Allein nicht wenig erschrak er, als er das Los nicht mehr an seinem Ort fand, er schaute sich überall um, und wie war ihm, als er es dann plötzlich an der Stubentür haftend erblickte. Eins seiner Kinder hatte sich

Das alte Rathaus. Kupferstich um 1760

in seiner Abwesenheit den Spaß gemacht, das Los mit Schusterkleister an die Tür zu kleben. Er versuchte es anfangs mit Wasser abzulösen, allein dies gelang ihm nicht, und da er sich nicht anders zu helfen wußte, so hing er die Tür aus, nahm sie auf den Rücken und trug sie auf das Rathaus, um sich so als Besitzer des Glückstreffers auszuweisen. Trotz der sonderbaren Form der Aufbewahrung des Loses erhielt er aber seinen Gewinn ausgezahlt, baute sich ein eigenes Haus und ließ sich selbst über der Tür als der entschlossene Türträger mit dem Los, das der Beschauer aber freilich nicht sehen konnte, in Stein aushauen. (13)

Der Schweinskopf

Nahe dem Johannisstift in Plötzensee liegt ein altersgraues Häuschen; das ist der »Schweinskopf«. Da soll vor einigen hundert Jahren über der Tür der Kopf eines Wildschweines zu sehen gewesen sein und der Wirt der kleinen Schenke einen Mauerstein mit der Jahreszahl 1534 besessen haben. Heute erinnert an jene Zeit nur noch ein Bild des Kurfürsten Joachims I. an der Wand des Gastzimmers.

Beim »Schweinskopf« soll einst ein wütender Eber diesen Kurfürsten niedergerannt haben. Joachim wäre verloren gewesen, hätte nicht ein Köhler, der in der Nähe den Meiler bediente, seinen Hilferuf gehört. Mit der Schürstange eilte der Brave herbei und erschlug den Eber. Zum Dank erbaute ihm der Kurfürst das Haus und erlaubte ihm, einen kleinen Ausschank einzurichten. Der Köhler aber nagelte zur Erinnerung den Kopf des Ebers als Wirtshausschild über der Tür fest, wie die Jäger tun, die an ihrem Haus das Geweih eines Hirsches anbringen. Das geschah genau ein Jahr vor dem Tod des Kurfürsten (14).

Wie die Jungfernbrücke ihren Namen erhielt

In einer französischen Emigranten-Familie, die in den Häusern an der Friedrichsgracht wohnte, waren neun Töchter, nicht mehr ganz jung, aber alle gleich redselig und klatschsüchtig. Alles, was in der Nachbarschaft vorging, wurde bei ihnen durchgehechelt und durch sie weitergetragen, so daß sie bald in der ganzen Stadt als Klatschbasen verschrien waren. Die kleine Brücke, die vordem Alte Leipziger oder auch Spreegassen-Brücke hieß, war besonders zum Sammelpunkt der neun Klatschbasen ausersehen, und so kam es, daß die Brücke zunächst nur im Volksmund, dann aber auch amtlich als Jungfernbrücke bezeichnet wurde. Aber noch eine andere Begebenheit knüpft sich an diesen Namen. Ein alter Liebhaber soll aus Eifersucht das Mädchen seiner Wahl auf der Brücke überfallen, zu Tode gewürgt und dann in das Wasser geworfen haben, später aber durch einen blinden Bettler verraten und seiner Schuld überführt worden sein. Der Tod dieser Jungfrau, die ebenfalls einer französischen Familie angehört haben soll, habe dann der Brücke ihren noch heute bestehenden Namen verschafft.

Diese Sage wird von Grässe folgendermaßen erzählt:

Der Name der Jungfernbrücke, wie man die Spreegassen-Brücke auch genannt hat, ist daher gekommen, daß, als nach der Aufhebung des Edikts von Nantes zahlreiche vertriebene Reformierte nach Berlin flüchteten und daselbst um Aufnahme baten, auch ein gewisser Herr Blanchet mit neun heiratsfähigen Töchtern, die namentlich durch die kunstvollen Spitzen, die sie zu klöppeln verstanden, berühmt wurden, hier seinen Aufenthalt nahm und eine Bude an der sogenannten Friedrichsgracht oder Friedrichsgraben errichtete, wo sie ihre Arbeiten zum Verkauf ausboten. Ebenso berühmt wie aber diese neun Mädchen durch die kunstvollen Arbeiten ihrer Hände wurden, ebenso gefürchtet wurden sie wegen ihrer spitzen Zungen und ihrer Klatschsucht, so daß jede böse Neuigkeit und hämische Erdichtung den Jungfern an der Brücke zugeschrieben und der Brücke selbst im Lauf der Zeit dann der Name Jungfernbrücke beigelegt wurde. (15)

Die schwarzen Brüder in Kölln an der Spree

In Kölln an der Spree lebten einst vier Brüder, die mit seltener Liebe Leid und Freude, Lust und Schmerz des Lebens miteinander teilten. Niemand war imstande, sie zu veruneinigen, nichts fähig, sie mißtrauisch und einander abgeneigt zu machen. Bei dieser seltenen Erscheinung im Menschenleben konnte der ewige Feind des Friedens nicht gleichgültig bleiben und schwor, diese Brüder miteinander zu verfeinden, und erschien ihnen als ein – schönes, reizendes Mädchen.
Als die Brüder sie erblickten, sprach keiner ein Wort zu dem andern, sondern sie folgten schweigend der Dirne bis vor das Tor, wo sie unerwartet

Die Brüderstraße. Gezeichnet von Catel, in Kupfer gestochen von Hüllmann. Um 1808

verschwand. Die Brüder reichten sich zum Abschied die Hände und jeder ging, das erste Mal in ihrem Leben, allein seinen Weg; denn jedem gefiel das schöne Mädchen, jeder wünschte sie zu besitzen. So schien es denn dem Teufel gelungen zu sein, die seltene Bruderliebe zu vernichten! Bald nachher erschien er wieder in der liebreizenden Mädchengestalt und bot sich den Brüdern als dienende Magd an. Da sie aber versprochen hatten, selbst einander bis zum Tod zu dienen, schlugen sie das Anerbieten des verführerischen Dienstmädchens ab; und um in Zukunft vor ähnlichen Versuchungen sicher zu sein, beschlossen sie, der reinsten Liebe einen Tempel zu bauen und ihr Leben im Dienst der Kirche zu beschließen. Sie führten ihr frommes Vorhaben aus, und da, wo sonst ihr Haus stand, findet man das Kloster der schwarzen Brüder.

Etwas anders wird diese Sage von Grässe erzählt:

Zu den ältesten Straßen Berlins gehört die Brüderstraße, welche wahrscheinlich ihren Namen von dem in der zweiten Hälfte des 13. Jahrhunderts gestifteten Kloster der schwarzen Brüder erhielt, das an ihrem Eingang lag und dessen Kirche auf dem Schloßplatz zwischen der Brüder- und Breiten-Straße stand. Dasselbe soll aber von vier Brüdern gestiftet worden sein, und zwar aus folgendem Grunde. Es sollen vor grauen Jahren in Kölln an der Spree vier Brüder gelebt haben, die wegen ihrer treuen Liebe zueinander bekannt waren. Sie wohnten in einem Haus, was einer tat, taten alle; ging einer aus, so begleiteten ihn die andern drei, ja sie ritten wie einst die vier Haimonskinder zusammen auf einem Pferd. Über diese brüderliche Eintracht ärgerte sich aber der Teufel, er beschloß Uneinigkeit zwischen ihnen zu säen und bediente sich dazu wie fast immer eines Frauenzimmers. Als sie einst zusammen ausgegangen waren, ließ er ihnen ein wunderschönes Mädchen in den Weg kommen, die Brüder wurden plötzlich alle von einer heftigen Leidenschaft für dasselbe entflammt, und als es nahe am Tor auf einmal verschwand, da trennten sich zum ersten Male die Brüder, ohne daß einer dem andern ein Wort sagte, voneinander, und jeder schlug einen andern Weg ein, in der Hoffnung, das schöne Mädchen wiederzufinden und für sich zu gewinnen. Da dachte der Teufel, er habe schon gewonnenes Spiel, und schickte die schöne Dirne zum zweiten Mal aus, und zwar gleich in das Haus der vier Brüder, damit sie sich denselben als Magd anbieten sollte, um nun die Brüder, weil natürlich sie jeder besitzen wollte, erst recht zu entzweien. Allein als sie das Zimmer betrat, sah sie die vier Brüder miteinander beten und erhielt von ihnen, nachdem sie ihnen ihre Dienste angeboten, die strenge Antwort, sie solle ihres Weges ziehen, sie würden bis an ihr Lebensende sich selbst bedienen; und damit

Berlin-Kölln im 17. Jh. Kupferstich von Matthaeus Merian, aus: Topographia Electoratus Brandenburgici et Ducatus Pomeraniae. Frankfurt 1652

kein irdischer Reiz jemals wieder zwischen sie treten könne, hätten sie gelobt, ein Kloster zu erbauen und selbst als die ersten Brüder einzutreten. Wie gedacht, so geschehen; auf derselben Stelle, wo ihr Haus stand, erbauten sie das Kloster der sogenannten schwarzen Brüder, welches aber, als Kurfürst Joachim II. 1536 jene aus Brandenburg verwies, in ein Domstift verwandelt wurde, welches erst im Jahre 1747 bei Erbauung der jetzigen Domkirche am Lustgarten abgerissen wurde. Vor langer Zeit sah man noch an einem Haus der Brüderstraße, aux quàtre Philémons genannt, ein Bild jener vier Brüder, alle auf einem Pferd sitzend. (16)

Die drei Linden auf dem Heiligen-Geist-Kirchhof

Auf dem Kirchhof des früheren Hospitals zum Heiligen Geist (zwischen Heiligengeistgasse und Spandauerstraße) haben vor vielen Jahren drei gewaltig große Linden gestanden, die mit ihren Ästen den ganzen Raum weithin überdeckten.

Das Wunderbarste an diesen Bäumen war, daß sie angeblich mit den Kronen in die Erde gepflanzt waren und dennoch ein so herrliches Wachstum erreicht hatten.

»Aber dieses Wunder«, heißt es in einem alten Bericht, »hatte auch die göttliche Allmacht gewirkt, um einen Unschuldigen vom Tod zu erretten. Vor vielen, vielen Jahren lebten nämlich in Berlin drei Brüder, die mit der herzlichsten Liebe einander zugetan waren und mit Leib und Leben füreinander einstanden. So lebten sie glücklich und zufrieden, als dies Glück plötzlich durch einen Vorfall gestört wurde, den wohl keiner hätte ahnen können. Denn so unbescholtenen Wandels auch alle drei bisher gewesen waren, wurde doch der eine von ihnen plötzlich des Meuchelmordes angeklagt und sollte, obgleich er noch kein Geständnis getan, den Tod erleiden, da alle Umstände die ihm zur Last gelegte Tat wahrscheinlich machten. Noch saß er im Gefängnis, als eines Tages seine beiden Brüder vor dem Richter erschienen und jeder von ihnen sich des begangenen Mordes schuldig erklärte. Kaum hatte dies der zum Tod Verurteilte vernommen, als auch er, indem er erkannte, daß seine Brüder ihn nur retten wollten, der Tat geständig wurde, und so auf einmal statt eines Täters drei vor Gericht standen, von denen jeder mit gleichem Eifer behauptete, daß er allein jenen Mord begangen.

Da wagte der Richter nicht den Urteilsspruch an dem ersten zu vollstrek-

Die Spandauer Straße mit dem um 1660 erbauten Spandauer Tor

ken, sondern legte den Fall zuvor noch einmal dem Kurfürsten vor, welcher verordnete, daß hier ein Gottesurteil entscheiden solle. Er befahl daher, ein jeder der drei Brüder solle eine junge, gesunde Linde mit der Krone in das Erdreich pflanzen, so daß die Wurzeln nach oben stünden; wessen Baum dann vertrocknen würde, den hätte Gott selbst dadurch als den Täter bezeichnet.

Dies Urteil sollte dann sogleich beim Anbruch des Frühlings vollzogen werden, aber siehe da! nur wenige Wochen vergingen, und alle drei Bäume, die man auf dem Heiligen-Geist-Kirchhof gepflanzt hatte, bekamen frische Triebe und wuchsen bald zu kräftigen Bäumen heran. So wurde denn die Unschuld der drei Brüder erwiesen, und die Bäume haben noch lange in üppiger Kraft an der alten Stelle gestanden, bis sie endlich verdorrt sind und anderen Platz gemacht haben.« (17)

Der Edelstein im Brandenburgischen Kurhut

Als der Burggraf Friedrich von Hohenzollern auf seiner Burg die Boten des Kaisers empfangen hatte, welche ihm verkündeten, daß ihn derselbe zum Kurfürsten gewählt habe und er nach Kostnitz kommen sollte, wo ihn der Kaiser mit der Kurwürde belehnen wolle, da trat in der Mitternacht desselben Tages, als er schlaflos auf seinem Bett lag, eine wunderbare Erscheinung vor ihn, ein liebliches Wesen, halb Jungfrau halb Kind, ganz so wie uns die Engel geschildert werden, und verkündigte ihm des Glückes viel und Sieg in der Schlacht, reichte ihm auch einen wunderbar in allen Farben des Regenbogens schimmernden Karfunkelstein und hieß ihn, sich mit diesem zu schmücken, darauf verschwand sie. Als aber der Morgen anbrach, glaubte der Burggraf fest geträumt zu haben, allein vor ihm lag der bewußte Stein, doch leuchtete er nicht mehr in heller Farbenglut wie die Nacht zuvor, sondern war trübe und glanzlos. Doch Friedrich warf ihn nicht verächtlich weg, sondern schloß ihn zum Andenken an das nächtliche Gesicht sorgsam in seine Truhe ein. Nach manchem schweren Streit war endlich der Tag gekommen, wo er im festlichen Schmuck in seine gute Stadt Berlin einziehen sollte, siehe, da zeigte es sich, daß von den Diamanten, welche den Kurhut schmücken, der kostbarste verlorengegangen war, da erinnerte sich der Kurfürst des Steines, den er in jener Nacht von dem Engel zum Geschenk erhalten hatte. Er holte ihn aus seiner Truhe hervor und versuchte, ob er in die Lücke passe, und siehe, kaum hatte derselbe den Hut berührt, da saß er so fest, daß man ihn nicht mehr drehen oder wenden konnte, und auf einmal leuchtete er so hell wie keiner der andern Edelsteine um ihn. Jener Stein aber ist von da an als Talisman vom Vater auf den Sohn als das kostbarste Stück der Brandenburgischen Krone fortgeerbt. (18)

Das Unwetter und Kurfürst Joachim I.

Vor anderm ist merkwürdig, was sich Anno 1525 zu Berlin den 15. Juli mit Kurfürst Joachim begeben. Diesen hatte ein Astronomus feierlich gewarnt, daß an demselben Tag ein groß Wetter würde kommen, und wäre zu besorgen, beide Städte Berlin und Kölln möchten untergehen. Ist also mit seiner Gemahlin, der jungen Herrschaft und vornehmsten Bedienten auf den Tempelhofischen Berg gezogen, um die Begebenheit der beiden Städte abzuwarten. Als er aber sich lange da aufgehalten und nichts daraus worden, hat ihn seine Gemahlin, wie sie denn eine sehr gottesfürchtige und christliche Fürstin gewesen, gebeten, daß er möchte wieder hineinziehen und bei seinen armen Untertanen auswarten, was Gott tun wollte, weil sie es vielleicht nicht allein verschuldet, darüber er bewogen, und um 4 Uhr gegen Abend wieder gen Kölln gefahren. Ehe er aber an das Schloß gelangt, hat sich ein Wetter bewiesen, und wie er unter das Schloßtor gekommen, dem Kurfürsten vier Pferde vor dem Wagen samt dem Kutscher erschlagen, sonst keinen Schaden mehr getan. (19)

Kurfürst Joachim I. (1484–1535). Kupferstich nach einem Gemälde von Lukas Cranach

Die Bildsäule des Kurfürsten von Sachsen

Im 1553. Jahr nach Christi Geburt, den 9. (etliche sagen den 8.) Januarius erhob sich in Berlin ein starker Wind und warf Herzog Moritzens, des Kurfürsten von Sachsen Bild, welches auch inwendig im Schloß war, den Kopf herab und tat gleichwohl den andern Bildern keinen Schaden. Ist ohne Zweifel eine Anzeigung gewesen des zukünftigen Unglücks, welches Herzog Moritzen im Heumonat begegnet, wo er in der Schlacht bei Sievershausen bei dem Schloß Pirna in Sachsen einen tödlichen Schuß bekam, davon er am dritten Tag hernach in seinem 33. Jahr verschieden ist. (20)

Die Bildsäule des Großen Kurfürsten

Früher wußte man hier in Berlin noch viel mehr Geschichten aus alter Zeit zu erzählen, aber es kommt allmählich immer mehr ab; die wenigsten wissen noch, was das Jungfernkissen sei, oder daß der Große Kurfürst eigentlich acht Sklaven hat. Die vier, die oben um den Fuß der Bildsäule sitzen, das sind die vier Hauptsklaven, es sitzen aber noch vier unten im Wasser. Auch was das bedeuten soll, daß ein Paar Kinderköpfe vorn auf der Brust aus dem Mantel heraussehen, weiß der zehnte nicht. Das hängt aber so zusammen: Als der Große Kurfürst regierte, war ein gewaltiger Religionskrieg, und was nur an die Wand p . . . konnte, wurde ermordet. Nun kam der Kurfürst mal in einem Dorf in eine Stube, da lagen ein Paar Kinder in der Wiege, die lachten ihn so freundlich an; da hat er sie in seinen Mantel genommen und befohlen, daß man aufhören solle mit dem Morden. Und daher stammt denn das Wahrzeichen auf der Brust. (21)

Die Reiterstatue des Großen Kurfürsten auf der Langen Brücke und das Hufeisen

Kurfürst Friedrich III., nachmaliger König Friedrich I., beauftragte den Oberbaudirektor Schlüter mit der Anfertigung eines Modells zu einem Standbild des Großen Kurfürsten, welches der berühmte Meister auch sehr bald zum Beifall aller Kunstverständigen lieferte. Ein gewisser Johann Jacobi aus Homburg in Hessen goß darauf nach Schlüters Modell eine Sta-

Die Lange Brücke mit der Reiterstatue des Großen Kurfürsten und die alte Post. Ölgemälde von C. T. Fechhelm um 1770

tue in Erz. Der Guß geschah am 22. Oktober 1700 nachmittags im Gießhaus hinter dem Zeughaus und gelang vollständig. Die Statue selbst wurde am 12. Juli 1703, dem Geburtstag des Königs, unter großen Feierlichkeiten eingeweiht. Der Künstler soll nun auf sein Werk höchst stolz gewesen sein und sich vermessen haben, dasselbe sei ohne Fehler, und so ihm jemand einen solchen nachweisen könne, wolle er sich das Leben nehmen; da habe einer seiner Gesellen ihn darauf aufmerksam gemacht, daß am rechten Vorderhuf des Pferdes das Eisen fehle, daß also bei einem so bedeutenden Fehler er durchaus keine Ursache habe, mit seiner Arbeit so wichtig zu tun, und der ehrgeizige Schlüter habe sich diesen Vorwurf so zu Herzen genommen, daß er von derselben Brücke, auf der sein letztes Werk aufgestellt war, in die Spree gesprungen sei. Allein obgleich dem Pferd wirklich das Eisen fehlt, so ist doch die Sage von dem Selbstmord erfunden, denn Schlüter behielt bis 1713 seine Stelle als Hofbildhauer und starb, nachdem er das Jahr vorher freiwillig Berlin verlassen hatte, 1714 als Baumeister des Zaren Peter des Großen. (22)

Das Haus des starken Mannes

In vielen älteren Schriften über Berlin ist von dem Haus des starken Mannes die Rede gewesen, allein jetzt weiß man nichts weiter davon, als daß es an der Zimmer- und Charlottenstraßen-Ecke gestanden haben muß. Seinen Namen hat es von seinem Erbauer bekommen, dem sogenannten starken Mann, Johann Carl von Eckenberg, einem dänischen Adligen, der im Jahr 1717 in Berlin erschien, um seine Künste in einer damals auf dem Neuen Markt erbauten Bude zu produzieren und dazu am 14. Juni ein königliches Privilegium erhielt. Dasselbe wurde unterm 27. September 1732, als Eckenberg auf Verlangen des Königs neben seinen bisherigen Künsten auch theatralische Vorstellungen geben sollte, in ein Generalprivilegium verwandelt und Eckenberg zum Hofkomödianten ernannt, der größte Teil seiner Vorstellungen aber, welche er bis zu seinem Tod zu zeigen pflegte, bestand jedoch nur in den Proben seiner Körperkraft und der besonderen Geschwindigkeit seiner Frau. (23)

Doktor Eisenbart in Berlin

Berlin, den 26. Juni 1717. Der Hofrat Eisenbart tut hier große Kuren und hat vor wenig Tagen in Beisein vieler vornehmen Leute einen fünfzehnjährigen Knaben einen Stein, eines kleinen Hühnereis groß, glücklich geschnitten und andere große Experimenta abgelegt. (24)

Die Kur des Doktor Eisenbart

Berlin, den 24. September 1724. Daß der Königlich Preußische Rat Eisenbart von Magdeburg noch zum Trost vieler bedrängten Patienten allhier sein, wird hierdurch zu wissen getan; er hat die kurze Zeit viele Menschen an allerhand teils gefährlichen Krankheiten rühmlichst kuriert, in specie hat er den 11. September c. von einem fünfundzwanzigjährigen Menschen mit geschwinder Behendigkeit und in Presence vieler Leute, doch ohne große Schmerzen dergleichen Stein (wie beigehende Figur zeiget) aus der Blase geschnitten. Dieser Mensch ist gottlob frisch und gesund, auch die Blase vollkommen heil; er logieret in der Heilig Geist Straße, in der Witwe Neumeisterin Hause, allwo in seinem Quartier das Original kann gesehen werden. Dergleichen wichtige Operationes wird der Rat Eisenbart noch mehrere vornehmen. Was an Augenkuren, Brüchen, Leibsgewächsen, Hasenscharten von ihm verrichtet werden, achtet er gering. Hierbei wird dessen unvergleichlicher balsamischer Haupt-, Augen- und Gedächtnis-Spiritus de meliori rekommendieret, wovon sehr viele Proben erwiesen an denen, so vom Schlag gerühret, Schwindel, Ohrensausen, Kopfwehe und Augen-Tunkelheiten laborieret, auch ist zu Konservierung darzu nichts Bessers zu wünschen, das Lot à 12 gr., ingleichen dessen berühmte Tinktur in Stein- und Gliederschmerzen das Lot à 8 gr., wie auch die curieusen und bequeme Bruchbänder, wodurch viele Brüche nebst dienlichen Medicamentis ohne Schnitt kurieret werden, umb billichen Preis zu haben. So jemand seiner Hülfe benötigt, kann des Morgens nichtern seinen Urin auffangen und ihm zusenden. Sein Logis ist in der Spandauschen Straße bei Herrn Melchern. (25)

Der Neidkopf

Ein freundlicher, nach des Tages Hitze wahrhaft erquickender Sommerabend wehte seine kühlenden Lüftchen durch die Straßen Berlins und veranlaßte die Handwerker, ihre Arbeitswerkstätte zu schließen und sich durch einen Spaziergang vor den Toren oder unter den Linden zu erholen. Nur der Goldschmied Bergner hatte in seinem kleinen baufälligen Häuschen auf der Heiligengeiststraße noch seine Werkstatt zu ebener Erde offen und arbeitete so munter, als andere Meister kaum am Morgen beginnen, wozu ihn aber weder Ordnungslosigkeit noch Geiz, sondern Armut nötigte; denn wenn er Arbeit bekam, mußte er sie auch schnell beenden, um den Kunden zu gefallen und auch Lohn für seine Arbeit zu erhalten. So saß er auch eines Abends emsig beschäftigt, als ein Fremder in schlichtem Anzug bei ihm eintrat. Bergner, den guten Abend des Fremden freundlich erwidernd, blickt auf und erkennt in ihm seinen – König Friedrich Wilhelm I., der ein besonderes Vergnügen daran fand, in einem einfachen Anzug abends auf den Straßen zu lustwandeln und das Tun und Treiben seiner Bürger zu beobachten. Der König fragte, warum er noch so spät arbeite, da alle Meister und Gesellen längst Feierabend gemacht hätten und seine Arbeit sich doch weniger gut bei Lampen- als bei Tageslicht verrichten lasse.

Bergner kannte den edlen Charakter, aber auch die sonderbaren Launen seines Königs, der ihn mit Freundlichkeit anblickte, und schilderte ihm fast beredt die drückende Armut, in der er lebe, und wie er nicht selten Be-

stellungen von Arbeit zurückweisen müsse, weil er die dazu nötigen Auslagen an Gold und Silber nicht aufzubringen vermöge und so nichts Erhebliches erwerben könne!
Dem König, der den Goldschmied schon öfter beobachtet und sich nach seiner Kunstfertigkeit erkundigt hatte, gefiel die anspruchlose Offenherzigkeit des Mannes und er bestellte bei ihm ein goldnes Service, wozu ihm das nötige Metall aus der Schatzkammer geliefert werden sollte.
Nachdem der König die Werkstatt verlassen hatte, dankte der wackere Goldschmied Gott für die Hilfe, die ihm zuteil geworden war, schloß seinen Laden und erzählte den Seinen, welch einen Besuch er gehabt habe. Schon am nächsten Tag erhielt er das Gold und Bergner war nun noch fleißiger als er es je gewesen war. Der König wiederholte oft seinen Besuch, sah lange und aufmerksam der Arbeit des geschickten Künstlers zu, die ihm wohlgefiel, und freute sich sehr auf die Vollendung des Services.
Bei einem dieser Besuche bemerkte der König in den Fenstern des gegenüberliegenden Hauses zwei weibliche Personen, welche dem Goldschmied, wenn er einmal von seiner Arbeit aufblickte, abscheulich verzerrte Gesichter machten. Er fragte den Goldschmied, warum sie das täten, und dieser berichtete ihm, daß es die Frau und Tochter eines Zunftgenossen wären, die ihren Ärger und Neid über die hohe Ehre, die ihm selbst durch Seine Majestät zuteil werde, dadurch zu erkennen gäben; auch gestand er dem König, daß er diese Weiber, die ihn schon gar oft in seiner Arbeit gestört hätten, mit ihren Fratzengesichtern unter den Verzierungen einiger Silbergeschirre abgebildet habe.
Der König, obwohl ärgerlich über so kleinlichen Brotneid, konnte sich doch eines Lächelns über das Geständnis des Goldschmieds nicht enthalten und beschloß, etwas Ähnliches zu tun. Das Goldservice wurde fertig und vom König mit großem Beifall aufgenommen. (Es soll bis zum Jahr 1807 noch im Gebrauch des königlichen Hauses gewesen sein.) Bald nach dessen Ablieferung erhielt der Goldschmied vom König Befehl, sein Haus zu verlassen und in eine andere für ihn bestimmte Wohnung zu ziehen. Bergner gehorchte gern; ob er gleich nicht wußte, was der König mit ihm vorhabe, so durfte er doch vermuten, daß er einen neuen Beweis von dessen Güte erhalten werde, und er hatte sich nicht geirrt: denn auf königlichen Befehl wurde sein altes, ganz baufälliges Haus niedergerissen und dafür ein neues, schöneres errichtet, das noch jetzt in der Heiligengeiststraße Nr. 38 zu sehen ist. Dieser Bau gab dem König Gelegenheit, seinen Vorsatz auszuführen und die neidische Frau und Tochter des gegenüber wohnenden Goldschmieds auf eine empfindliche Weise zu strafen. Er ließ

nämlich in der Mitte des Hauses nach seiner Länge, zwischen dem zweiten und dritten Stockwerk, in einer Vertiefung ein weibliches Brustbild fast in Lebensgröße anbringen, dessen Gesicht abscheulich verzerrt und dessen Kopf statt der Haare mit Schlangen bedeckt ist. Die Zunge bläkt es aus dem Mund nach dem gegenüberliegenden Hause. In diesem Zerrbild sollten die neidische Frau und Tochter des andern Goldschmieds sich erkennen und schämen. Von der Zeit an wurde das Haus der Neidkopf genannt, und das Bild ist bis jetzt erhalten worden. (26)

Das Haus mit den Widderköpfen

An dem Haus Alexanderstraße Nr. 45 sind zahlreiche Widderköpfe angebracht; der Grund dieses Abzeichens soll folgender gewesen sein. Friedrich der Große hatte einem auf dem jetzigen Alexanderplatz wohnenden Bürger für mehrfache Verdienste um die Stadt ein schönes Haus bauen und mit mehreren Statuen zieren lassen. Ein Nachbar, welcher an der Ecke der neuen Königsstraße wohnte, beneidete ihn natürlich um die ihm wiederfahrene Auszeichnung und sann darauf, wie ihm selbst eine gleiche zuteil werden könne. Er erbot sich also gegen den König, einige reiche Stiftungen für die Armen zu machen, und der König, der diese annahm,

Das Brandenburger Tor z. Z. Friedrichs des Großen. Kupferstich von Daniel Chodowiecki 1764

konnte nicht wohl anders als den Bittsteller durch ein ähnliches Geschenk, also den Bau eines Hauses, ehren. Er tat dies um so lieber, als ihm dadurch Gelegenheit geboten wurde, seinen Lieblingswunsch, seine Residenz mit möglichst vielen neuen schönen Häusern zu schmücken, zu erfüllen. Das Haus wurde gebaut und dem neuen Besitzer übergeben, allein als der König später dasselbe besuchte, um sich von der Ausführung seines Bauplanes zu überzeugen, zeigte der aufgeblasene Bürger so wenig Freude über das königliche Geschenk, daß es dem König selbst auffiel und er ihn fragte, ob denn das neue Haus nicht nach seinem Geschmack sei. Jener aber versetzte, daß dies allerdings der Fall sei, daß er aber gehofft habe, der König werde ebenso wie er das Haus seines Nachbars durch schöne Statuen geziert auch sein Haus durch ein solches Zeichen seiner Gnade schmücken. Der König beschloß, den Unverschämten empfindlich zu strafen und versprach ihm auch, seine Bitte zu erfüllen. Schon am nächsten Tag erschien bei dem Bürger ein Künstler, der nach einer Order des Königs das neue Haus mit einem Abzeichen, nämlich 99 Widder- oder Schafsköpfen schmücken mußte. »Mit den neunundneunzig Abzeichen wird er hoffentlich zufrieden sein«, schrieb ihm der König, »für den hundertsten Schafskopf aber sorgt Er wohl selbst.« Die Zahl jener Köpfe ist jedoch im Lauf der Jahre unvollständig geworden. (27)

Die beiden Seiltänzer auf dem Gendarmenmarkt

Zur Zeit Friedrichs des Großen lebte in Berlin ein Seiltänzer, der die Leute durch seine Künste oft ergötzte. Da kam eines Tages ein Franzose angereist, der jenem den Ruhm streitig machen wollte und öffentlich ausrufen ließ, er verstehe seine Sache besser als jeder andere. Das hörte auch der Alte Fritz, und da gerade die Türme der beiden Kirchen auf dem Gendarmenmarkt fertig geworden waren, ließ er von der Spitze des einen bis zu der des andern ein Seil spannen und befahl, daß die Künstler nun zeigen sollten, wer der geschicktere sei. Beide stiegen gleichzeitig auf das Seil, der Franzose an dem einen Ende, der Berliner am andern. Dann schritten sie aufeinander zu. Als sie aber in der Mitte zusammentrafen, wußte anfangs keiner, wie er am andern vorbeikommen sollte. Endlich sagte der Berliner: »Duck dich, Franzose!«, schwang sich hurtig über den Gegner fort und erreichte glücklich den andern Turm. War nun das Seil zu sehr ins Schwanken geraten oder hatte der Franzose bei dem Jubel des Volkes die

Französische und Deutsche Kirche auf dem Gendarmenmarkt. Gezeichnet von Hennig, in Stahl gestochen von Hausheer 1839

Geistesgegenwart verloren – genug, er verlor das Gleichgewicht, stürzte ab und brach den Hals.
Seitdem nannten nun die Leute die Kirche, bei welcher der Franzose seinen Marsch begonnen hatte, den »französischen« und die andere den »deutschen Dom«. Und das war ganz richtig; denn im französischen Dom war schon vordem für die in Berlin lebenden Franzosen Gottesdienst abgehalten worden. (28)

Das heimliche Gericht

In dem ältesten an der Spree gelegenen Teil des Schlosses zu Berlin, sagt man, befinde sich noch von alten Zeiten her in dem Turm, welcher der grüne Hut heißt, eine steinerne Figur, eine Jungfrau, mit einem Schwert in jeder Hand. Hierher sollen vor alters Verbrecher, die man nicht öffentlich hinrichten wollte, geführt sein, und sobald sie vor die Bildsäule getreten, hätten die Schwerter mittels eines Federdrucks denselben augenblicklich das Haupt vom Rumpf getrennt; der Körper wäre aber dann durch eine Falltür tief hinab in den Turm gestürzt, wo er dann bei Kröten und Molchen vermodert. (29)

Die weiße Frau im Schloß

Auf dem Schloß zu Berlin ließ sich öfter, wie es hieß, eine weiße Frau sehen. Das ist noch so ein Stück alten Heidentums, das hier haftengeblieben, wie man auch anderweitig von einem solchen Spuk auf den Schlössern mancher edlen Familien zu erzählen wußte, wo die Ahnfrau derselben ebenso zu Zeiten umgehen soll. Die Geschichte ist aber besonders berühmt geworden in dem Geschlecht der Hohenzollern, wo an ihren verschiedenen Niederlassungen die sogenannte weiße Frau bald als eine Art Schutzgeist auftritt, der bei allen Familienereignissen seine Teilnahme be-

Schloß-Neubau Joachims II. (erbaut 1538–40 durch Caspar Theiß). Zeitgenössischer Kupferstich

kundet, bald als ein unheimlicher Rachegeist, der umgeht. Gewöhnlich läßt die Sage das Gespenst in einem langen weißen Gewand und einer gleichen Haube mit hinten zurückgeschlagenem, langem Witwenschleier erscheinen. So wandelt es des Nachts zu Zeiten durch die Gänge langsamen, ernsten Schrittes; wer ihr begegnet und sie grüßt, dem dankt sie durch Neigen ihres Hauptes, spricht aber nie ein Wort.
Stehen Festlichkeiten bevor, dann hört man überall das geheimnisvolle Walten der weißen Frau. Türen springen auf und fallen wieder zu, Schlösser rasseln, und was des Geräusches mehr ist. Ist der Lärm vorüber, so strahlt alles in doppeltem Glanz zum Empfang der Gäste. Sind diese wieder fort, so wiederholt sich das Spiel, und so spät es auch in der Nacht geworden, am andern Morgen ist alles wieder in Ordnung und an Ort und Stelle, ohne daß eine Menschenhand daran gerührt.
Auch sonst sieht die weiße Frau angeblich nach dem Rechten. Ist die Dienerschaft lässig oder verabsäumt ihre Pflicht oder führt gotteslästerliche Reden oder reizt jemand sie im Übermut, dann macht sich ihr Zorn durch Schläge, Steinwürfe und Schrecknisse aller Art bemerkbar.
Besonders beweist sie aber ihre Teilnahme an allem, was die einzelnen Familienmitglieder betrifft. Oft, wenn die Ammen z. B. bei den fürstlichen Kindern eingeschlafen waren und plötzlich aufwachten, dann sahen sie die weiße Frau über die Wiege gebeugt stehen oder auf ihren Armen das Kind herumtragen und warten. Wenn ihr plötzliches Erscheinen, wie zu Zeiten, einen Todesfall verkündete, dann trug sie meist an beiden Händen schwarze Handschuhe.
Dieser letzte Glaube nistete sich besonders in Berlin ein. Durch sie soll schon Joachim II. alle Todesfälle in seiner Familie erfahren haben; aber erst 1598 bei dem Tod des darauf folgenden Kurfürsten, Johann Georg, fing man allgemeiner an, von der weißen Frau zu sprechen. Sie soll sich acht Tage vor seinem Hinscheiden haben sehen lassen. Und zwar sagte man, es sei der Geist der Anna Sydow, der weiland schönen Witwe des Stückgießers Dietrich, die deshalb auch »die schöne Gießerin« genannt wurde. Kurfürst Joachim II. hatte sie liebgehabt und zu hohen Ehren gebracht. Sein Sohn Johann Georg aber hatte sie bei des Vaters Tod, trotzdem er ihm versprochen hatte, sie zu schonen, nach Spandau geschickt, wo sie in lebenslänglicher Gefangenschaft verblieb und deshalb nun nach ihrem Tod umgehen soll.
Andere meinten freilich, das Gespenst stamme aus Franken und sei mit den Hohenzollern erst hier eingezogen. Es sei eine Gräfin von Orlamünde, die auf der Plassenburg saß und von leidenschaftlicher Liebe zu Al-

Der Spittelmarkt 1690. Kupferstich nach dem Skizzenbuch Joh. Stridbecks

brecht dem Schönen, einem Burggrafen von Nürnberg aus dem Haus Hohenzollern, entbrannt gewesen. Sie war nämlich verwitwet und hatte zwei Kinder. Da wurde, heißt es, ihr eine Rede Albrechts des Schönen hinterbracht, daß er sie wohl heiraten würde, wenn nicht vier Augen wären. Die Gräfin glaubte, er meine damit ihre zwei Kinder: sie ständen der neuen Ehe im Weg. »Da trug sie«, wie die alten Chroniken sagen, »blind von ihrer Leidenschaft, einem Dienstmann, Hayder oder Hager genannt, auf und gewann ihn mit reichen Gaben dafür, daß er die beiden Kinder umbringen möchte. Der ging auch hin, die Tat zu vollführen. Da sollen die Kinder ihm geschmeichelt und ängstlich gebeten haben:

»Lieber Hayder, laß mich leben,
Ich will Dir Orlamünden geben,
Auch Plassenburg, des neuen,
Es soll Dich nicht gereuen.«

So sprach der Junge; die Tochter aber:

»Lieber Hayder, laß mich leben,
Ich will Dir alle meine Docken (Puppen) geben!«

Doch der Mörder wurde hierdurch nicht gerührt. Später, als er noch andere Bubenstücke ausgerichtet hatte und gefangen auf der Folter lag, be-

Vorhof des kurfürstlichen Schlosses 1690. Zeitgenössischer Kupferstich

kannte er: Sosehr ihn der Mord des jungen Herrn reue, der in seinem Anerbieten doch schon gewußt habe, daß er Herrschaften auszuteilen gehabt, so gereue ihn noch hundertmal mehr, wenn er der unschuldigen Kinderworte des Mädchens gedenke.

Nach anderer Sage hat die Gräfin die Kinder selbst getötet, und zwar hätte sie, heißt es, Nadeln in ihre zarten Hirnschalen gesteckt. Der Burggraf hatte aber unter den vier Augen die seiner Eltern gemeint und heiratete hernach die Gräfin dennoch nicht. Diese soll später fürchterliche Buße getan haben und ihr Geist seit ihrem Tod umgehen, um so den Rest ihrer Schuld abzubüßen. Bis das geschehen, heißt es, erscheint sie den Hohenzollern, ihnen ihre Seligkeit neidend.

Andere freilich wollten nicht aus Franken, sondern von einer hohenzollernschen Prinzeß, die nach Böhmen geheiratet, den Ursprung der weißen Frau herleiten. Die erwähnte Prinzessin war an Mathes von Rosenberg auf Schloß Neuhaus in Böhmen verheiratet. »Er war«, wie es heißt, »ein störrischer, wüster Gesell. Oftmals bat sie ihn, seinen Lebenswandel zu ändern; aber es fruchtete immer nur kurze Zeit, und er verfiel bald wieder in die alte Schwelgerei, bis er sich endlich eine schwere Krankheit zuzog und erst auf dem Totenbett erkannte, wieviel besser er getan, wenn er den Lehren seines treuen Weibes gefolgt wäre.« Auch sie starb bald danach; aber ihr Geist, sagt man, erscheine noch im Rosenbergschen Hause und in al-

len, die mit diesem durch Heirat verwandt geworden sind, um bis in alle Ewigkeit für die Seligkeit der Ihrigen zu sorgen.
Wie verschieden man aber auch den Ursprung des Spuks erzählte: daß die weiße Frau sich zu Zeiten hier in Berlin auf dem Schloß sehen ließ, das war sicher. Namentlich seit dem Tod Johann Georgs wurde das Gespräch immer allgemeiner, und man brachte, wie erwähnt, den Spuk mit der Anna Sydow, »der schönen Gießerin«, in Verbindung. Auch den Tod Johann Sigismunds sollte die weiße Frau durch ihr Erscheinen vorher verkündet haben. Namentlich war dann unter dem Großen Kurfürsten öfter von ihr die Rede. So im Jahre 1659, ohne daß freilich etwas darauf erfolgte. Aber 1666 strafte sie bös einen, der ihrer gespottet hatte.
Als nämlich wieder viel Gerede von der weißen Frau war, hatte der Oberstallmeister des Großen Kurfürsten von Burgsdorf viel gehöhnt und gemeint, ihn gelüste es wohl, sie zu sehen. Wie er nun einmal aus den Gemächern des Großen Kurfürsten kommt und die Stiege hinuntergehen will, da tritt die weiße Frau ihm entgegen. Dreist redet er sie an: »Du Alte! Hast du noch nicht Blut genug getrunken; willst du noch mehr holen?« – »Da krieget sie«, sagt ein alter Bericht, »ihn bei dem Hals und wirft ihn die Stiegen hinab, daß ihm sein Wams platzet und die Rippen krachen; doch ohne weiteren Schaden. Worauf der Kurfürst, das Poltern hörend und das Klagen, den Kammerpagen mit Licht sandte, um nachsehen zu lassen, was es gäbe.«
Ein Jahr später – also im Jahr 1667 – behauptete Luise Henriette, des Großen Kurfürsten erste Gemahlin, sie habe, wie sie in ihr Gemach getreten, die weiße Frau an ihrem Schreibtisch sitzen sehen, und ihr bald darauf erfolgender Tod gab zur Vermehrung des Geredes von der weißen Frau Veranlassung. Die Folgezeit bürgerte den Glauben an ihr Erscheinen nur immer fester ein. 1688 wollte man sie z.B. vor dem Tod des Großen Kurfürsten wieder gesehen haben.
»Beim Schloßbau im Jahr 1709 wurde«, wie Nicolai in seiner Beschreibung Berlins (1786) berichtet, »in einer Mauer ein weibliches Skelett gefunden, welches man für das der weißen Frau nahm und auf dem Domkirchhof ehrlich begrub und hoffte, sie würde nunmehr nicht wiederkommen.«
Dennoch soll sie noch beim Tod König Friedrichs I. im Jahr 1713 wieder eine Rolle gespielt haben. »Als sie aber«, heißt es bei Nicolai weiter, »noch einmal unter Friedrich Wilhelm I. es wagte, machte der König kurzen Prozeß, ließ das Gespenst von der Wache gefangennehmen und öffentlich in die Fiedel (an den Pranger) stellen; worauf alles Spuken unterblieben.«

Erloschen war freilich das Gespräch damit doch noch nicht ganz. Bedeutsame Ereignisse, die ihre Schlagschatten vor sich werfen, haben gelegentlich den alten Glauben immer wieder angeregt. Und die eigentümlichen Baulichkeiten im Schloß mit den langen, im ganzen wenig erleuchteten Gängen, den vielen Treppen und Korridoren und all den weiten Räumen, was in der Stille der Nacht leicht etwas Unheimliches bekommt, tragen dazu bei, die Einbildungskraft jenem Glauben immer wieder gelegentlich einmal dienstbar zu machen. So wollte man z.B. im Jahre 1840, als ganz Berlin für das Leben König Friedrich Wilhelms III. bangte – da außer 1540 immer im Jahre 40 jedes Jahrhunderts hier ein hohenzollernscher Fürst gestorben war –, wieder verschiedentlich die weiße Frau im Schloß gesehen haben.

Hatte doch auch selbst ein Napoleon auf der althohenzollernschen Plassenburg in Franken zu Anfang dieses Jahrhunderts bei den Erzählungen von dem Erscheinen der weißen Frau sich des Grauens nicht ganz entschlagen können. Als Napoleon I. nämlich auf dem Hinweg nach Rußland dort übernachtete, soll ihm auch die weiße Frau als böses Wahrzeichen erschienen sein, obwohl andere meinten, der preußisch gesinnte Kastellan habe seine Hand dabei im Spiel gehabt. Jedenfalls war es aber doch Napoleon so unheimlich gewesen, daß bei der Flucht und Rückkehr aus Rußland, als er zufällig wieder auf der Plassenburg sein Nachtquartier nehmen sollte, so spät es auch schon am Abend war, er alles wieder aufpacken ließ und bis zum nächsten Ort weiterfuhr. Die weiße Frau hatte es ihm auch angetan! (30)

Das sonderbare Bild im Schloßhof

Auf dem zweiten nach der Spree zu gelegenen Hof des Schlosses zu Berlin bemerkt man an dem vorspringenden Portal, das nach dem Lustgarten hinausführt, an der rechten Seite ein Bild in erhabener Arbeit, das ein Mädchen auf einem sich bäumenden Rosse darstellt. Man erzählt, eine Prinzessin habe einst einen sehr schönen Hengst gehabt, den sie über alles geliebt und gar sündhaftes Wesen mit ihm trieb. Das kam aber bald an den Tag, und der König befahl nun, daß ihre Schande recht offenbar gemacht und in dem Bild auf dem Schloßhof zur ewigen Warnung vor gleicher Sünde dargestellt werden solle. (31)

Wetter und Hagel machen

Im Jahr 1553 sind zu Berlin zwei Zauberweiber gefangen worden, welche sich unterstanden, Eis zu machen, die Frucht damit zu verderben. Und diese Weiber hatten ihrer Nachbarin ein Kindlein gestohlen und dasselbige zerstückelt gekocht. Ist durch Gottes Schickung geschehen, daß die Mutter, ihr Kind suchend, dazu kommt und ihres verlorenen Kindes Glieder in einen Topf gelegt siehet. Da nun die beiden Weiber gefangen und peinlich gefragt worden, haben sie gesagt, wenn ihr Geköch fortgegangen, so wäre ein großer Frost mit Eis kommen, also daß alle Frucht verderbt wäre.

Zu einer Zeit waren in einem Wirtshaus zwei Zauberinnen zusammengekommen, die hatten zwei Gelten oder Kübel mit Wasser an einen besonderen Ort gesetzt und ratschlagten miteinander: ob es dem Korn oder dem Wein sollt gelten. Der Wirt, der auf einem heimlichen Winkel stand, hörte das mit an und abends, als sich die zwei Weiber zu Bett gelegt, nahm er die Gelten und goß sie über sie hin, da wurde das Wasser zu Eis, so daß beide von Stund an zu Tod froren.

Eine arme Witfrau, die nicht wußte, wie sie ihre Kinder nähren sollte, ging in den Wald, Holz zu lesen, und bedachte ihr Unglück. Da stand der Böse in eines Försters Gestalt und fragte: warum sie so traurig? Ob ihr der Mann abgestorben? Sie antwortete: »Ja.« Er sprach: »Willst du mich nehmen und mir gehorsamen, will ich dir Geld die Fülle geben.« Er überredete sie mit vielen Worten, daß sie zuletzt wich, Gott absagte und mit dem Teufel buhlte. Nach Monatsfrist kam ihr Buhler wieder und reichte ihr einen Besen zu, darauf sie ritten durch dick und dünn, trocken und naß auf den Berg zu einem Tanz. Da waren noch andre Weiber mehr, deren sie aber nur zwei kannte, und die eine gab dem Spielmann zwölf Pfennig Lohn. Nach dem Tanz wurden die Hexen eins und taten zusammen Ähren, Rebenlaub und Eichblätter, damit Korn, Trauben und Eicheln zu verderben; es gelang aber nicht recht damit, und das Hagelwetter traf nicht, was es treffen sollte, sondern fuhr nebenbei. Sich selbst brachte sie damit ein Schaf um, darum daß es zu spät heimkam. (32)

Die gespenstigen Mäher

In der Ernte, da man den Hafer mähte, zeigte sich 1559 dieses wunderbare Gesicht in der Nähe von Berlin. Es wurden plötzlich viel Mannspersonen auf dem Feld gesehen, erstlich fünfzehn, danach noch zwölf, und waren die letzten noch gräßlicher und abscheulicher anzusehen als die ersten, denn sie waren ganz ohne Häupter. Alle siebenundzwanzig hieben mit ihren Sensen mit aller Gewalt in den Hafer, daß man es hörte rauschen, und gleichwohl blieb der Hafer stehen. Da das Gerücht hiervon zu Hofe kam, gingen viele Leute hinaus, solch Wunder mit anzusehen; als aber die Männer gefragt wurden, wer sie wären, woher sie gekommen und was sie machten, antworteten sie nichts, sondern hieben immerfort in den Hafer. Und als die Leute bisweilen hinzutraten und sie angreifen wollten, entwischten sie ihnen, liefen geschwind hinweg und hieben nichtsdestoweniger unter dem Laufen in den Hafer. Da nun die Leute wieder in die Stadt kamen und gefragt wurden, wofür sie diese Männer ansähen, gaben sie zur Antwort, daß sie diese für böse Geister hielten. Deswegen ließ der damalige Kurfürst Joachim der Andere die vornehmsten Prediger in der Mark versammeln, von ihnen zu erfahren, was durch solches Gesicht bedeutet würde; diese aber hielten dafür, daß dadurch göttliche Strafe der Pestilenz sollte angezeigt werden. (33)

Überfahrt von Stralau nach Treptow. Federzeichnung von Theodor Hosemann um 1825

Die alten Mühlen bei Stralau

Die Mühlen, welche jetzt auf dem Mühlendamm stehen, sollen in ganz alter Zeit oberhalb Stralau gestanden haben, da wo die Spree den Rummelsburger See bildet, jedoch noch etwas stromaufwärts von der Stelle, welche jetzt der Kreuzbaum und ehemals der Burgwall hieß. Mit Rudern oder Stangen kann man noch den Steindamm, der quer durch die Spree geht, fühlen und leicht bemerken, daß sich zwei Vertiefungen in ihm finden, weshalb man in Stralau meint, daß die Mühlen zwei Gerinne gehabt haben. Daß übrigens dieser Damm ein künstlicher war, das beweisen einmal die behauenen Feldsteine, die man herausgeholt, dann aber auch die alten Eichenholzstücke, die von dem ehemaligen Gebälk der Mühle herrühren und durch das lange Liegen im Wasser so schwer geworden sind wie Steine, weshalb die Stralauer Fischer Stücke davon statt der Steine an den Netzen befestigen. (34)

Die verwünschte Prinzessin auf den Müggelbergen

Bereits Bekmann (Historische Beschreibung der Chur und Mark Brandenburg) erzählt »von einem gewissen Stein auf den Müggelbergen, der auf einem etwas niedrigen Hügel liege, ungefähr sieben Fuß lang und sechs Fuß breit und von weißlicher Farbe sei, und unter dem, der Sage nach, ein Schatz verborgen liege«. Er sagt ferner: »Ingleichen erzählet man, daß sich vor diesem eine ansehnliche Jungfrau daselbst sehen lassen, welche vorgegeben, verwünscht zu sein, und, um davon befreit zu sein, verlanget hätte, um die Kirche von Köpenick herumgetragen zu werden, so aber nicht gelingen wollen.« Es mag ihm aber wohl nicht der Mühe wert geschienen haben, alles so genau und ausführlich zu berichten, wie man sich's heut noch in Müggelheim und Köpenick erzählt.

Der Stein, von dem er berichtet, liegt jetzt nicht mehr auf den Bergen; so erzählen wenigstens die Müggelheimer, welche behaupten, sämtliche Brunnen ihres Dorfes seien, nachdem er zersprengt worden, daraus gebaut. Sein Name war der Teufelsaltar, und an der Stelle, wo er gelegen, sieht man oft ein Feuer, das so hell leuchtet, daß man es sogar schon in Müggelheim gesehen, ist man aber in seiner Nähe und spricht, so verschwindet es. Andere sagen, es sei kein Feuer, was einen solchen Schein verbreite, sondern eine große glänzende Kanne von gelber Farbe.

In Köpenick dagegen behauptet man, der Stein (den man hier den Prinzes-

sinnenstein nennt) liege noch auf einem der Vorberge in der Nähe des Teufelssees, welcher hart am Fuß der Berge liegt und rings von dunkeln Fichten und Moorgrund umgeben ist. Das Wasser dieses Sees ist von dunkler, fast schwarzer Farbe, und obgleich er nur klein ist, hat man sich doch bis jetzt vergeblich bemüht, ihn zu ergründen. Ferner erzählt man von oben erwähntem Stein, er liege an der Stelle eines prächtigen Schlosses, in welchem eine schöne Prinzessin gewohnt, die nun verwünscht und mit dem Schloß in den Berg versunken sei. Sie kommt jedoch noch zuweilen zum Vorschein; unter dem Stein nämlich geht ein Loch tief in den Berg hinein, daraus sieht man sie abends als altes Mütterchen am Stab gebückt hervortreten. Andere haben sie auch, namentlich um Mittag, als schönes Weib am Ufer des Teufelssees sitzen sehen, wie sie sich im Wasser beschaute und ihre langen Haare kämmte. So sah sie einst ein kleines Mädchen aus Köpenick, das in der Nähe mit ihrer Mutter Beeren gesucht, von jener sich zu weit entfernt hatte und, da es sie nicht wieder finden konnte, weinend im Wald umherirrte; da hat's die Prinzessin denn mit sich hinuntergenommen in ihr Schloß und reich beschenkt nach kurzer Zeit wieder heraufgebracht.
Sieht man sie am Abend aus dem Berg hervorkommen, so erblickt man ein Kästchen, das schieres Gold enthält, in ihrer Hand; das soll der haben, welcher sie dreimal um die Kirche von Köpenick trägt und sich dabei nicht umsieht, denn dadurch wird sie erlöst. Einen hat's einmal nach dem Gold gelüstet und er hat das Wagstück unternommen. Da nahm er sie denn auf den Rücken, denn sie war federleicht und schritt mit ihr nach Köpenick zu, aber je näher er der Stadt kam, desto schwerer wurde sie; doch er hielt tapfer aus und kam endlich mit ihr zur Stadt. Nun begann er seinen Umgang um die Kirche, da aber erschienen plötzlich Schlangen und Kröten und allerhand scheußliche Tiere mit feurigen Augen, kleine Leute stürzten wild hinter ihm her und warfen ihn mit Holzblöcken und Steinen, aber er ließ sich durch das alles nicht irren und schritt getrost vorwärts. So war er schon bis zum dritten Umgang gekommen und hatte fast seine Aufgabe vollendet, als er einen fürchterlich roten Schein erblickte, wie wenn ganz Köpenick in Flammen stände, da vergaß er das Verbot und sah sich um, aber im Augenblick war auch alles verschwunden und ein heftiger Schlag raubte ihm das Leben.

Auf dem Kiez bei Köpenick wohnte vor vielen Jahren ein Fischer, namens Buke, welcher die Fischerei auf der Müggel hatte. Der sah oft, wenn er am hellen Mittag seine Netze warf, einen mit vier Pferden bespannten Wagen, auf dem eine weiße Gestalt saß, von den Müggelbergen herunterfahren;

alle vier Pferde aber hatten keine Köpfe. Nachdem er nun mehrmals diese Erscheinung gehabt und er sie eines Tages abermals sah, war's ihm, als höre er eine Stimme, die ihm zurufe, er solle nachts um zwölf Uhr auf den Kirchhof zu Köpenick kommen und warten, da würde die Prinzessin erscheinen, und wenn er diese dreimal um die Kirche herumgetragen ohne sich umzusehen, so würde sie erlöst sein und er den großen Schatz bekommen, der unter dem Stein liege. Da ist er denn auch nachts hingegangen und hat seinen Marsch mit der Prinzessin auf dem Rücken begonnen, aber kaum war das geschehen, so sah er einen großen, gewaltig schwer beladenen Heuwagen heranfahren, den zogen vier kleine Mäuse, und das war ihm so grausig, daß er dem Wagen im Vorbeifahren unwillkürlich mit den Augen folgte und sich endlich ganz umsah; aber in demselben Augenblick bekam er ein Paar derbe Ohrfeigen, und Prinzessin und Wagen waren verschwunden. Andere sagen auch, er hätte keinen weiteren Spuk gesehen, aber seine Frau, die schon längst auf ihn eifersüchtig war, hätte ihn durch die Ohrfeigen zum Umsehen gebracht und ihn tüchtig ausgescholten. (35)

Die Müggelberge und der Müggelsee

An diesem See und in den romantischen Waldbergen ließ sich in der Vorzeit eine schöne Jungfrau sehen, bald in einfachen Frauenkleidern, bald in fürstlichen Gewändern. Sie sollte die Tochter König Ottoberts von Böhmen und auf ewige Zeiten hierher verbannt sein. In dreimal sieben Jahren erschien sie als ein sehr liebliches Seefräulein und bat flehentlich, daß ein Mann sie aus dem Bann befreien und dafür große Schätze erhalten solle. Die Art und Weise ihrer Erlösung bestand darin, sie dreimal auf dem Rükken um die Hilbertskirche in Köpenick, auch bei den drohendsten Gefahren und grausenhaftesten Erscheinungen, furchtlos zu tragen. Es fanden sich nur wenige, und auch von ihnen hat keiner das Erlösungswerk vollbracht, sondern sind alle vor Entsetzen geflohen. Unter ihnen war auch ein fremder Ritter, der bereits die Jungfrau zweimal um das Gotteshaus getragen und den dritten Umgang mutig begonnen hatte, als er vor den riesigen Schlangen und feuersprühenden Ungeheuern von Todesfurcht überfallen wurde und ohnmächtig zu Boden sank. Die Jungfrau und alle die Spukerscheinungen waren im Nu verschwunden.

Noch jetzt liegt der Schatz der Prinzessin zwanzig Klafter tief unter einem weißen Stein und wird von einem schwarzen Geist, der im Teufelssee un-

Segelregatta auf dem Müggelsee. Gezeichnet von H. Lüders, Lithographie 1881

term Gebirge seine Wohnung hat, bewacht, und Jäger und Holzschläger wollen noch zuweilen ein grausiges Hundegebell und Hörnerton durch die Eichwaldung gehört haben und sagen dann, daß der böse Geist die Jungfrau suche. (36)

Der Spuk am Teufelssee

Ein Mann aus Köpenick war einst am Johannistag nach Müggelheim gefahren, hatte sich dort aber etwas verspätet, so daß es finster war, als er den Heimweg antrat. Wie er nun an den Teufelssee kommt, stutzen seine Pferde plötzlich und wollen nicht vorwärts, so daß ihm ganz unheimlich zumute wird und er sie nun mit aller Macht antreibt; da bäumten sie sich auf und liefen in gestrecktem Lauf davon, aber in den Fichten ließ sich ein wunderbares Getöse hören und allerhand seltsame Gestalten flogen zwischen den Bäumen dahin, so daß er Gott dankte, als er endlich glücklich nach Hause kam.
Auch Bekmann berichtet davon, »wie man vorgebe, daß dort zu Zeiten ein Getöse von Jagdhörnern und Gebell von Hunden gehört werde«. (37)

Mädchen vom Wassermann gespeist

Eine Frau als Köpenick ging einst mit ihrer kleinen Tochter in den Wald nach den Müggelbergen zu, um Reiser zu holen; während des Suchens kamen sie aber auseinander, und als es nun Abend wurde, begann die Mutter, da sich das Kind immer noch nicht zeigte, besorgt zu werden und rief es ängstlich mit lauter Stimme, hörte es auch bald darauf mit dumpfer Stimme bald hier, bald da antworten, aber wenn sie hinkam an den Ort, woher die Stimme erschollen war, so fand sie ihre Tochter nicht. Ganz betrübt ging sie nun nach Hause, um die Nachbarsleute aufzubieten, daß sie ihr Kind suchen helfen, und die gingen auch mit in den Wald, hörten, als sie das Kind bei Namen riefen, ebenfalls seine antwortende Stimme, konnten es aber gleichfalls nicht finden. So suchte man zwei Tage lang und kam endlich auch an eine moorige Stelle in der Gegend des Teufelssees, wo man das Mädchen halb im Moor steckend fand; zu aller Verwunderung war es frisch und gesund und erzählte, wie alle Tage um Mittag ein freundlicher alter Mann aus dem See gekommen sei, der ihr schönes Essen gebracht, wie sie nie zuvor gegessen habe. Darauf ging sie nun mit der Mutter nach Hause, wurde aber bald krank, denn sie sehnte sich immer wieder zurück nach dem See und dem Mann, der ihr so schönes Essen gebracht. Wenige Tage nur lebte sie noch; der Wassermann hatte es ihr angetan. (38)

Der Name von Köpenick

Vor langen Zeiten war einmal ein alter Fischer, der in der Nähe von Köpenick seinem Gewerbe nachging und namentlich am Müggelsee seine Netze auszuwerfen pflegte. Da geschah es einst, daß er auch dort war und ein großer Krebs vom See ans Ufer geschwommen kam, ihn anredete und sagte, er wolle ihm viel Glück bringen und ihn zum reichen Mann machen, wenn er ihn aus dem Wasser nähme und nach dem ersten Ort jenseits der Spree brächte. Darauf nahm der Fischer den Krebs und ging mit ihm nach Köpenick zu, wo er uneingedenk dessen, was derselbe gesagt, ihn auf den Markt brachte, um ihn zu verkaufen. Da das Tier so groß war, fand sich auch bald ein Käufer; aber da begann der Krebs auf einmal zu rufen: »Kööp nich! Kööp nich!« Nun gedachte der Fischer wieder der Bedingung, nahm seinen Krebs und ging weiter. Darauf setzte er über die Spree und kam nach Stralau, wo er den Krebs um vieles Geld verkaufte. Zum Andenken aber an die Worte, die der Krebs dort vor allen Leuten auf dem

Markt gesprochen, wurde die Stadt Köpenick genannt, und die Stralauer zeigen noch alljährlich am Tag des großen Fischzugs, am 24. August, den großen Krebs, der von Köpenick dahin gebracht wurde. (39)

Köpenick. Gezeichnet von H. Lüders, Lithographie 1881

Spukgestalten in Köpenick

Im Schloß zu Köpenick wohnte einst eine Prinzessin, welche eine unglückliche Liebe hatte; die soll sich, als sie das Leben nicht länger ertragen mochte, von der Schloßbrücke in den Graben hinabgestürzt haben und so ums Leben gekommen sein. Nun aber läßt's ihr keine Ruhe im Grab, und sie geht im Schloß um; namentlich aber sieht man ihren weißen Schleier oft des Nachts von der Plattform herabwehen.

Abends und nachts sieht man oft in Köpenick einen großen grauen Hund mit feurigen Augen herumgehen, der heißt Morro und hat sein Lager im Sand bei der Pyramidenbrücke; besonders sieht man ihn vor den Häusern gewisser Leute sitzen und sie gleichsam bewachen. Namentlich saß er oft stundenlang an der Tür eines langen dürren Friseurs, der in seiner ganzen Erscheinung so recht etwas Grauenhaftes hatte
Auch sieht man um die Nachtzeit oft einen Reiter ohne Kopf auf einem Schimmel durch die Straßen von Köpenick reiten, dem Hunde nachfolgen, die gleichfalls keinen Kopf haben. Dieselbe Erscheinung zeigt sich auch in Straußberg und andern Orten. (40)

Das Grab des Riesenkönigs bei Rotzis

Zwischen den Riesen, die auf den Müggelbergen bei Köpenick, und denen, die südlich nach Mittenwalde zu um Selchow und Rotzis wohnten, ist vor langen, langen Jahren einmal ein gewaltiger Kampf gewesen, in dem sie sich mit großen Felsblöcken geworfen haben, von welchen einige noch in der Nähe der genannten Dörfer liegen. In diesem Kampf ist endlich der Riesenkönig gefallen, und da hat man ihn in dem sogenannten Hünenbett beim letztgenannten Dorf begraben, und zwar hat man seine Gebeine in einen goldenen Sarg gelegt und den wieder erst in einen silbernen und dann in einen eisernen gesetzt, worauf man ihn tief im Berg vergraben hat. Gefunden hat ihn aber, soviel man auch nachgegraben, bisher noch niemand. (41)

Das Koboldhaus an der Dahme

An den Müggelbergen spukte es früher aller Orten. Auf der Südseite an der Dahme oder Wendischen Spree, wo jetzt Landhäuser stehen, lag ein einzeln stehendes Fischerhaus, das nannte man das Koboldhaus, weil ein Kobold dort sein Wesen trieb. Ein Hauptschabernack von ihm war der mit den Fischern, wenn sie des Nachts so nebeneinander auf der Streu lagen und schliefen. Erst machte er sich am Kopfende zu schaffen und zerrte die einzelnen so lange, bis die Köpfe in einer Linie lagen. Nun waren die Füße aber ungleich. Da sprang er nach der Seite hinüber und zog wieder so lange an den Füßen, bis diese eine Reihe bildeten. So ging es oft die ganze Nacht hindurch, daß die Leute keine Ruhe fanden. Sie versuchten es auf

alle Weise, ihn loszuwerden, aber vergeblich; nachher ist er dann endlich fortgekommen, man weiß nicht wie.
So leicht wird man nämlich einen Kobold nicht wieder los. Das erfuhr auch ein Knecht, der in der Gegend da diente und auch einen Kobold hatte. Als er nämlich seiner überdrüssig war und vergeblich alles versucht hatte, um ihn loszuwerden, da beschloß er in aller Stille fortzuziehen und den Kobold zurückzulassen. Wie er aber den Abend vor dem Ziehtag über den Hof geht, sieht er den Kobold bei dem Pütten (Brunnen) sitzen. »Was machst du denn da?« fragt er ihn. – »I«, sagte der Kobold, »ich wasche meine Lümpchen aus; morgen ziehen wir ja.« Da merkte der Knecht, daß er ihn nicht los würde und ist ruhig geblieben, der Kobold aber auch. (42)

Schloß Grunewald

Im Grunewald ist manche Stelle, wo es nicht ganz richtig sein soll; vor allem aber spukt es im Grunewalder Schloß. Waren einmal ein paar Fischer zur Herbstzeit im Schloß und hatten sich, nachdem sie bis spät am Abend gefischt, müde in dem Seitengebäude in einem eine Treppe hoch gelegenen Zimmer zum Schlafen hingelegt. Sorgfältig hatten sie die zwei Türen, sowohl die unten an der Treppe als auch die andere, welche oben vom Treppenflur in das Zimmer führt, zugemacht. Auch die dritte Tür, die nach der angrenzenden Kammer geht, war fest zu, wie sie denn auch keiner ohne die zugehörige Klinke überhaupt öffnen kann.
Als sie nun im tiefen Schlaf lagen, kam es laut und vernehmlich »trott, trott, trott« die hölzerne Treppe herauf, die Stubentür flog auf, und sausend stürzte es durch die Stube. Die Kammertür öffnete sich, und heulend wie ein Sturmwind zog's in die Kammer hinein. Dann war's still im Zimmer. Da mit einemmal fuhr es aus dem Schlot und polterte den Ofen hinab. Wieder war dann alles still. Die Männer aber waren gleich anfangs aufgewacht und zitterten und bebten vor Entsetzen, eiskalt fuhr es ihnen durch Mark und Bein, es wagte keiner aufzusehen, sondern alle zogen sich ihre Mäntel übers Gesicht, als es bei ihnen vorbeiging. Als aber das Tosen und Poltern im Ofen vorbei war, fuhren sie auf und im Nu, sie wußten selbst nicht wie, waren sie die Treppe hinunter und stürzten über den Hof in die Kutscherstube; erst da wagten sie aufzuatmen.
Ein anderes Mal passierte ähnliches, als sie in der Kutscherstube selbst schliefen. Da öffnete sich plötzlich die Pferdestalltür und der Kutscher kam zitternd zu ihnen in die Stube. Hinter ihm raste es wie ein Wirbel-

wind, riß die Flurtür auf und fuhr durch den schmalen Flur nach dem Hof hinaus. Wie sie da ans Fenster eilten, sahen sie mit Schrecken, wie es im Mondschein wild auf dem Hof und an den Wänden der Gemäuer herumjuchte und tobte wie die wilde Jagd und ganz deutlich eine weiße Gestalt da herumstürmte. Derartiges wollen die Leute, die dort verkehren, öfters erlebt haben.

Namentlich soll aber der alte Kellermeister (der auch auf dem Bild am Eingang abgebildet ist) des Nachts um zwölf Uhr noch oft die große Wendeltreppe des Schlosses herabkommen und mit den Schlüsseln klappern. Auch fangen manchmal die alten großen Bratspieße unten in der gewölbten Küche an, sich von selbst zu drehen. Das Leben, das hier früher gewesen zu der alten Kurfürsten Zeiten, erklärte dabei der Erzähler, ist noch nicht vollständig zur Ruhe gekommen, und damals ist auch manches passiert, was jetzt nicht mehr vorkommt. So soll in einem Zimmer des südlichen Flügels einmal jemand eingemauert worden sein. Einige meinen, es sei die schöne Gießerin Anna Sydow gewesen, welche Kurfürst Joachim liebgehabt und deren Geist nun noch spuke; andere behaupten, es sei eine Hofdame, welche er geliebt und die seine Gemahlin während seiner Abwesenheit lebendig da hat einmauern lassen. Wunderlich sieht die Stelle allerdings aus, zumal eine kleine Wendeltreppe im oberen Stock sich gerade an sie anschließt und früher von dort auch nach unten geführt zu haben scheint; wer weiß aber, ob da überhaupt etwas eingemauert war und die Treppe nicht einfach abgebrochen und die Stelle zugemauert wurde? (43)

Der Sackpfeifer und der Wolf

Als es noch Wölfe in der Mark gab, soll sich einmal folgende Geschichte bei Spandau zugetragen haben. »Da man nämlich«, erzählt der alte Bekmann in seiner Beschreibung der Mark Brandenburg, »um die Wölfe zu fangen, hin und wieder gewisse Wolfsgruben gemacht, welche unten weit, oben aber etwas eng mit glatten Brettern ausgelegt sind: so ist ein Sackpfeifer, der in Spandau von seinem Gewerbe sich einen Trunk zugute getan, des Weges gekommen und in eine solche Wolfsgrube hineingefallen, hat sich aber sehr verwundert, als er gewahr wurde, daß die Stelle schon mit einem Wolf besetzt gewesen, welcher dazu über diese hastige Zusprache etwas beunruhiget war und sein Mißfallen mit Weisung seiner Zähne zu verstehen gegeben. Hierüber hätte der verirrte Musicus sich nun wohl einige verlegene Gedanken machen sollen: allein der noch frische Rausch hat ihm einen so guten Mut zugesprochen, daß er seine Sackpfeife zur Hand nimmt und dem Wolf eins vorspielet, der auch nicht faul gewesen und mit seiner durchdringenden Stimme dem Concert einen guten Nachdruck gegeben und der Sackpfeife accompagniret. Wobei jedoch der Sackpfeifer nach seinen Pausen von der Instrumental- zur Vocal-Music geschritten und bald ein Adagio, bald ein Presto, endlich auch ein Lamento angestimmt, und die Jäger solchergestalt herzugebracht, welche ihn von dem gefährlichen Bassisten befreiet.« (47)

Der Teufel zu Spandau

Wenn die Spandauer und Pichelsdorfer Fischweiber an den Markttagen mit ihren schmalen Fahrzeugen auf der Spree dahinrudern, so rufen ihnen wohl die Knaben in ihrem Übermut zu: »Hule, hule, hule! Watt macht der

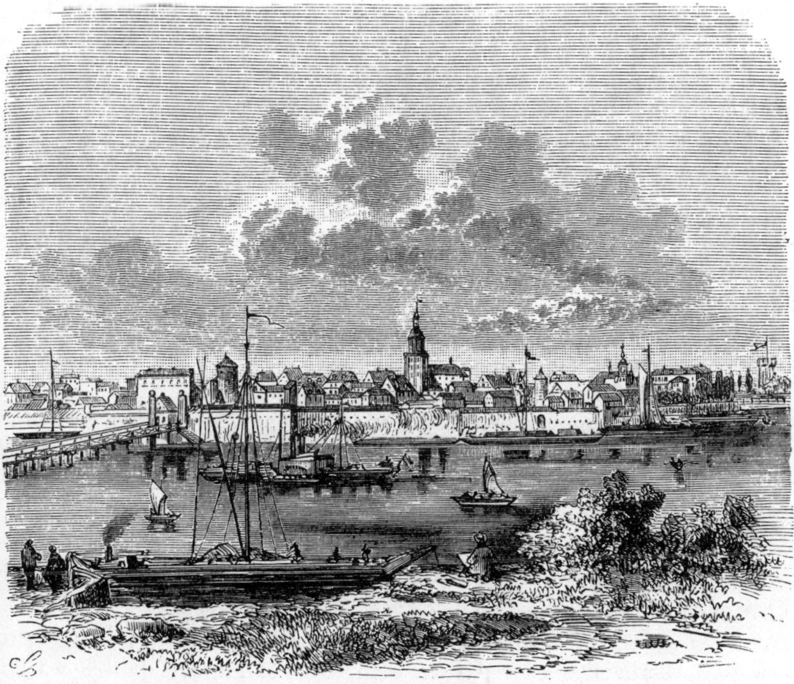

Spandau. Lithographie 1881

Deibel in Spandau?«, worüber sie gar böse werden können und dem Spötter, wenn es ihnen möglich ist, ihn zu erreichen, seine Worte damit vergelten, daß sie ihn tüchtig naß machen. Über den gleichen Zuruf müssen sich auch die Kiezer aus Köpenick ärgern, und daß sie's eben tun, zeigt, daß sie wohl Grund dazu haben mögen. Diesen kennt man jedoch nicht, indes hat vielleicht zum Gespött über die Spandauer folgendes den Grund gegeben. Im Jahre 1595 zeigten sich zu Spandau, Friedeberg und andren Orten gar viele Besessene, weshalb auf kurfürstlichen Befehl allgemein im Land Betstunden gehalten wurden. Zu Spandau besonders war die Anzahl derer, welche vom Teufel geplagt wurden, gar groß, und hatten diese es sich wohl selber zuzuschreiben. Denn es war dort ein allgemeiner Brauch, wenn jemand etwas bestätigen wollte, daß er gesagt: sei's nicht wahr, so solle ihn der Teufel holen; und wenn man einem etwas Übels gewünscht, man gesprochen: daß ihn ganze Fässer und Scheffel voll Teufel in den Leib fahren möchten. Darauf sind denn bereits im Jahr 1594 viele Bürger, jung und alt, leiblich besessen und von den Teufeln gequält worden, welche geschrien: »Ihr habt uns gerufen, wir haben einmal kommen müssen!« Aber auch früher schon hatte es dem Teufel in Spandau gar wohl gefallen, denn bereits im Jahr 1584 war er vor die Stadt gekommen und hatte dort als ein reicher Krämer mit großem Kragen feilgestanden und großen Zulauf gehabt, die Käufer aber waren nachher alle besessen, bis Buße erfolgt. (45)

Abenteuer der Kurrende-Knaben in der Kirche zu Spandau

Die Spandauer Kirche war früher katholisch, und die Kurrende-Knaben mußten die Kirche reinigen. Diese waren auch einst damit beschäftigt und in ihrem Übermut spielten sie Karten. Da kam auf einmal einer an sie heran – es war der Böse – und wollte mitspielen. Ruhig gestatteten sie es auch. Als er aber eine Karte nach der andern fallen ließ, merkten sie wohl, daß es der Böse wäre, spielten aber doch weiter, und einer, der viel verlor, meinte sogar, ihn solle der Teufel holen, wenn er noch weiter verlöre. Er spielte weiter und verlor wieder. Da sprang der Böse auf, riß ihn zu sich, zog ihn mit in die Höhe, die Mauer tat sich auf und beide verschwanden. Und der Riß in der Mauer ist noch bis auf den heutigen Tag zu sehen und kann nicht übertüncht werden.
Auch ein anderes Mal soll durch den Übermut eines Kurrende-Knaben etwas Merkwürdiges dort passiert sein. Bis vor hundert Jahren waren nämlich in der Kirche noch mächtige dicke Bücher, die an Ketten lagen.

Darunter sollen auch das VI. und VII. Buch Mose gewesen sein, welche wir jetzt nicht mehr haben, in denen aber, wie man allgemein erzählt, alle die alten Zaubergeschichten enthalten sind. Wie nun wieder einmal die Kurrende in der Kirche reinmacht, kommen sie an diese Bücher, und vorwitzig, wie die Knaben sind, werden sie sich an dieselben machen und sehen, was darin steht. Kaum aber haben sie selbige aufgeschlagen und fangen an zu lesen, da wird auch die ganze Kirche von unten bis oben voll von allerhand Geistern. Natürlich überfiel sie eine furchtbare Angst, und es war noch ein Glück, daß der Prediger hinzukam, der fing an, das Buch rückwärts zu lesen – da verschwand der Spuk.
Ähnliches erzählt man auch in Bernau. Da fand einmal ein Knecht angeblich das VI. und VII. Buch Mose, welche der Gutsherr hatte offen liegen lassen. Wie der anfing zu lesen, da füllte sich, heißt es, das ganze Gehöft mit Ratten, und als er weiter las, mit Raben, die kamen von allen Seiten herbeigeflogen, dann kamen lauter schwarze Männer und anderer Spuk. Zum Glück kam auch hier der Gutsherr hinzu und bannte alles, indem er rückwärts anfing zu lesen.
Die wahre Bibel, sagt man dort, liegt in Leipzig, die wird nie losgemacht. Nur Napoleon I. hat sie sich losmachen lassen, aber ist damit auch nicht weiter gegangen als bis vor den Altar und hat dort darin gelesen. Da hat er denn gesehen, wie alles kommen würde in Rußland, welche Generale ihm untreu werden würden usw. Nichtsdestoweniger hat er den Zug nach Rußland freilich doch unternommen. (46)

Das Schildhorn bei den Pichelsbergen

Bei den Pichelsbergen bildet die Havel einen großen See. Da soll in alten Zeiten während eines großen Religionskrieges ein Ritter, von seinen Verfolgern hart bedrängt, mit seinem Pferd hindurchgeschwommen sein. Als er nämlich auf seiner Flucht in die Landzunge jenseits bei Pichelsdorf geriet, riefen seine Feinde triumphierend aus: »Jetzt haben wir ihn im Sack.« Er aber faßte sich schnell, gab seinem Pferd die Sporen und setzte in die Havel hinein, und wirklich trug ihn sein treues Tier die weite Strecke hinüber bis an das diesseitige Ufer, wo er zum Andenken an seine glückliche Rettung »Schild« und »Horn« an einem Baum aufhängte. Davon heißt die Stelle »das Schildhorn«, die andere jenseitige Landzunge »der Sack«, weil seine Verfolger ausriefen: »Jetzt haben wir ihn im Sack.«
So wird die Sage gewöhnlich in Pichelsdorf erzählt. In Charlottenburg,

Das Schildhorn an der Havel. Gezeichnet von Alb. Richter, Lithographie 1881

d. h. im alten Lietzow, sagt man, es sei »der letzte Wendenkönig« gewesen. Bei Caputh sei die Schlacht geschlagen worden, von der er flüchtig gekommen. Er sei glücklich hinübergekommen; aber sein Adjutant, wie es heißt, der es auch versucht, sei dabei umgekommen. Weiter wird dann angegeben, er sei Heide gewesen und habe, wie er in die Havel gesetzt, gelobt, da seine Götter ihn verließen, wolle er Christ werden, wenn der Christengott ihn rette und er glücklich hinüberkäme. So sei er es denn auch nachher geworden.
Dazu stimmen ältere schriftliche Aufzeichnungen, nach denen es der Wendenfürst Pribislav von Brandenburg gewesen, welcher sich auf seiner Flucht so bekehrt hat (nicht Jazco, wie man gewöhnlich jetzt angibt). Die Sache spielt zur Zeit Albrechts des Bären in den damaligen Religionskriegen, und unsere Sage führt den bisher dunklen Punkt in der Geschichte jenes Pribislav näher aus und erklärt, wie er aus einem Heiden mit einem Male zu einem so eifrigen Christen und Freund Albrechts des Bären wur-

de. Denn nicht allein, daß er plötzlich in frommem Eifer den Götzentempel in Brandenburg zerstörte, er schenkte schon bei seinen Lebzeiten, da er kinderlos war, einen Teil seines Landes (die Zauche) dem Sohn Albrechts des Bären und setzte diesen dann selbst zum Erben seines gesamten Landes ein, damit es nur fortan christlich bliebe. Irgendein bedeutsames Ereignis muß da wohl diesen so entschiedenen Wechsel in seinem Verhalten veranlaßt haben. (47)

Jazco von Köpenick

Das Dorf Pichelsdorf bei Spandau, bei welchem die Havel einen großen See bildet, ist eins der ältesten in der ganzen Gegend, denn die Einwohner erzählen, daß es bereits zu jenen Zeiten vorhanden gewesen sei, als die Leute noch in der Erde wohnten. Dicht am Einfluß in den genannten See bildet die Havel mit demselben eine sich ziemlich weit hin erstreckende Landzunge, die an ihrem äußersten Ende steil zum Wasser abfällt. Bis zu diesem Punkt soll einmal in alten Kriegszeiten ein Ritter, von seinen Feinden verfolgt, gekommen sein; bei seiner eiligen Flucht hatte er aber nicht bemerkt, daß ihm hier kein Ausweg sich darbiete, und die Feinde riefen daher bereits triumphierend: »Nun haben wir ihn wie in einem Sack«, woher auch dies Stück Land den Namen »der Sack« erhalten hat. Aber der Ritter ließ den Mut nicht sinken und versuchte noch das letzte Mittel der Rettung; er gab seinem Roß die Sporen und stürzte sich mit ihm in den See; das brave Tier strengte alle Kraft an und brachte seinen Herrn glücklich an eine drüben in den See hineinragende Spitze. Da hing der Ritter zum ewigen Andenken an den gefahrvollen Ritt Schild und Speer an einer Eiche auf, und darum heißt die Landzunge bis auf den heutigen Tag das Schildhorn.

Einige sagen, der Vorfall habe sich im Dreißigjährigen Krieg zugetragen, noch andere erzählen, es sei der Alte Fritz gewesen, der sich so gerettet. Die Gelehrten aber meinen: das sei der Fürst Jacze oder Jazco von Köpenick gewesen. Als nämlich der letzte Wendenfürst zu Brandenburg, Pribislav (sein christlicher Name war Heinrich), 1141 gestorben war und Markgraf Albrecht der Bär die Stadt und das dazugehörige Land, vermöge des mit Pribislav geschlossenen Erbvertrages, in Besitz nahm, blieb er in diesem ungestört bis zum Jahr 1156, wo der genannte Jacze, der Oheim Pribislavs, nachdem er ein starkes Heer gesammelt und die Besatzung von Brandenburg, die zum Teil aus Slawen bestand, bestochen hatte, auch Albrecht gerade von seinen Leuten entfernt war, sich plötzlich Brandenburgs bemächtigte und von hier aus den Christen vielen Schaden zufügte. Da ließ sich Albrecht die Brandenburgische Erbschaft von neuem durch Kaiser Friedrich Barbarossa bestätigen, sammelte schnell ein Heer, bot seine nächsten Nachbarn, besonders den Erzbischof Wiger von Magdeburg zur Hilfe auf und rückte nun eiligst vor Brandenburg, das er auf drei Seiten, namentlich auch zu Schiff angriff. Da wurde zwar sein Schwestersohn, der junge Werner von Veltheim (oder von Osterburg) von den Wenden erschlagen und viele biedere Leute, aber er gewann doch endlich 1157 die Stadt wieder. Jazco soll geflohen, bei Spandau noch einmal geschlagen und infolge seiner glücklichen Flucht über die Havel Christ geworden sein. (48)

Potsdam

Die Gründung Potsdams

Zu der Zeit, als der mächtige Wilzan, der in der festen Burg zu Dragowit wohnte, über die Wilzen an der Spree und Havel herrschte, bedeckte den ganzen Potsdamer Werder ein uralter Eichenwald, durch welchen sich von der Gegend des Heiligen Sees bis zur Havel am Lustgarten und von Glienicke her bis nach der Stadt Werder ein tiefes unzugängliches Bruch zog, über welches im Frühling das Wasser der Havel strömte und den ganzen Werder in drei langgestreckte Inseln teilte. Am meisten bewohnt war die nördlichste von ihnen; denn in der Gegend von Bornim und Eichow und am Pfingstberg lagen zerstreute Gehöfte, welche zum Distrikt der Wublitz gehörten, über welche auch der Krul oder Unterkönig der Heveller herrschte.

Die kleine Insel an der Havel war wenig breiter als der Teil der Stadt, welcher jetzt wieder durch den Kanal zu einer Insel gemacht wird, und nur ihr östliches Ende, der Mündung der Rudow gegenüber, war mit einzelnen Fischerhütten besetzt, deren Bewohner zwar weit und breit die Seen und Arme der Havel befuhren, welche damals noch reich an Stören, Lachsen und Welsen waren, selten aber durch die Sümpfe und Wälder drangen, von denen ihr Wohnplatz im Norden umschlossen war.

Wo jetzt die Kirche des Dorfs Alt-Geltow steht, war eine feste Burg des Krul der Heveller erbaut, in welcher er einen Teil des Jahres zu wohnen pflegte, um von hier aus in den großen Wäldern am Schwielowsee, die reich an Uren, Bären und Wölfen waren, zu jagen, oder den wilden Schwan mit dem gelben Schnabel, wenn er auf seinen Frühlings- und Herbstzügen sich auf den weiten einsamen Wasserbecken niederließ, listig zu locken und zu fangen. Ein hoher doppelter Erdwall umgab einen fast runden Raum, aus dem sich ein turmartiges Gebäude, aus rohen Feldsteinen und Baumstämmen dick und unförmlich zusammengesetzt, erhob. Nur eine leichte, schnell einzuziehende Brücke führte über den trockenen Graben zwischen den Wällen, und außer der kleinen, festen Tür waren keine Öffnungen im Turm, welche von der Erde aus zu erreichen gewesen wären; denn erst in bedeutender Höhe sah man die schmalen, sich nach innen und außen erweiternden Einschnitte angebracht, durch die das Licht in die niedrigen, nur mit Waffen und dem Gehörn des Urs und Geweihen des Hirsches gezierten Räume dringen konnte, und höher hinauf die schwarzen Löcher, aus welchen der Rauch seinen Weg fand, der von dem mächtigen Feuer emporstieg, das fast beständig auf den breiten Steinherden in allen bewohnten Gemächern brannte.

Der Krul war ein wilder, grausamer Mann, besonders seit sein einziger Sohn in einem Kampf mit den Deutschen gefallen war, zu welchem ihn der Ober-Kriwe wider seinen Willen vermocht hatte, als jener eben das fünfundzwanzigste Jahr erreichte. Zum Erben seiner Macht hatte er zwar seinen einzigen Verwandten erwählt und hielt streng darauf, daß diesem gleiche Ehre wie dem Sohn erwiesen wurde; aber sein Herz blieb dem Jüngling fremd und selten, nur bei feierlichen Opfern und Festmahlen, sah man diesen in seiner Nähe. Je älter der Krul wurde und je weißer sein Haar, desto einsamer lebte er in seiner Halle, und selbst die langen Winterabende verbrachte er allein auf seinem Lager von Tierfellen am knisternden Feuer; ja sogar in demselben Haus war er ungern mit dem jungen Chocus zusammen, der, ein rüstiger Jäger und Fischer, im Kreis seiner muntern Gefährten fröhlich und sorgenlos die Tage verlebte.

Einmal, als Chocus auf der Wolfsjagd gewesen war, fuhr er spätabends im Frühling von Templin in einem Kahn nach Hause zurück. Das Wasser war hoch und der Wind stürmte aus Westen. Als sie fast den Wentorf erreicht hatten, verlor der Knecht das Ruder, und sie mußten mit ihren Spießen sich fortzubewegen suchen. Der Sturm trieb sie aber zurück; schon wurde es dunkel, und nachdem sie lange hin und her geworfen waren, trieben sie endlich an einer kleinen Insel fest. Hier suchten sie Schutz gegen den Sturm hinter dem Schilf und schliefen ein.

Als der Fürst am Morgen erwachte, gewahrte er nahe bei sich einen Kahn, darin saß eine Fischerin, welche ein Netz ausgeworfen hatte und sang. Das Mädchen aber war so schön, daß er gar nicht wieder von ihm wegsehen konnte. Als die Fischerin jedoch den fremden, reich gekleideten Mann erblickte, war sie sehr erschrocken und stieß mit dem Kahn vom Ufer ab. Chocus ging ihr nach und sprach so schöne Worte, daß sie dem Mädchen zu Herzen gingen; und als er so gar eigen mit den dunklen Augen in ihre schönen blauen Augen blickte, da folgte sie seinen Wünschen, kam ans Land und dachte den ganzen Tag nicht wieder daran, wegzufahren.

Am Abend aber schifften sie alle drei über den Fluß und landeten da, wo jetzt die Heiligegeist-Kirche steht. Der junge Fürst hieb mit seinem Schwert Zweige von den alten Eichen, und sie bauten sich eine Hütte. Dort lebten sie viele Monate in dem schönen grünen Eichenwald, bis Schnee fiel. Da sagte ihr Chocus, wer er sei, und daß sie die Frau des Kruls

Potsdam. Gezeichnet von J. Gottheil, in Stahl gestochen von J. Poppel und U. Kurz um 1860

werden sollte, wenn auch sein Oheim das reichste Königskind für ihn gewählt hätte. Die schöne Fischerin aber war so glücklich, daß sie sich nicht darüber freuen konnte.

Als nun das Moor zugefroren war, ging er über das Eis nach der Burg zu Geltow und gelobte, nach drei Tagen wiederzukommen mit Roß und Gefolge und sie heimzuführen. Als er jedoch in die Burg kam, war der Krul gestorben; der Kriwe hatte das Volk versammelt am Opferstein und die Zeichen gedeutet, darauf hatte das Volk des Ober-Kriwen Sohn zum Krul der Heveller gewählt. Der Kriwe aber war bei dem neuen Fürsten in der Burg, und als nun Chocus kam mit seinem Knecht, ließ er ihn in einen tiefen Kerker werfen, ohne Luft und Speise, damit er umkomme. Dieser jedoch öffnete ihm in der zweiten Nacht die Tür, und er floh zu dem Wilzan nach Dragowit. Der nahm ihn freundlich auf und hätte ihn gern in sein Erbe gesetzt, doch fürchtete er den Ober-Kriwen, der großen Einfluß unter dem Volk der Heveller hatte. Chocus aber schämte sich, zu dem Wilzan von der Fischerin zu sprechen, und wenn er trauerte, glaubte der Fürst, es sei um die verlorene Herrschaft.

Am neunten Tag jedoch konnte er es nicht mehr ertragen vor Angst und Sehnsucht, er entdeckte dem Wilzan alles, und dieser und sein Gefolge begleiteten ihn zu der Insel an der Havel.

Als sie aber über den tiefen Schnee nach der Hütte unter den Eichen kamen, fanden sie das schöne weiße Mädchen starr und tot. Von der Stunde an hat der junge Held nie wieder gelacht, sein dunkles Auge erlosch und sein Haupt wurde weiß wie Schnee.

Der Wilzan schenkte ihm die drei Inseln zum Eigentum; da baute er sich eine Burg auf der Stelle, wo die Hütte stand, und nannte sie Poztupimi, d. h. unter den Eichen. Weil er ein gar guter Herr war, sammelten sich viele Einwohner auf dem Werder, der nach ihm Chocie geannt wurde, und bald entstand ein kleiner Ort um die Burg. Oft erwähnen alte Chroniken den Volkstamm der Chocini und erzählen mancherlei von deren Anhänglichkeit und Liebe zu ihrem Fürsten. (49)

Die Wendenschlacht bei Potsdam

Nachdem durch Otto III. die wendischen Völkerschaften zwischen der Elbe und Oder wieder besiegt und unter seine Botmäßigkeit gebracht waren, suchte dieser auf jede Weise das Christentum unter ihnen zu verbreiten, ließ ihnen aber sonst viele ihrer alten Gerechtsame und Gesetze, wie es

auch früher Heinrich der Vogler getan; besetzte die Städte, ließ sich bestimmten Tribut zahlen und verfuhr nur streng bei der Ausrottung des Heidentums. Die fränkischen Kaiser aber, welche auf die sich immer mehr nach Osten hin ausbreitende Macht der Sachsen eifersüchtig waren, ermunterten und unterstützten die Wenden zu neuem Abfall, und es gelang diesen, sich wieder in den Besitz ihrer alten Länder zu setzen; sie eroberten im Jahr 1030 sogar die Feste Brandenburg wieder, wo Heinrich an der Stelle des Triglaf-Tempels auf dem Harlunger Berg die erste christliche Kirche hatte erbauen lassen, die er der Jungfrau Maria weihte.
Als jedoch Lothar aus dem sächsischen Hause Herr von Deutschland wurde, bot dieser alle seine Kräfte auf, um die wendischen Völker wieder unter sein Zepter zu bringen. Wo dies gelang, mußten sie ihren Abfall schwer büßen; sie verloren alle ihre Rechte und wurden mit großer Strenge als aufrührerische Untertanen behandelt; ja es wurde sogar ein Fürst aus deutschem Stamm, Albrecht der Bär, aus dem Hause Askanien, über sie gesetzt, von welcher Zeit an eine neue Ordnung der Dinge in den jetzigen Marken begann.
Das Glück hatte die Wenden verlassen; zwar war ihr Widerstand kühn und hartnäckig, aber in sich uneins, entbehrte er der nötigen Einheit, und so heldenmütig sie auch in den einzelnen Kämpfen den Boden ihrer Väter verteidigten, sie wurden überall zurückgedrängt, und immer mächtiger breiteten sich die Deutschen aus.
Pribislav und Niklot, Söhne des verstorbenen Obotritenkönigs, sahen mit Furcht den Feind sich immer mehr ihren Ländern an der Ostsee nahen; da ergriff Pribislav, ein kühner und tapferer Fürst, die Waffen für die verwandten Stämme; schnell vereinigte sich unter seinen siegreichen Fahnen ein mächtiges Heer, und bald machte er sich zum Gebieter aller Länder zwischen der Ostsee und der Havel; er griff selbst Albrecht an, der vom König zum Markgrafen über die Nordmark (Altmark) gesetzt war. Dieser aber stellte ihm bald ein kriegsgeübtes Heer entgegen, und das Havelland ist Zeuge manches blutigen Kampfes gewesen. Sosehr nun auch Pribislav verstand, den Vorteil des Bodens in dem von Wasser und Weichland vielfach durchschnittenen Land zu benutzen und so kühn seine Wenden, Ritter und Mannen, fochten, Albrecht der Bär drängte mit seinen besser gerüsteten Streitern immer gewaltiger auf ihn ein. Da zog Pribislav seine ganze Macht zur letzten entscheidenden Schlacht auf dem Potsdamer Werder im Jahr 1136 zusammen.
Rings von den Armen der Havel und tiefen Mooren umgeben, erwartete das Heer schweigend den Angriff. Albrecht mußte sich entschließen, im

Angesicht desselben über die Havel zu setzen oder Dämme durch die Sümpfe aufzuwerfen. Er wählte zum Übergang die Stelle am Babelsberg, wo sich noch jetzt eine schmale Landzunge weit in die Havel erstreckt. Mächtige Flöße und zahlreiche Boote waren in der Bucht bei Glienicke zusammengebracht und wohl eingeübt, schnell eine breite Brücke an der Landzunge zu bilden. Durch diesen Angriffspunkt war Pribislav gezwungen, sein Heer auf dem engen Raum zwischen der jetzigen Stadt, dem Heiligen See und der Havel aufzustellen; er konnte dem Angreifer nur die gleiche Front bieten und war verhindert, irgendeine Bewegung auf dessen Flanken zu machen. Sein Rückzug aber, im Fall der Feind siegte, war nur auf den schmalen Landstrichen an beiden Enden des Heiligen Sees möglich.

Nach der Einsegnung des Heeres wurde vor Aufgang der Sonne schnell die breite Floßbrücke aufgefahren, und die Fahrzeuge füllten sich mit Streitern. Ein Teil der Ritter war abgestiegen; in dichter Eisenrüstung schritten sie voran und brachen mit ihren Speeren sich Bahn in den nur leicht geharnischten Haufen der Wenden, die mit Streitäxten, Keulen, Schwertern und Schilden vergeblich ihrem Vordringen sich widersetzten. Bald war Raum um den Landungsplatz gewonnen. Albrecht mit seinen Rittern stürzte sich in den dichtgedrängten Feind, und es entspann sich ein langer, verzweifelter Kampf. Tausende fielen auf dem engen Raum, während von der einen Seite die langen Hörner und das dumpfe Schlachtgeheul, von der andern die schmetternden Trompeten und der laute Zuruf der Führer die Streiter zu immer neuen Anstrengungen ermunterten. Da sank die heilige Fahne der Wenden, und sie wandten sich zur Flucht. Vergebens bemühte sich Pribislav, diese aufzuhalten. Nach der Stadt zu drängte sich die wirre Masse, dicht hinter sich den mordenden Feind. Hier aber trat ein anderer den Fliehenden entgegen. Albrecht hatte eine starke Schar bei Werder in der Nacht über die Havel setzen lassen, und diese rückte jetzt gegen die Wenden an, in deren Reihen nun von allen Seiten der Tod wütete.

Verzweiflungsvoll sammelten sich um den Wendenfürsten seine Edlen. Die kühne Schar mit den dunklen Augen und schwarzen Locken brach sich Bahn längs den Ufern des Heiligen Sees, um da, wo zum oberen Ende desselben der Graben ihn jetzt mit der Havel verbindet, die Flucht zu versuchen. In der Gegend von Redlitz aber trafen sie von neuem auf den Feind, der auch diesen Ausweg besetzen wollte. Vergeblich strebte der tapfere Fürst, sich durchzukämpfen; die Übermacht war zu groß. Fast alle die Seinen fielen um ihn her, und immer weiter wurde er zurückgedrängt

nach der Gegend, woher das Siegesgeschrei der Deutschen erscholl. Da wandte Pribislav, des verlassenen Vaterlandes gedenkend, das hohe starke Pferd nach der Gegend, wo sich, Sakrow gegenüber, das Ufer am weitesten in die Havel erstreckt, kühn trieb er das schnaubende Roß hinein in die Flut und erreichte schwimmend den sicheren Strand, er allein gerettet von so vielen Tausenden.
Noch jetzt findet man auf dem Schlachtfeld Pfeilspitzen, Waffenstücke und Gebeine in dem weißen Sand, der das Blut der Wenden in der letzten Schlacht trank, und der kreisrunde Erdhügel am Weg nach der Redlitzer Fähre, der Räuberschanze gegenüber, soll das weite Grab ihrer Edlen bedecken.
Bald nachher ergab sich auch die feste Hauptstadt Brandenburg den Deutschen, deren Marken sich nun immer mehr nach Norden und Osten erweiterten. (50)

Das Nauener Tor. Gezeichnet von J. Poppel, in Stahl gestochen von U. Kurz 1846

Das älteste Haus in Potsdam

In der ersten Hälfte des 16. Jahrhunderts bestand Potsdam fast nur aus vier Straßen, in deren Mitte auf einer kleinen Erhöhung des Bodens die mit einem Begräbnisplatz umgebene Kirche und unweit davon ein kleines Rathaus stand; so hatte es auch nur zwei Tore, das eine, das Brandenburger, führte durch den Wall in der Gegend des neuen Marktes, das andere, in der Gegend der grünen Brücke, hieß das Berliner und war nur zum Teil durch eine Mauer, größtenteils aber durch einen Graben und ein festes Pfahlwerk mit dem ersteren verbunden. Von dem Berliner Tor längs der Havel hin bis über die jetzige Burg und Heiligegeiststraße lag eine doppelte Reihe von Fischerhäusern. Der Platz an der Havel aber, auf dem jetzt die Heiligegeist-Kirche steht, war durch einen breiten Graben zur Insel gemacht; auf der Landseite geschützt durch Mauer und Wall, auf der andern durch den breiten Fluß. Hier stand die Burg, das sogenannte alte Haus Potsdams, ein viereckiges steinernes Gebäude mit spitzen Giebeln und einem runden Turm an jeder Ecke. Da wo sich jetzt das Schloß erhebt, war durch Joachim ein kleines Lustschloß errichtet, unweit der hölzernen Brücke, welche Friedrich I. statt der Fähre 1406 über die Havel hatte erbauen lassen. Unterhalb der Stadt, dem Tornow gegenüber und von ihm durch einen dichten Eichenwald getrennt, der sich weit hin nach Fahrland und Redlitz erstreckte, lag der Kiez, ein Fischerdorf, dessen wendische Bewohner unter einem Schulzen lebten.

Dieser Schulze hatte nun ein ganz junges niedliches, schwarzäugiges Mädchen von kaum sechzehn Jahren zum Mündel, die allen jungen Burschen des Dorfes den Kopf verdrehte und so auch ihrem Vormund. Ob dieser nun gleich zum dritten Male Witwer war, so ließ er es sich doch beikommen, einem vierten Frauenzimmer seine welk gewordene Hand anzubieten, und siehe, er wurde erhört, am Osterfest 1536 wurde sein rotbäckiges Mündel seine vierte Frau. Sie lebte als solche gerade so fort wie vorher als Mädchen, trug ihre Fische zum Markt und ging an Sonntagen in die Schenke zum Tanz, wo es ihr keine an Frohsinn und Scherzen zuvortat. Da ist sie einstmals im nächsten Sommer, als sie wieder Fische in die Schloßküche tragen wollte, wie der Kurfürst Joachim II. sich gerade der Jagd wegen mit zahlreichem Gefolge im Schloß zu Postsdam aufhielt, im Wald unweit des Kiezes mit einem großen stattlichen Herrn unter einer großen Eiche zusammengetroffen, der hat sie freundlich angeredet und sich über das und jenes mit ihr unterhalten, hat sie auch bis ans Tor begleitet. Später hat sie den Mann noch oft auf ihrem Weg zur Stadt getroffen und stets mit ihm eine längere oder kürzere Zeit gesprochen, ja sie hat sich ordentlich geärgert, wenn sie einmal zur Stadt ging und ihren Gesellschafter nicht traf. Es ist ein großer schöner Mann in der Mitte der Dreißiger gewesen, hat sich ihr gegenüber für einen Beutner ausgegeben, der viele Bienenstöcke in den hohlen Eichen besäße, die er aber an andere verpachtet hätte, und hat gesagt, er halte sich hier in der Nähe auf, um achtzuhaben, daß ihm nicht die jungen Schwärme entführt würden. Er hat aber über alle möglichen Gegenstände mit ihr Rede gepflogen; und da sie ihn um vieles, was sie nicht wußte, gefragt, sie gewissermaßen unterrichtet, so daß sie bald viel mehr wußte als alle ihre Gespielinnen, und das ganze Dorf erstaunt war, wie des Schulzen Frau plötzlich eine so kluge Frau geworden sei. Gegen das Ende des Herbstes blieb aber der Herr plötzlich aus, und die Frau Schulzin sah nun erst, was er ihr geworden war, ohne ihn wurde ihr das Leben fast unerträglich, und dies um so mehr, weil sie niemanden hatte, dem sie ihre Not klagen oder ihr Herz ausschütten konnte.

Eines Tages, als sie wieder einmal zur Stadt ging, da sah sie eine große Menge Arbeiter bei der Eiche, die gruben die Erde aus und schienen eine Grundmauer errichten zu wollen. Auf ihr Befragen erfuhr sie, Kurfürst Joachim, wegen seiner Klugheit Nestor genannt, lasse hier ein Jagdschloß bauen, auf dem Hof solle aber die Eiche in der Mitte der Gebäude stehenbleiben.

Im nächsten Jahr ließ sich der Bienenvater wieder sehen, und als er mit ihr zusammenkam, tat er gar nicht, als wäre längere Zeit zwischen ihrer letzten Zusammenkunft verflossen, sondern war gerade so vertraulich, als hätten sie sich erst gestern gesehen. So ging es einige Zeit fort, und die arme Schulzin war immer mehr verliebt in ihn, so daß sie gar nicht mehr an ihren Mann dachte. Da trug es sich zu, daß in dem Herbst desselben Jahres ein Wolkenbruch in der Gegend von Potsdam fiel, die Havel stieg über ihre Ufer, viele Schiffe der Bewohner vom Kiez wurden zerstört oder vom Strom mit fortgeführt, und als in der darauffolgenden Nacht im Dorf auch noch eine Feuersbrunst ausbrach, welche unter anderen auch das Haus des Schulzen verzehrte, da war große Not in dem armen Fischerdorf, denn der größte Teil der Bewohner war in den Fluten umgekommen, und die übrigen hatten alle ihre Habe in der Feuersbrunst verloren. An den Folgen dieses Schrecks starb der alte Schulze in wenigen Tagen, seine Frau aber blieb seit dem Tag verschwunden.

Einige Monate nachher bezog nun aber der Kurfürst sein neues Lustschloß und bewohnte es seit jener Zeit nur mit wenigen Unterbrechungen. In der Umgegend aber wurde die Rede laut, man sehe ihn in dem das

Schloß umgebenden Garten oft mit einer jungen schönen Frau lustwandeln, die große Ähnlichkeit mit der verschollenen Frau Schulzin habe. Auch nach seinem Übertritt zur evangelischen Kirche im Jahr 1536 ist er häufig auf jenem Jagdschloß gewesen, allein keiner der Hofleute, die er dorthin mitnahm, hat, darum befragt, über jene schöne Dame Rede gestanden, so daß man zuletzt gar nicht mehr davon gesprochen und die ganze Sache für einen Spuk gehalten hat. Zwanzig Jahre nachher brannte das ganze damalige Potsdam ab, und nur das Jagdschloß im Eichenwald beim Kiez blieb von allen Gebäuden aus früherer Zeit übrig, wurde aber später vom Kurfürsten Friedrich Wilhelm auf den Wunsch seiner frommen Gemahlin zu einem Witwenhaus eingerichtet. Es ist bis in die dreißiger Jahre dieses Jahrhunderts stehen geblieben, da wurde es zwar niedergerissen, allein das neu aufgebaute Predigerwitwen-Haus steht genau auf den Grundmauern des alten Jagdschlosses, ist also strenggenommen das älteste Haus der Stadt Potsdam. (51)

Froschpalais

Vor einem Menschenalter und wohl schon länger nannte man in Potsdam das Hofbauersche Haus im Volksmund schlechthin das »Froschpalais«. Der Name gründet sich auf die folgende Sage.
Als Albrecht der Bär den Fürsten Jazco von Köpenick besiegt und zum Christen gemacht hatte, da war mit vielen anderen wendischen Edlen auch der Sohn des Hevellerkrolen über die Insel Potsdam im Kampf gefallen. Dessen greiser Vater aber unterwarf sich nur äußerlich; von einem Glaubenswechsel wollte er nichts hören. »Auf meiner Väter Grund mag ich lieber Frösche und Unken hören als fremder Mönche Plärren!« rief er. Der neue Landesherr entschied: »Dein Wille soll dir werden!« Dem Greis verblieb am Havelrand unfern der Burg des neuen Fürsten ein ausgedehnter Bruchlandrest, auf dem er sich nach Fischerart häuslich einrichtete. In lauen Mainächten soll noch heute durch das Froschgequak jener Gegend leises Menschenstöhnen klingen. (52)

Das Straßenpflaster von Potsdam

Um 1540 war das Pflaster in den Straßen Potsdams in einen unleidlichen Zustand geraten: kein Wagen, kein Reiter kam mehr glatt hindurch, die Fußgänger kollerten gegeneinander und bedachten sich dann ausgiebig

Das Stadtschloß, 1664–1670 erbaut, 1745–1751 von Knobelsdorff umgestaltet. Stahlstich von Worms um 1850

mit freien Titeln, die sie vorzugsweise aus dem Reich der Vierfüßler wählten. So war Potsdam berühmt geworden durch sein schlechtes Pflaster und sein vieles Schimpfen. Da fand der Magistrat ein Mittel, um ohne Kosten beiden Übeln gleich zu steuern: er erließ eine Verordnung, nach welcher jeder, der einen Mitbürger einen Schafskopf nannte, zwei Ruten ins Geviert zu pflastern hatte. Der »Ochse« wurde mit drei Ruten neuem Pflaster gesühnt, der »Esel« mit vier, und so hatte jedes Tierlein seine Taxe. Die Stadtknechte paßten brav auf und hatten bald so viele Übertreter gefaßt, daß die Plätze bei der Kirche und beim Rathaus ihr neues Pflaster bekamen, und mit der Zeit konnten auch die anderen Straßen alle herankommen. Zugleich wurde der Ton des Verkehrs um vieles freundlicher und zuletzt fast anmutig. (53)

Der faule See zu Potsdam

In der alten Stadt Potsdam lag einst außerhalb der alten Stadt in der Mitte des jetzigen Wilhelmsplatzes ein tiefer, trüber Wasserpfuhl, der faule See genannt. In der Zeit, wo man noch auf Hexen und Zauberer fahndete, benutzte man ihn dazu, auf seiner Oberfläche bei angeblichen Hexen die sogenannte Wasserprobe anzuwenden. Man legte sie gebunden auf das Wasser, und wenn sie untersanken, galten sie für der Zauberei überführt, und man verdammte sie zum Feuertod. Die ganze Gegend um den Pfuhl bestand aber aus einem trügerischen, morastigen Boden, und oft sank während der Nacht eine scheinbar feste Stelle mit allem was darauf war ein. Nun trug es sich einmal zu, daß eine alte Frau zu Potsdam von einem Landstreicher, der ihr hatte Geld abschwindeln wollen und von ihr abgewiesen worden war, aus Rache von diesem beschuldigt wurde, sie habe ihm versprochen, ihn stichfest zu machen, wenn er ihr ein dreijähriges Kind bringen würde, dessen Zunge, Herz und Finger sie zu ihrem Zauber gebrauche. Trotz ihrer Beteuerungen, daß sie unschuldig sei, wurde ihr nicht geglaubt, sie wurde zur Wasserprobe verurteilt und von dem Henker nach der Wiese am faulen See geführt; er schnürte ihr Hände und Füße fest zusammen und der Ketzerrichter forderte den anwesenden Ankläger der alten Frau auf, noch einmal seine Anklage zu wiederholen. Dieser trat auch bereitwillig auf eine etwas erhöhte Stelle in der Nähe des Sees und rief Gott zum Rächer auf, wenn er nicht die Wahrheit spräche, und siehe, plötzlich sank die Stelle, wo er stand, mit ihm in die Erde und der schwarze Moorschlamm schlug über ihm zusammen. Das Volk aber schrie Wunder

Alte Nikolaikirche. Getuschte Federzeichnung um 1780

über Gottes weises Gericht, die alte Frau wurde losgebunden und freigesprochen und in feierlicher Prozession zur Kirche geführt, um dem Herrn zu danken. Später wurde dieser Pfuhl durch einen Kanal, der in ähnlicher Richtung wie der jetzt durch die Stadt fließende geführt war, mit der Havel verbunden; als sich aber Potsdam unter Friedrich Wilhelm bis an das Bassin erweiterte, ließ der König den faulen, die Luft verpestenden Sumpf ausfüllen und ihm seine jetzige Gestalt geben, was aber erst nach langer Arbeit gelang, denn der Morast schien unergründlich und oft versank in einer Nacht, was an Steinen und Erde während mehrerer Monate aufgebaut worden war. Endlich kam das Werk aber doch zustande, allein noch jetzt senkt sich an manchen Stellen die Fläche des Platzes, der fast alljährlich neu geebnet werden muß. (54)

Der Schimmel auf dem Wall zu Potsdam

König Friedrich Wilhelm I. hatte auf dem linken Ufer der Havel, von der Mündung der Nuthe bis zur Mitte der langen Brücke, einen breiten und tiefen Graben ziehen und längs desselben einen Damm aufwerfen lassen, der an seinem oberen Ende durch eine hölzerne Brücke mit dem Kirchhof der Heiligengeist-Kirche verbunden war. Dieser Kanal, der im Winter von den Fischern frei von Eis gehalten werden mußte, sollte namentlich dazu dienen, das Desertieren der Soldaten zu verhindern, und darum war er im Osten, Norden und Westen mit einer hohen Mauer umgeben, und längs dem Kiez an der Havel erstreckte sich eine dichte Reihe von Pallisaden. Früher war es nämlich vielen von den Deserteuren gelungen, die Havel zu durchschwimmen und sich nach der damals nur wenige Stunden entfernten sächsichen Grenze zu retten.

Da trug es sich zu, daß ein Predigersohn aus Baruth von Werbern in eine Schenke gelockt und im Rausch veranlaßt worden war, Handgeld zu nehmen. Vergeblich war alles Protestieren, als er aus seiner Trunkenheit erwacht war, er mußte mit nach Potsdam und wurde in ein Reiterregiment gesteckt. Hier mußte er zwei lange Jahre aushalten, ohne daß es ihm gelang, auch nur einen Schimmer von Hoffnung zu erblicken, sich aus dieser schrecklichen Gefangenschaft zu lösen. Endlich machte er den Plan, in der nächsten Nacht vom Sonntag zum Montag, wo kein Mondschein war und wo er die Stallwache hatte, durch die Havel zu schwimmen, leise zwischen den Posten auf dem Wall hindurchzukriechen und dann zu suchen, längs dem Ufer der Nuthe fortzukommen, oder sich im Schilf bis zur nächsten Nacht zu verbergen. Am Abend hatte er seinen Kameraden tüchtig zugetrunken und es war ihm gelungen, die Wachmannschaft im Stall zu bezechen. Eine Stunde nach Mitternacht machte er sich auf den Weg, nachdem er Gott auf den Knien um Beistand zu seinem Unternehmen angefleht und von seinem treuen Schimmel, dem einzigen, von welchem die Trennung schwer wurde, Abschied genommen hatte. Glücklich kam er durch die öden Straßen, unhörbar schwamm er über den Strom, als er hinter sich laut plätschern und schnauben hörte. Als darüber der Ruf der Wachen erscholl, barg er sich ängstlich auf dem Boden, da rauschte es hinter ihm, eine weiße Gestalt erhob sich schüttelnd aus dem Wasser und der arme Flüchtling erkannte seinen Schimmel, der sich losgerissen hatte und ihm nachgeschwommen war. Eilig lief er über die Wiesen und den Wall, der Schimmel dicht hinterher; weil aber auf das wiederholte Anrufen der Wachen keine Antwort erfolgte, so schoß man von allen Seiten nach ihm und bald stürzten Mann und Roß von Schüssen durchbohrt zu Boden.

Seit dieser Zeit sind nun aber die Posten auf dem Wall in den Nächten, wo kein Mondschein ist, nach Mitternacht oft durch ein Plätschern im Wasser erschreckt worden, dann sahen sie einen Schimmel, der nach der Behauptung vieler keinen Kopf haben soll, auf der Wiese hin und her laufen, ohne daß man seinen Hufschlag vernahm. (55)

Der große Schäfer von Braunsberg

Unter den langen Grenadieren Friedrich Wilhelms I. befand sich auch ein Schäfer aus Braunsberg, ein riesiger Gesell, der bei seinem mäßigen Sold ein Leben führte, wie es kaum einem Major möglich war. Jeden Abend sah er eine kleine Gesellschaft Kameraden bei sich, welche er mit Kuchen, Wein, Bier und Tabak bewirtete. Niemand wußte, woher ihm die Mittel zu diesem außergewöhnlichen Aufwand kamen. Der König, der gern dahintergekommen wäre, verfiel auf eine List. Er verkleidete sich als gemeinen Soldaten und versuchte, sich auf vertrauten Fuß mit dem Grenadier zu stellen. Der neue Kamerad gewann bald des Schäfers Herz und wurde wiederholt zu den Abendgesellschaften geladen. Als der König die Tonpfeife ablehnte und sich als Schnupfer auswies, wurde ihm die feinste Sorte

Potsdamer Riesengarde. Federzeichnung 1881

Schnupftabak gereicht. Einmal blieb der König zurück, als die übrigen Kameraden sich entfernt hatten. Er drückte seine Verwunderung über den nie gesehenen Luxus eines gemeinen Soldaten aus und forschte nach der Quelle seiner Geldmittel. Der Schäfer erwiderte: »Wenn du mir Verschwiegenheit gelobst, so magst du mich morgen in der Mitternachtsstunde begleiten.« Der König sagte zu, und zur bestimmten Zeit wanderten beide durch Potsdams stille Straßen. Vor dem Haus eines Kaufmanns stand der Schäfer still, blies in das Schloß, welches sofort aufsprang, und beide traten ein. Auf dieselbe Weise öffnete sich die Tür zum Laden und auch die Ladenkasse. Diese entleerte der Schäfer, teilte das Geld in drei Haufen und sagte: »Der eine Haufen gehört dem Kaufmann, denn er ist sein Betriebskapital; der zweite ist sein rechtmäßiger Gewinn; den dritten hat er durch Betrug, und darum nehme ich ihn an mich.«
Weitere Besuche zu machen, zeigte des Schäfers Begleiter keine Neigung; wohl aber wünschte er des Königs Schatzkammer zu sehen. Dazu wollte der Schäfer sich nicht verstehen und konnte schließlich nur durch das feierliche Versprechen, nichts anrühren zu wollen, zur Öffnung derselben vermocht werden. Beide traten auf dieselbe geheimnisvolle Weise in die wohlverwahrten Räume ein. Ungeheure Schätze waren hier aufgehäuft. Als Friedrich einige Goldstücke in die Hand nahm, erhielt er einen derben Stoß und wurde schleunigst mit dem Bedeuten hinausgeschoben, er solle nie wieder das gastliche Haus seines Führers betreten.
Am nächsten Morgen erschien ein königlicher Diener, welcher dem Schäfergrenadier den Befehl überbrachte, sofort zum König zu kommen. Wie erschrak der aber, als er in dem König seinen nächtlichen Begleiter erkannte! Dieser redete ihn freundlich an und sagte, daß er ihm für den Stoß aufrichtig danke, aber die Beraubung der Kaufleute ernstlich untersage; da er aber gewohnt sei, auf großem Fuß zu leben, so wolle er ihm von jetzt ab den Sold eines Offiziers bewilligen. (56)

Der König mischt sich unters Volk

Berlin, zwischen 20. und 25. April 1713. Ihre Majestät sollen sich auch hin und her auf den Dörfern, indem Sie durch Anziehung eines schlechten Surtouts und ordinären Stiefeletten ganz unkennbar, informieren, wie sie leben, was sie essen, was sie an Contribution geben, was sie vom neuen König halten, was seine Einrichtungen mit so viel Soldaten bedeuten, und

Friedrich der Große besucht eine Fabrik. Kupferstich nach Adolf Menzel

verschiedene Quaestiones machen. Darauf denn die Antworten, wie leicht zu erachten, bald so und so fallen; indessen nehmen Ihre Majestät dero Mesures darnach, und ist nichts so klein, was Sie nicht selbst examinieren und davon gründliche Notiz einziehen und omni tempore et loco Remonstrationes von den Ministris annehmen. (57)

Die Bittschriften-Linde

Friedrich II., dem bekanntlich Potsdam alles, was in dieser Stadt schön und großartig ist, seine Paläste, Stiftungen und Manufakturen, verdankt, bewohnte die Eckzimmer im Schloß nach der Teltower Brücke zu, von wo aus er die freundliche Aussicht auf die Havel und den Brauhausberg genießen und selbst von seinem Schreibtisch aus mittels dreier Spiegel den Lustgarten, die Brücke und die ganze Umgebung des Schlosses übersehen konnte. Unter dem Fenster nahe der Brücke steht eine alte Linde, die noch jetzt die Bittschriften-Linde genannt wird, weil an ihr diejenigen ihren Standplatz wählten, die ein Gesuch in die Hände des Königs zu bringen wünschten. Sah sie der König hier stehen, so schickte er meist herab, um ihnen die Bittschriften abnehmen zu lassen. Allein zuweilen mußten die Bittsteller, welche nicht etwa bloß aus Potsdam, sondern aus dem ganzen Land dorthin kamen, lange stehen, und da sollen sie denn oft in der Angst ihres Herzens unbewußt in die Rinde des Baumes Figuren und Namen eingegraben haben. Davon mögen wohl die halbverwachsenen Narben, die einige Fuß von der Erde ringsum in der äußeren Oberfläche des Baumes zu sehen sind, herrühren; der Volksglaube hat es sich nicht nehmen lassen, daß der König auch jetzt noch, umspielt von seinen Lieblingshunden, des Nachts als Schatten über die gewohnten Pfade der Terrasse von Sanssouci oder durch die Alleen im Rehgarten nach dem Neuen Palais zu dahinschwebe oder einsam und ernst an seinem Schreibtisch sitze oder sich auch im Zwielicht oder Mondschein am Fenster seines Arbeitszimmers zeige. (58)

Das Rätsel

Einmal ritt der Alte Fritz auf seinem Schimmel zur Stadt hinaus. Da sah er im Feld einen alten Bauern, der ackerte. Der König ritt an ihn heran und fragte, wie es ihm ginge. »Sehr schlecht!« entgegnete der Greis. Der Alte Fritz fragte nach dem Grund. Da antwortete der Bauer: »Auf dem Hügel weht der Wind, im Tal verfault alles durch Feuchtigkeit, und die Besten haben mich verlassen!« Der Alte Fritz wunderte sich über diese rätselhafte Antwort und fragte, wie sie zu verstehen sei. Da nahm der Greis den Hut ab und zeigte den kahlen Kopf, dann wies er auf die tränenden Augen, zuletzt auf den zahnlosen Mund. »Das sind die Besten, die mich verlassen haben«, sagte er dabei zum König. Dem gefielen das Rätsel und die Erklärung. Er gab dem Alten einen Taler und befahl ihm, das Gespräch niemanden zu verraten, bis er ihn, den König, hundertmal gesehen habe. Darauf ritt er fort.

Nach einigen Tagen feierte der König ein großes Fest, zu dem viele Fürsten geladen waren. Bei der Tafel erzählte er das Rätsel, das ihm der alte Bauer aufgegeben hatte. Doch niemand konnte es lösen. Da vereinbarte der Alte Fritz mit seinen Gästen, daß sie sich die Sache drei Tage überlegen

Kupferstiche aus: J. G. F. Papst, Leben Friedrichs II., König von Preußen. Nürnberg 1788/89 – eine Biographie »Zur Erbauung der Jünglinge«

und ihm dann die Lösung sagen sollten. Sie waren einverstanden und ritten fort.
Einer der Gäste aber kam auf den Weg, den der Alte Fritz geritten war, und traf denselben alten Bauern beim Ackern wie dieser. »Hallo, Alter«, rief er, »hast du nicht vor einigen Tagen mit dem Alten Fritz gesprochen?« – »Gewiß«, sagte der Bauer, »aber ich darf niemandem etwas davon erzählen, bis ich den König hundertmal gesehen habe.« Da gab ihm der Fürst zweihundert Taler und sagte: »Jetzt siehst du ihn zweihundertmal, also kannst du mir sagen, wie es war.« Da erzählte der Bauer das Rätsel und seine Lösung, und der Fürst ritt vergnügt heim.
Nach drei Tagen kam er zum Alten Fritz. Der war nicht wenig erstaunt, daß der Fürst die Erklärung wußte. Und als er erfuhr, daß dieser sie von dem Bauern bekommen hatte, wurde er böse. Er ritt zu dem Alten und schimpfte auf ihn, daß er das Rätsel verraten habe. »Das ist wider die Verabredung«, wetterte er. »Du hast mich doch jetzt erst zweimal gesehen und nicht hundertmal.« Da zeigte ihm der Bauer die zweihundert Taler und sagte: »Hier, Herr König, das sind nicht nur hundert-, sondern sogar zweihundertmal, daß ich Euch gesehen habe. Also habe ich mein Wort nicht gebrochen.« Da staunte der König über die Schlauheit des Alten. Er nahm ihn mit nach Berlin und machte ihn zum Fürsten. (59)

Die Gründung von Nowawes

Der Alte Fritz befahl einst, in der Nähe von Potsdam ein Dorf anzulegen. Der Baumeister sollte mit dem Marktplatz beginnen und eine Kirche daraufsetzen. Als nun der Baumeister fragte, wie der Platz denn aussehen sollte, nahm der König seinen Dreimaster vom Kopf, warf ihn auf den Tisch und sagte: »So soll er aussehen!« Darum ist der Marktplatz in Nowawes dreieckig geworden.
Die Bauleute hatten längst angefangen, in Nowawes Straßen anzulegen und Häuser zu errichten; aber noch immer hatte der Ort keinen Namen. Da kam einst der Alte Fritz vorüber und fragte die Maurer: »Wie soll denn das neue Dorf heißen?« Die wußten's natürlich auch nicht, und einer von ihnen antwortete dem Könige: »No, wer weeß.« – »Gut«, sagte der König, »so soll es heißen!« und nannte den Ort »Nowawes«. (60)

Schloß Sanssouci. Gezeichnet von J. Gottheil, in Stahl gestochen von J. Poppel und U. Kurz um 1860

Der Alte Fritz geht um

Die Potsdamer Garnisonkirche, in deren Gruft der Alte Fritz begraben liegt, wird manchmal um Mitternacht ganz hell im Innern, Orgelspiel ertönt, es öffnen sich die Türen weit, und der Alte Fritz kommt hoch zu Roß herausgeritten. Die Schildwachen haben den König deutlich erkannt und vor ihm präsentiert; aber das Pferd des Königs ist ohne Kopf gewesen. Er reitet nun durch die nächtliche Stadt bis hinaus nach Sanssouci, kehrt auf gleichem Weg zurück und betritt wieder die Kirche, deren Türen sich dann schließen. Das Reiterstandbild im Park von Sanssouci aber soll sich jedesmal umwenden, wenn der König die Gruft verläßt. (61)

Der Teufelssee

Der Teufelssee ist von jeher ein Ort gewesen, von welchem man Spuk- und Teufelsgeschichten jeder Art erzählt hat, und seine einsame dunkle Lage am Fuß des 200 Fuß hohen waldigen Ravensberges, die alten seltsam geformten dunkelgrünen Kiefern, welche an seinen Ufern stehen und die langen entblößten Wurzeln zu der finstern, fast kreisrunden Wasserfläche hinabstrecken wie das tiefe, nur vom Rauschen der Zweige oder dem kreischenden Geschrei eines Raubvogels unterbrochene Schweigen, welches stets in diesem abgelegenen Talkessel herrscht, machen ihn völlig geeignet zum Schauplatz unheimlicher oder geheimnisvoller Ereignisse. Noch jetzt, versichert man, lebe in dem unergründlichen See nur eine eigene Art schwarzer Fische, nie lasse sich ein Vogel auf seine Oberfläche nieder, und nur Raubtiere stillten ihren Durst mit seinem Wasser.
Wo jetzt der See ist, soll vor alten Zeiten ein Götzenbild gestanden haben, zu welchem auch nach der Bekehrung der Wenden durch das Schwert Heinrich des Voglers zum Christentum noch lange Zeit seine Verehrer aus der Umgegend herbeikamen, um ihre Opfer zu bringen und seine Gunst zu erbitten. Der Teufel aber hat das Götzenbild davongetragen und das seine an die Stelle gesetzt. Da nun die Wenden nur des Nachts bei Mondschein zum Opfern gekommen sind, haben sie den Tausch nicht bemerkt, und der Teufel hat sich lange Zeit sehr darüber gefreut, daß man ihn angebetet in christlichen Landen, hat auch allerlei Zeichen und Wunder getan, so daß sich der Ruf des Götzenbildes am Ravensberg immer weiter verbreitete und von nah und fern immer zahlreichere Wallfahrten im geheimen dahin gemacht wurden; die dann des Nachts bei Fackelschein und

Die Garnisonkirche. Lithographie 1881

hoch lodernden Feuern die alten heidnischen Feste in dem abgelegenen Tal begingen.
Die Geistlichkeit hatte zwar davon gehört, doch vermochte sie in dem dichten Wald den Opferplatz nicht aufzufinden, wenn sie hinauszog mit ihren Lehnsmannen, unter denen manche gar wohl im Dunkeln den Weg zu finden wußten; und ließ sie in den Nächten der alten Götzenfeste den Wald umstellen, um den Wallfahrern aufzulauern, so wurden die Wächter geschreckt durch gräßliche Töne und geistverwirrende Erscheinungen, oder man fand diese am andern Morgen zerrissen und entstellt auf den Kreuzwegen.
Da ist endlich vom Bischof von Brandenburg ein Mönch aus Italien, ein berühmter Geisterbanner und Teufelsbeschwörer, in die Gegend geschickt worden, der hat sich lange Zeit heimlich im Kloster zu Lehnin und Saarmund aufgehalten, bis er genug ausgeforscht und erfahren; dann ist der heilige Mann wiedergekommen mit großer Vollmacht von den Bischöfen zu Magdeburg, Havelberg und Brandenburg und hat ein Ketzergericht niedergesetzt zu Saarmund im Kloster. Dahin sind viele berufen, die des Götzendienstes verdächtig waren, und diejenigen, welche solcher Sünde überwiesen worden, sind all hingerichtet, die Zeugen aber haben Vergebung und Ablaß erhalten. Dann hat der Mönch die Ritter und Herren, Lehnsvögte und Bürger aufgefordert zu einem Zug zur Zerstörung des Götzenbildes, und an drei Sonntagen vorher sind alle Glocken ringsumher geläutet und Ablaß von den Kanzeln verkündet worden. Am vierten Sonntag ist dann der Zug von Saarmund aus aufgebrochen; die Mönche voran mit Kerzen und Weihwasser.
Die Reisigen haben alsbald den Ravensberg in einem weiten Kreis umstellt, der nachher immer dichter geschlossen wurde. Als der Zug ausgezogen am Morgen, ist es helles schönes Wetter gewesen, kaum aber ist er in den Wald gekommen, so hat sich ein heulender Sturm erhoben und dicke Gewitterwolken haben sich über der Kuppe des Berges zusammengezogen; darauf ist eine ängstlich schwüle Stille eingetreten und kein Blatt am Baum hat sich geregt. Der Kreis aber ist bald hier, bald dort durch Wölfe und anderes Raubwild auseinandergesprengt und erschreckt worden. So hat es bis zum Nachmittag gewährt, als endlich die Prozession an die runde Mooswiese im Grund des Tals gelangte, in deren Mitte unter dem uralten Kreis von fast abgestorbenen Kiefern das Götzenbild vor dem Opferstein stand.
Um diese Wiese schritt nun der Mönch, geheimnisvolle Gebete murmelnd, mit dem Weihwasser, pflanzte am Rand derselben kleine Kreuze

von geweihtem Holz auf und stellte sich dann außerhalb des so bezeichneten Ringes dem Götzenbild gegenüber mit seinen Gehilfen und den heiligen Geräten auf. Noch immer währte die ängstliche Stille, nur vom Fußtritt des hagern bleichen Mönches in der weißen Kutte und seinen fremdländischen Worten unterbrochen. Kaum aber begann er mit dumpfem Ton seine Beschwörung, da senkte sich die dunkle Wetterwolke in das Tal herab, so daß dort eine unheimliche Dämmerung herrschte wie bei einer Sonnenfinsternis. Aus der Wolke aber blitzte es Strahl auf Strahl, und der Donner schmetterte ohne Aufhören, während der Regen prasselnd von allen Seiten niederrauschte, so daß von den Bergwänden das Wasser in Strömen herabstürzte. Durch das Toben der Elemente aber hörte man in Zwischenräumen die Beschwörungsformeln des Mönches, der sich nicht einen Augenblick in seiner Handlung stören ließ. Nach einiger Zeit rollten sich die Wolken wie mächtige Ballen an den Talwänden in die Höhe und wölbten sich gleich einer Kuppel über dem Grund; die sinkende Sonne warf ihre Strahlen gegen dieselbe, die mit einem so gelben Licht zurückgeworfen wurden, daß der ganze Raum in gelbgrünem Feuer zu brennen schien.

Auf das sinnverwirrende Toben war eine lautlose Stille gefolgt; diese tote Stille war aber viel schauerlicher als das Rauschen und der Donner vorher. Die geblendeten Menschen bebten und schirmten ihre Augen vor dem grellen Licht; der bleiche Mönch jedoch erhob lauter seine Stimme, und die geheimnisvollen Worte hallten durch den Wald wie durch die Säulen einer Kirche. Dann ergriff er das Kruzifix und den Weihwedel und nahte sich dem Kreis; nun erschollen von allen Seiten, aus der Erde und aus der Höhe so gräßliche und nie gehörte Töne und es brauste, rauschte, pfiff und heulte so grausig, daß die Reisigen und Klosterbrüder niedersanken und ihre Häupter verbargen. Der fremde Mönch aber ging laut betend dem Kreis näher. Da wurde es plötzlich tiefe, finstre Nacht, dann schmetterte ein heller Blitzstrahl dicht vor dem Mönche nieder in den Kreis – der aber schritt festen Fußes weiter, die Hände hoch aufgehoben, in der einen das Christusbild, in der andern das geweihte Wasser, gewaltig ausrufend die zwingende Beschwörung. Schon berührte sein Fuß den Kreis, da barst in diesem die Erde gähnend auf, das Teufelsbild sank unter in die Tiefe, aus der ein erstickender Brodem emporstieg, und der dunkle schweigende See füllte seit der Zeit den Boden des Tals.

Wer aber später unheimlichen Verkehr mit dem Bösen hat pflegen wollen, der brauchte nur hinauszugehen an den See um die Mitternachtsstunde und seinen Namen dreimal über das Wasser hin zu rufen. (62)

Die elf Berge bei Potsdam

In die Burg von Potsdam – die von der Havel und einem breiten Graben umschlossen an der Stelle der jetzigen Heiligengeist-Kirche lag – waren einmal zur Feier des Osterfestes viele Gäste gekommen, darunter elf junge Ritter, welche sich alle um die Hand der Tochter des Schloßherrn bewarben. Als nun am Ostermorgen die Gäste beim Frühmahl saßen und die Freier in das Burgfräulein drangen, sich für einen von ihnen zu erklären, sie sich aber nicht entscheiden wollte und doch gleichwohl auch dem Drängen derselben und dem Wunsch ihres Vaters nicht länger Widerstand entgegensetzen konnte, erklärte sie, sie wolle dem von ihnen die Hand reichen, den sie am nächsten Morgen, dem zweiten Feiertag, an dem Punkt treffen werde, von wo man die schönste Aussicht in das Land habe. Nun haben die Ritter, jeder für sich, nachgesonnen, was dies wohl für ein Punkt sein könne, und so sind sie denn am andern Morgen hinausgeritten, jeder auf die Kuppe eines Berges, wo er das Fräulein erwarten zu können glaubte. Jeder hat sich für einen andern Punkt entschieden; diese waren der

Schloß Babelsberg. Gezeichnet von J. Gottheil, in Stahl gestochen von J. Poppel und U. Kurz um 1860

Heineberg bei Baumgartenbrück, der Krähenberg bei Caputh, der Telegrafenberg, der Ravensberg, der Babelsberg, der Klein-Glienicker Berg bei der Sandgrube, der Schäferberg bei Klein-Glienicke, der Pfingstberg, der Berg bei Sanssouci und der Panberg bei Bornim. Allein keiner von den zehn hatte den richtigen Ort getroffen, denn als die Jungfrau am tiefen Morgen aufwachte, war es schon zu spät geworden, um einen weiter entfernten Berg zu erreichen; sie setzte daher mit der Fähre über und eilte dem Brauhausberg zu, und siehe, wen traf sie auf dem Gipfel? Gerade denjenigen unter den elf Rittern, den ihr in der vergangenen Osternacht ein Traumbild als ihren Auserwählten gezeigt hatte, und dieser hatte wieder diesen nähern Punkt gewählt, weil er von hier aus die Fenster des Zimmers im Schloß, wo das Fräulein wohnte, sehen konnte. Natürlich hat dieser nun auch die Jungfrau heimgeführt. (63)

Kohlhasenbrück

In der Nähe von Potsdam, auf der Straße nach Berlin, führt eine Brücke über die Bäke oder Telte, einen kleinen Nebenfluß der Nuthe, die Brücke heißt Kohlhasenbrück und hat von Hans Kohlhase, einem Berliner Roßkamm, der zur Zeit der Kurfürsten Joachim I. und II. einst viel von sich reden gemacht hat, den Namen bekommen. Die Sache ist recht bezeichnend für jene Zeiten und war folgende.

Hans Kohlhase war ein angesehener Bürger zu Kölln an der Spree, der einen nicht unbedeutenden Pferdehandel betrieb. Was seine Bildung anbetrifft, ist zu bemerken, daß er sogar Lateinisch verstand. Einmal kam er nun mit einigen Pferden von Leipzig zurück, da wurde er in der Nähe von Düben durch die Leute des Junkers von Zaschwitz angehalten; er sollte sich ausweisen über die Pferde, es wären sicherlich gestohlene. Vergeblich, daß er seine Unschuld beteuerte, die Pferde wurden zurückbehalten. Da klagte er den Unfall seinem Kurfürsten Joachim I., und der erwirkte den Befehl vom Kurfürsten von Sachsen, daß ihm die Pferde vom Junker von Zaschwitz zurückgegeben werden sollten. Inzwischen waren dieselben aber hinter dem Ackerpflug abgetrieben und schlecht im Futter gehalten worden, so daß Kohlhase sich weigerte, sie zurückzunehmen und Schadenersatz forderte. Als alle seine Bemühungen vergeblich waren und er nicht zu seinem Recht kommen konnte, da sandte er nach damaliger Sitte als freier Mann, dem sein Recht verweigert wurde, einen Absagebrief an den Landvogt von Sachsen, daß er des Junkers von Zaschwitz und des ganzen Landes Sachsen abgesagter Feind fortan sein wolle, bis er zu vollem Recht und zu vollem Schadenersatz für alles, was er erlitten, gelange. Mit einer Schar verwegener Gesellen begann er auch nun das sächsische Land auf jede nur mögliche Weise zu schädigen und trieb bald die Sache so weit, daß die Kurfürsten von Sachsen und Brandenburg selbige beizulegen beschlossen und beiderseitig einige ihrer Räte nach Jüterbog schickten, wohin auch Kohlhase kommen sollte, um seine Forderungen geltend zu machen. Der kam auch mit einem Gefolge von 40 Pferden; aber man ging unverrichteter Sache auseinander, da der Junker von Zaschwitz inzwischen gestorben war und seine Erben sich zu keiner Entschädigung bereit erklären wollten. Von neuem begann Kohlhase das sächsische Land heimzusuchen, ja er brannte sogar die Vorstadt von Wittenberg nieder. Da schrieb Dr. Martin Luther an den gefährlichen Mann, wie unchristlich es sei, sich selbst zu rächen. Das machte auf Kohlhase Eindruck und heimlich kam er, als Pilger verkleidet, nach Wittenberg, um mit Luther über die Angelegenheit zu verhandeln. Luther versprach, sich der Sache anzunehmen; aber es war vergeblich, und die Geschichte spielte in der früheren Weise weiter, nur daß der Kurfürst von Sachsen es bei dem Kurfürsten von Brandenburg schließlich durchsetzte, daß er Kohlhasen auch auf märkischem Grund und Boden verfolgen und fangen lassen könne. Aber die sächsischen Späher und Landsknechte griffen ihn doch nicht. So kam das Jahr 1540 heran.

Da verfiel Kohlhase auf den Rat eines seiner Spießgesellen, Georg Nagelschmidt mit Namen, auf den Gedanken, sich an seinen Kurfürsten selbst zu machen und ihn so zu veranlassen, dem Wesen ein Ende zu bereiten und sich wirksamer seiner anzunehmen. Er überfiel den kurfürstlichen Faktor Drezscher, der mit Silberkuchen aus dem Mansfeldschen unterwegs war, in der Gegend wo eben jetzt Kohlhasenbrück liegt, nahm ihm die Silberkuchen fort und versenkte sie unter der Brücke in die Telte. Das bekam ihm aber übel. Denn nun wurde überall nach ihm und Nagelschmidt gefahndet und bei Leibesstrafe verboten, sie zu beherbergen, als sich das Gerücht verbreitete, sie seien in Berlin.

Wirklich fing man auch Kohlhase, als man Haussuchung hielt. Er hatte sich beim Küster zu St. Nicolai in einer Kiste versteckt. Ebenso wurde Nagelschmidt im Haus eines armen Bürgers am Georgentor aufgefunden. Beiden wurde der Prozeß gemacht. Kohlhase wollte man insofern begnadigen, als er nicht mit dem Rad, sondern mit dem Schwert hingerichtet werden sollte, was für minder schmachvoll galt. Schon war Kohlhase bereit, dies anzunehmen. Da rief ihm Georg Nagelschmidt zu: »Gleiche

Brüder, gleiche Kappen!« – »Ich will die Begnadigung nicht, ich will mein Recht«, sagte Kohlhase, und so wurde er wie Nagelschmidt am Sonntag nach Palmarum im Jahr 1540 mit dem Rad gerichtet, obwohl es dem Kurfürsten leid getan haben soll, daß eine so tüchtige Natur ein solches Ende genommen. Ob man die Silberkuchen gefunden, berichtet keine Chronik. Die Brücke aber und der Ort, der später da entstand, bekam den Namen Kohlhasenbrück. (64)

Friedrich der Große auf Reisen. Lithographie nach G. Opitz

Die Römerschanze und der Kirchberg bei Potsdam

Etwa eine halbe Meile von Potsdam, der Nedlitzer Fähre gegenüber am Krampnitzsee, liegt auf einer Anhöhe, die sehr steil zum Wasser abfällt, nach der Landseite zu aber flacher ist, jedoch hier ehemals durch einen Graben, der jetzt halb verfallen ist, geschützt war, ein Wall, an dem noch die Spuren der Eingänge sichtbar sind. Er führt jetzt allgemein den Namen der Römerschanze, weil die Gelehrten eine Zeitlang behaupteten, er sei ein

Werk der Römer, die bis hierher vorgedrungen; jedoch nennt man ihn in der Volkssprache noch die Rööverschanze, und mag sie ihren Namen wohl von den Räubern, die in alten Zeiten hier eine sichere Zuflucht fanden, tragen. Daher rührt auch wohl der Glaube, daß hier große Schätze in der Erde verborgen seien, was schon manchen veranlaßte, sich vergeblich mit Graben abzumühen.
Unweit von dieser sogenannten Römerschanze liegt auf einer Anhöhe zwischen dem weißen und Krampnitzsee ein Rest von altem Mauerwerk, von Moos überdeckt, auch hat man dort Messer und anderes Gerät gefunden, und seit alter Zeit trägt diese Anhöhe den Namen »der Kirchberg«. Es soll nämlich hier, als die christliche Lehre in diesen Landen sich verbreitete, die erste christliche Kirche gestanden haben und später zerstört worden sein. (65)

Die gestohlene Katze

Ein Knecht aus Fahrland fuhr einmal Getreide nach Potsdam und verkaufte es dort auf dem Markt. Als dies geschehen war, spannte er seine Pferde aus und brachte sie wie gewöhnlich in den Stall eines ihm bekannten Brauers. Hier bemerkte er eine große schwarze Katze, die ihm sehr gefiel, und da man dergleichen Tiere zu nehmen nicht für Diebstahl hält, so lockte er sie an sich, fing sie und nahm sie mit nach Hause, damit sie seine Stallkatze würde. Als er hier ankam, brachte er sie in die Stube des Bauern, damit sie sich erst an die Hausbewohner gewöhne, setzte ihr Milch vor und streichelte ihr den Rücken, so daß sie einen krummen Buckel machte und es ihr bereits ganz wohl zu werden anfing. Darauf legte sie sich hinter die Hölle (Platz hinterm Ofen) und schlief ein. Mitten in der Nacht, es war gerade zwischen zwölf und eins, wacht der Bauer auf, denn er hört, daß es von der Hölle her ganz laut ruft: »Watt sall ick denn brengen? Watt sall ick denn brengen?« – »I«, sagt der Bauer, »einen halben Scheffel Weizen!« und schläft wieder ein. Nicht lange, so hört er's wieder rufen und sagt diesmal einen halben Scheffel Gerste, darauf verlangt er noch anderes, bis es endlich im Turm eins schlägt, die Stimme nicht mehr fragt und er wieder in Schlaf fällt. Frühmorgens, als er aufwacht, findet er Weizen, Gerste und alles übrige Verlangte vor der Tür stehn und will sich eben recht über die prächtige Katze freuen, als der Brauer, dem einer gesagt haben mußte, daß sie der Knecht mitgenommen, sie ihm abfordern und zugleich dem Knecht verkünden läßt, daß er sich nie wieder unterstehen solle, irgend etwas von seinem Hof wegzunehmen. Die Katze war nämlich ein Kobold, und darum konnte auch der Brauer über ihren Raub mit Recht sehr erzürnt sein. (66)

Die Pfaueninsel

Die als Lieblingsort des Königs Friedrich des Großen berühmte Pfaueninsel bei Potsdam war zur Zeit des Großen Kurfürsten ein allgemein gefürchteter und von jedermann gemiedener Ort. Sie war nämlich der Aufenthaltsort des als Schwarzkünstler verschrienen Goldmachers und geheimen Kammerdieners des Großen Kurfürsten, Kunkel von Löwenstern, der bekanntlich auf Kosten desselben eine Glashütte an der Nuthe unweit der Wassermühlen am Hakschen Damm und eine Glasschleiferei

Schloß auf der Pfaueninsel. Lithographie 1881

zu Berlin errichtet hatte und bei seinen kostspieligen Versuchen zur Erzeugung der Edelsteine auf die Entdeckung des berühmten Rubinglases gekommen war. Er schlug auf dieser Insel seinen Wohnsitz auf, bis er nach dem Tod seines Herrn nach Schweden ging, und benutzte seine physikalischen Kenntnisse, um durch scheinbare Zauberkünste das Publikum von der Insel fernzuhalten. Darum wagte auch nie ein Fischer mit seinem Kahn an dem ungastlichen Ufer der Insel zu landen, denn wer es versucht hatte, mußte seine Neugierde mit dem Untergang seines Fahrzeuges büßen, das auf unerklärliche Weise wie faules Holz zerfiel oder wie ein Schwamm Wasser einsog und untersank. Sobald jemand den gefürchteten Goldmacher nur von fern sah, wich er ihm erschreckt aus, und auf der Insel selbst hatte er, nachdem ihn sein alter Diener Klaus verlassen hatte (der Heideläufer geworden war, aber im Jahr 1650 zu Berlin wegen erwiesener Zauberei hingerichtet wurde), niemanden als einen mißgestalteten Menschen, der bald nachher auch noch die Sprache verlor, ihm aber treu anhing, sowie einen großen schwarzen zottigen Hund bei sich, mit dem er durch den Wald strich, und der vom Publikum seiner glühenden Augen wegen für einen bösen Geist gehalten wurde. Auch nach seinem Tod soll sich der Geist des Goldmachers von der Pfaueninsel nicht haben trennen können und zuweilen noch jetzt dort wahrgenommen werden. Der feurige Hund aber soll sogar noch jetzt zuweilen längs dem Strand der Havel bis zu der Badebucht seines Herrn, da wo jetzt der Weg Sakrow gegenüber zur Havel hinabführt, hineilen und dann mit jämmerlichem Geheul im Wald verschwinden. (67)

Der Panberg

Die zweite Gemahlin des Großen Kurfürsten, Dorothea von Holstein-Sonderburg, hielt sich lieber zu Potsdam als in Berlin auf und verlebte den größten Teil des Jahres teils dort, teils auf den von ihrem Gemahl erbauten Lustschlössern zu Caputh, Fahrland, Klein-Glienicke und Bornim. Besonders gern hielt sie sich in dem Schloß von Bornim auf, dessen Garten vorzüglich von ihr gepflegt wurde. Sie erfreute sich aber mit ihrer Umgebung nicht bloß an der schönen Natur, sondern sie sann auch auf andere Unterhaltung, und dazu bot ihr nun namentlich der geheime Kammerdiener des Kurfürsten, der Alchimist Kunkel von Löwenstern, die Hand, der sich zuweilen von ihr bewegen ließ, seine Experimente ihrem Hof zu zeigen und manche Neckereien geheimnisvoller Art auszuüben. Unter ande-

rem wußte er an schönen Abenden die dunkeln Gänge des weitläufigen Schloßgartens oft auf ganz wunderbare Weise zu beleuchten und ihnen ein ganz anderes zauberisches Ansehen zu geben. Auch sagte man, er könne Geister zitieren und z. B. wurde erzählt, er habe einst in einer Vollmondnacht drei Hoffräulein die Wiesennixe sehen lassen, welche auf der von Erlen umgebenen Wiese wohnte, die jetzt einen Teil des Parks von Charlottenhof bildet. Man glaubte nämlich, wem es gelinge, diese einmal zu schauen, dem vergingen alle Sommersprossen und Male im Gesicht und sein Auge werde hell und klar. Zwar wollten die drei Fräulein niemals so recht mit der Sprache heraus über das, was sie gesehen, allein die übrigen Hofleute plagten doch den Goldmacher dermaßen, ihnen doch auch einmal ein solches Schauspiel zu zeigen, daß er es ihnen endlich zusagte und die ganze Gesellschaft am neunten Tage des Neumonds, eine halbe Stunde vor Mitternacht, wenn die Kurfürstin sich zurückgezogen habe, an das südliche Tor des Gartens bestellte.
Von dem, was an jenem Abend geschehen, hat ein Augenzeuge folgendes erzählt.
»Wir alle, Männer und Frauen, hatten jedes Metall ablegen müssen, auch durfte sich keine Seide an unserem Anzug befinden. Kunkel war in einen weiten schwarzen Mantel gehüllt und trug ein schwarzes eckiges Barett. Zuerst sonderte er die Gesellschaft in Abteilungen von dreien, deren Lebensalter jedesmal eine ungerade Zahl ausmachte. Diese, immer zwei Frauen und ein Mann oder umgekehrt, mußten sich anfassen und versprechen, sich nicht loszulassen und kein Wort zu reden. Dann sagte er, er wolle versuchen, uns die verzauberte Gräfin im Panberge zu zeigen. Das war uns sehr lieb, denn wir alle kannten die alte Sage von der eitlen Mutter, welche so verliebt in die Schönheit ihrer Tochter und besonders in deren lange blonde Haare war, daß sie darüber alle ihre Pflichten vergaß, nicht an Gott dachte und sich vermaß, nicht selig werden zu wollen, wenn ihr nur das schöngelockte Kind bleibe. Da ist sie denn in den Berg verwünscht worden, so lange, bis ein Mädchen mit noch schönerem blonden Haar sie erlösen würde, die dann alle ihre Schätze bekäme. Kunkel ging voran. Der Weg führte unter den hohen Buchen hin bis auf die Spitze des Panberges, da wo jetzt die drei Linden stehen und die schöne Aussicht ist. Unter den Bäumen war es sehr dunkel, nur einige Glühwürmer schwärmten über das Moos. Drei von ihnen setzten sich wie eine Agraffe auf Kunkels Barett. Als wir auf der hohen Kuppe angelangt waren, sahen wir, wie Kunkel einen Maulwurf unter dem Mantel hervorzog, den er auf die Erde setzte und dann gebückt wie suchend einige Zeit hin und her ging, bis dahin, wo der

Maulwurf sich in die Erde eingrub, wie einige bemerkt haben wollen. Dann ordnete er uns schweigend zu einem Kreis, in dessen Mitte er sich niederkauerte. Nun sahen wir, wie er an den Glühwürmchen ein kleines blaues Flämmchen entzündete, dies in ein Loch in die Erde senkte und ein schwarzes Pulver in dasselbe streute. Sogleich entstand ein dichter weißer Dampf, der jedoch nicht in die Höhe stieg, sondern sich in einem einige Schritte weiten Kreis über die Erde ausbreitete und dann in die Tiefe einzudringen schien. Sowie er aber den Sand durchzog, verwandelte sich dieser in ein helles durchsichtiges Kristall, durch welches man immer tiefer in den Berg hineinsehen konnte. Auf diese Weise wurde nun nach und nach das ganze Innere des Berges sichtbar, und in der Mitte auf einem prächtigen Sessel, umgeben von vielen Kostbarkeiten, sah man regungslos eine Frau in reich verzierter altertümlicher Tracht sitzen, in ihren Armen ein zartes, liebreiches Mädchen haltend, dessen lange hellblonde Locken sie in der Hand hielt, als wäre sie beschäftigt, sie zu kämmen und zu ordnen. Nur wenige Augenblicke war uns dieser seltsame Anblick gewährt. Der Berg verdunkelte sich schnell auf ähnliche Weise wie er früher durchsichtig geworden von innen nach oben, und bald glänzten nur noch die drei Leuchtwürmer auf dem Barett Kunkels durch die finstere Nacht.« (68)

Tod Friedrichs des Großen. Kupferstich von J. F. Bock

Die Mittelmark

Das Bild am Dom zu Brandenburg

Am Dom zu Brandenburg, der zum Teil wahrscheinlich noch aus dem 10. Jahrhundert stammt, sieht man über dem Haupteingang unter dem Turm ein aus Stein gemeißeltes altes Bild, das einen Fuchs in einer Mönchskutte darstellt, wie er zuerst einer Versammlung von Gänsen predigt und zum Schluß eine von ihnen im Rachen davonträgt. Wie dies Bild dahin gekommen, erzählt man auf zweifache Weise; die einen sagen: der Baumeister des Doms habe für seinen herrlichen Bau geringen Dank und noch weniger Lohn gehabt, ja er habe sogar fliehen müssen; da hat er denn aus Rache in der Nacht vor seiner Flucht das Bild am Dom angebracht. Andere erzählen: ein Domprobst von Burgsdorf, der viel für die Verschönerung und Ausbesserung des Doms tat, habe es anfertigen lassen aus Unmut darüber, daß der von ihm bereits abgeschaffte Dienst der Messe in lateinischer Sprache nach dem Schluß des Westfälischen Friedens wieder eingeführt werden mußte. (69)

Bischof Dodilo

In dem Gewölbe über dem rechten Arm des Kreuzes, das die Domkirche zu Brandenburg bildet, befindet sich eine runde Öffnung, durch welche der Bischof Dodilo im Jahr 980 hinabgestürzt worden sein soll. Er wurde nämlich von den Wenden, die sich empört hatten, verfolgt, flüchtete in den Dom und wurde hier durch das Bellen seines kleinen Hundes, der ihm gefolgt, verraten, worauf ihn die Wenden fingen und auf jene jammervolle Weise zu Tode brachten. (70)

Der untergegangene Naberskrug

Dat is all vör ollen Tieden west, da hett uppen Rietzschen Barch (Berg) en Krooch estahn, de hett de Naberskrooch (annere seggen ook Aberskrooch) eheeten, un is da up de Stelle, wo de deepe Kuule (tiefe Loch) an de Rietzer See is, unneregahn. Wo dat awer ekamen is, dat vertellen se so:

Die Domkirche in Brandenburg. Gezeichnet von J. Gottheil, in Stahl gestochen von J. Poppel und U. Kurz um 1860

En Peerknecht uut Rietz, deen sin mal siene Peer furteloopen un he hett se ründüm esöökt (gesucht), awerst he hett se nich fingen (finden) künnen; un as he nu so dörch Kruut un Gras eloopen is, un jroote Schoo (sonne as vör dissen hadden) met jroote Snallen bamen (oben) up an hadde, hett he dee janz voll Reenefare (Rainfarn) kreen (bekommen) un hett up eemal hüürt, datt et Kalf secht hett: »Naberskrooch sall unnergahn.« Dunn hett de Hund secht: »Wo lange wertet (wird es) wahren (währen)?« und updlezt hett de Hahn roopen: »De janze Woche uut!« un dunn hebben se alle stille esweegen. De Peerknecht awer hett den Samn, wiil he emm innen Schoo do drüggen anfung, ruuteschütt, un hett denn glicks siene Peer efunnen, awer et hatt ook man jrade acht Daage duurt, da is Naberskrooch ungeregahn un de deepe Kuule, wo he estahn hett, is noch bet up dissen Dach to seene, wemmer (wenn man) en Footstiich (Fußsteig) van Netzen na Rietz jaht; da ligget se bamen uppen Barch dicht an de See. (71)

Das Brandenburger Rathaus in der Neustadt. Lithographie um 1850

Der von Arnstedt und der wilde Jäger

Der Urgroßvater des Großvaters des jetzigen Herrn v. Arnstedt in Groß-Kreutz lag einst des Abends bereits im Bett, als er die wilde Jagd daherbrausen hörte. Nun war er ein lustiger und übermütiger Herr und rief drum hinaus: »Halb Part!« schlief darauf ein und erwachte erst spät am Morgen. Aber wie war er verwundert, als er die Augen aufschlug! Dicht vor seinem Fenster hing an einem gewaltigen Haken eine große Pferdekeule. Von solcher Jagdbeute hatte er nun freilich nicht der Halbpartner sein mögen, darum ließ er sie fortbringen, aber kaum war's geschehen, hing sie auch schon wieder da; das kam ihm recht wunderbar vor, und er dachte, ›vielleicht liegt's am Haken‹, und ließ den, ob's gleich große Mühe kostete, herausziehn, doch mit dem ging's ebenso, er war nur eben heraus und man hatte den Rücken gewandt, so saß er schon wieder so fest drin wie zuvor, und die Pferdekeule hing auch wieder da, und so mag sie wohl heute noch da hängen. (72)

Der Trebelsee und die weiße Frau

Der Trebelsee den die Havel unterhalb des Fleckens Ketzin bildet, ist sehr tief. Das kommt aber daher, weil ihn die Hünen ausgegraben haben; wie tief er jedoch sei, weiß niemand, da es bis jetzt noch keiner gewagt hat ihn auszumessen, indessen kann man's ungefähr beurteilen an dem Eikeberg bei Deetz, denn das ist die Erde, die sie in ihren Schürzen herausgetragen haben. Diese Schürzen mögen auch nicht klein gewesen sein, denn einer hat, wie es kam, weiß man nicht, eine solche voll Erde verloren, und das ist der Flachsberg bei Deetz.

Auf diesem Flachsberg sieht man oft eine weiße Frau umherwandeln, sie kommt auch wohl, sobald jemand des Weges kommt, herab und geht wieder und wieder an ihm vorüber, als wollte sie ihn verlocken sich an sie heranzumachen, aber es hat's noch keiner tun mögen. (73)

Der Räuberberg bei Feeben

Wenn man von dem Dorf Feeben, das unweit des Städtchens Werder liegt, dem Lauf der Havel folgt, so kommt man etwa auf der Hälfte des Weges zwischen Feeben und Paretz am linken Ufer des Flusses an eine Landzunge, die von der Landseite her überall mit niedrigen Wiesen umgeben ist und auf der eine offenbar künstliche Anhöhe liegt, welche der Räuberberg oder Rööwerbarch genannt wird. Sie ist ziemlich hoch, liegt dicht an der Havel und die Wände sind sehr steil; etwa 200 Schritt davon sieht man noch eine wallartige Erhöhung mit Spuren von Gräben, die auf beiden Seiten bis an die Havel reicht.

Auf dieser Höhe hat, wie erzählt wird, das adlige Geschlecht derer von Rochow sein Stammschloß gehabt, und sie sollen hier die Schiffe, welche die Havel herauf- und hinabfuhren, gebrandschatzt und geplündert haben, und damit ihnen ja keines entginge, hatten sie folgende Vorrichtung gemacht: Sie sperrten den Strom nachts mit einer Kette, die aber unter dem Wasser, jedoch hart an der Oberfläche, hinlief; an dieser war ein Draht befestigt, der bis zu einer in der Burg befindlichen Glocke reichte. Fuhr nun ein Schiffer, der nichts von dieser Einrichtung wußte, die Havel daher, so stieß er an die Kette und die Glocke verriet darauf den Leuten in der Burg, daß eine Beute da sei, welche dann auch gleich herausstürzten und sie in Beschlag nahmen. So haben sie denn hier große Schätze zusammengehäuft, die zum Teil noch da vergraben liegen, denn man sieht oft genug die kleinen blauen Flämmchen brennen, die in der Regel das Verborgensein eines Schatzes verraten. Einige Leute haben diesen auch einmal heben wollen, sind aber durch allerhand Dinge zum Lachen gebracht und dadurch abgehalten worden, still weiter zu graben; so haben sie auch gesehen, daß ein Hahn einen gewaltigen Balken hinter sich hergeschleppt hat und dergleichen mehr, da haben sie natürlich laut aufgelacht und konnten so den Schatz nicht bekommen. (74)

Die weiße Frau auf dem Räuberberg

Auf dem genannten Räuberberg bei Feeben ist es nicht recht geheuer, denn oft, wenn die Fischer aus Göttin, das unweit davon liegt, in seine Nähe gekommen sind, haben sie gehört, daß es gewaltig hinter dem Kahn herrauschte, und gesehen, wie sich etwas Weißes im Wasser, das wie ein Schwan aussah, hob, als wolle es noch schnell in den Kahn hineinspringen. Oft läßt sich auf dem Berg eine weiße Frau mit einem Schlüsselbund sehen, und so zeigte sie sich auch einmal einem Fischer, der dort seine Netze auswarf, denn wie er eben ans Ufer kommt, sieht er sie plötzlich vor sich stehen. Da sagt sie ihm, seine Frau sei daheim eben mit einem Knaben in Wochen gekommen, und bittet ihn, er möge doch nach Hause gehen, das Kind holen und ihr bringen, damit sie es küsse, dann werde sie erlöst werden. Der Fischer fuhr sogleich nach Hause, wo er alles fand, wie es ihm die weiße Frau gesagt hatte. Nun wollte er sie wohl gern erlösen, wußte aber doch nicht, ob er es wohl tun dürfe und ob es wohl nicht gar etwa seinem Kind Schaden oder Tod bringen möchte; er ging daher zu den Nachbarsleuten, allein die konnten ihm ebensowenig raten wie er sich selber. Da ging er denn zuletzt zum Prediger, der sagte, er dürfe es wohl tun, aber das Kind müsse zuerst getauft werden; da ließ er es denn schnell taufen und fuhr nun mit dem Knaben hinüber nach dem Räuberberg. Wie er jedoch da ankam, fand er die weiße Frau weinend und wehklagend, denn das war eine der Bedingungen, die ihr gesetzt waren, daß das Kind, durch welches sie erlöst werden sollte, nicht getauft sein dürfte. Und so erscheint sie immer noch zuweilen auf dem Räuberberg und harrt, daß der Erlöser kommen solle. (75)

Der weissagende Schwan

To Kemnitz is vör noch gaar nich lange Tiet en Nachtwächter west, de haddet immer vorher weeten (wissen) künnen, wenn eener int Dörp sterven sülle (sollte), denn wenn he dunn hett de zwelfte Stunne afroopen wullen, is en grooten witten (weißen) Schwan uuten Pleessowschen See ruutekamen un is na'n Kerkhof ruppegahn, un denn is jedetmal balle eener int Dörp estorven, so datt he gaar nich mehr hett de zwelfte Stunne aufroopen müügen. Datt hett he den tolest ook nich mehr edaan (getan), denn eene Nacht will he ook grae (grade) weer (wieder) afroopen, da kümmt de witte Schwan uuten See ruutewatschelt un geit uppen Kerkhof un van da graad uppen Eddelhof too. Da is emm denn angst un bange worrn un is na Huus eloopen, hett de Lüüe monter maakt un hett sed: »Kinger, Kinger, et gift weer ne Liike (Leiche) int Dörp un dat keene kleene; de Schwan is uuten See kamen uns is graad uppen Eddelhof togahn!« Un dett hett ook keene acht Daage duurt, da is de Eddelmann doot west. (76)

Der letzte von Britzke zu Kemnitz

Dat Dörp Kemnitz hett van langen Tieten her de Herren van Britzke hüürt, un de letzte is eerscht vör en paar Jahr storven un nuu sall et annen annern Lehnsvedder kamen, de noch darümme perzesseeren deit. Se seggen awer immer, dett de alle Eddelmann all bii siinen Lewenstiien ümmegahn is, denn ofte hebben de Lüüe int Dörp emm Nachtens in de Dörpstraate metten Kopp unnern Arm ruff un raff jagen sehen. Ofte hebben ook siine Lüüe, wenn he uutfüürt (ausgefahren) was, en grootet Gepolder vannen Wagen hüürt, un hebben löövt (geglaubt), dett eer Herre na Huus kamen wär, un wenn se denn ruutkamen sint, is allet still un nist da west. (77)

Der Spuk auf dem Schloß zu Kemnitz

Int olle Schlott to Kemnitz isset (ist es) nie recht richtig west, denn nachtens hebben de Lüüe ofte en grooten Lärm un Spittakel hüürt, un watt dett west is, dat kunne Martin Runge, de Knecht upt Schlott was, am besten vertellen. De hadde mal ens Amns (Abends) in de Volkstoowe (Gesindestube) de Tiet verschlaapen und de annern hadden em en Schaobernack speelt un hadden, as se to Bedde jungen (gingen), de Volkstoowendöör toschlaten. As he monter warrn is, hett he dabliiwen mütten un hett sick um de Amnbanke lecht (Ofenbank gelegt). Da is he knapp inschlaapen west, hüürt he en grooten mächtigen Lärm, un hüürt dettet de Treppe rupstolpert, un up eemal springt de Döör, dee doch toschlaaten was, up un et kümmt watt rin un kraupt (kriecht) so an alle Wände rüm un reckt sick in de Hööcht (Höhe) un kiekt up alle Bredder un in alle Spinnen rin. Eerscht uppet Keesebrett, wo de Edelfraue eeren Keese drööcht (getrocknet) hett, denn up de Anrichte in de Kööken, denn in de Vorraatskamer, un maakt alle Spinnen, dee de Fraue immer toschlaaten hadde, up un keek (sah) in alle Töppe. Tolest isset ook annen Aben kamen, hett sick in de Hööcht reckt und in de Rööre rin keeken, un wiil Martin Runge nu da up de Banke liggen dee, da hett he seen künnen, dettet ganz assen grooten Hunt leet (wie ein großer Hund aussah) un ganz raue zottige Beene hadde. Dunn isset afgahn un hett de Döör weer tooschmeeten. He hett nu giirn (gern) ruut wult, awerscht de Döör is so fast to west as vöör un he hett de ganze Nacht da bliiwen mütten. (78)

Die zerbrochene Schütze

Zur Zeit, als die um Lehnin liegenden Dörfer noch Hofdienste auf dem dortigen Amt tun mußten, fuhren einmal ein paar Hofdiener Getreide nach Berlin, und als sie in die Heide kamen, wo es wegen des tiefen Sandes nur etwas langsam ging, blieb der Knecht, der den hintersten Wagen fuhr, etwas hinter den übrigen zurück. Wie er nun so neben dem Wagen dahergeht, hört er auf einmal ein großes Getöse und eine Stimme über sich in der Luft rufen: »Meine Schütze (Brotschieber) ist entzwei, meine Schütze ist entzwei!« Obgleich er nun wohl wußte, daß das die wilde Jagd sei, die über ihm dahinfuhr, war er doch übermütig genug und rief: »Na so komm, ich will sie dir machen!« Kaum hatte er das auch nur gesagt, so saß einer hinten auf seinem Wagen und hielt eine zerbrochene Schütze in der Hand. Nun wurde ihm doch etwas bange, und er wußte im Augenblick gar nicht, wie er den lästigen Gefährten loswerden sollte, doch besann er sich noch zur rechten Zeit und sagte: »I da nehmen wir einen Spahn von der Wagenrunge, damit wollen wir sie schon wieder zusammenkriegen!« Nahm auch gleich sein Messer hervor, schnitt einen tüchtigen Pflock von der Runge ab und trieb den durch zwei Löcher, welche er mit dem Messer in die zerbrochenen Enden gebohrt hatte, und so machte er die Schütze wieder brauchbar. Da sagte jener: »Das hat dich Gott tun heißen, aber nun sollst du auch deine Bezahlung haben!« Sprach's und legte ihm ein kleines Brötchen hinten auf den Wagen, worauf er verschwand. Darauf fuhr der Bauer seinen Gefährten nach, holte sie auch bald wieder ein, sagte ihnen aber nichts von dem, was ihm begegnet war, und steckte das geschenkte Brot in seinen Kober. In Berlin kehrten sie nun, so oft sie dahin kamen, stets in demselben Gasthof ein, wo sie dann, was sie von den ihnen mitgegebenen Lebensmitteln übrig behielten, gewöhnlich an eine alte Frau, die dahin kam, zu verkaufen pflegten. An diese verkaufte nun der Knecht auch sein geschenktes Brot und kehrte dann nach Hause zurück. Wie er das nächste Mal wieder dahin kam, war auch die alte Frau schon da, die bat ihn, ob er ihr nicht wieder ein solches Brötchen verkaufen wolle, denn das habe ihr doch gar zu schön geschmeckt. Da wurden auch die übrigen Bauern neugierig und er erzählte ihnen seinen Vorfall; man drang weiter in die Alte und erfuhr von ihr, daß bei jedem Stückchen, welches sie von dem Brot abgeschnitten habe, ein Goldstück herausgefallen sei. Nun hätte er sein Brot gern wiederhaben mögen, aber es war verzehrt und er hat auch nie wieder eins bekommen. (79)

Die Erbauung des Klosters Lehnin

Der Markgraf Otto I. von Brandenburg jagte einst in Gesellschaft seiner Edelleute in der Gegend, wo jetzt das Kloster Lehnin steht. Von der Jagd ermüdet, legte er sich unter eine Eiche, um auszuruhen. Hier schlief er ein und träumte, daß ein Hirsch auf ihn eindrang und mit dem Geweih ihn aufspießen wollte; er wehrte sich tapfer mit seinem Jagdspieß gegen diesen Feind, konnte ihm aber nichts anhaben, vielmehr drang der Hirsch immer hitziger gegen ihn an. In dieser Gefahr rief der Markgraf Gott um Beistand an, und kaum war das geschehen, da verschwand der Hirsch und er erwachte. Er erzählte hierauf seinen Begleitern diesen Traum, und da er schon längst den Vorsatz gefaßt hatte, aus Dankbarkeit gegen die Vorsehung, die ihn bisher in Gefahren gnädig beschützt hatte, und um sich der göttlichen Gnade noch mehr zu versichern, ein Kloster zu stiften, auch seine Begleiter den Traum so auslegten, daß sie meinten, der Hirsch, der erst bei Anrufung des göttlichen Namens von ihm gewichen, sei niemand als der Teufel selber gewesen, rief er aus: »An diesem Ort will ich eine Feste bauen, aus welcher die höllischen Feinde durch die Stimmen heiliger

Kloster Lehnin. Lithographie 1881 (nach einem alten Bild)

Männer vertrieben werden sollen, und in welcher ich den Jüngsten Tag ruhig erwarten will!« Darauf legte er auch sogleich Hand ans Werk, ließ aus dem Kloster Sittchenbach (oder Sevekenbecke) im Mansfeldischen Zisterzienser-Mönche kommen und baute das Kloster, das er wegen der noch dem Christentum sehr abgeneigten slawischen Umwohner mit Befestigungen versah, von denen noch Spuren vorhanden sind. Weil aber ein Hirsch den Anlaß zur Erbauung des Klosters gegeben hatte, und dieser in der alten slawischen Sprache den Namen Lanie führte, so nannte er es Lehnin. In der Kirche zeigt man noch bis auf den heutigen Tag den Stumpf der Eiche, unter welcher der Markgraf den Traum gehabt, und hat ihn zum ewigen Andenken an den Stufen vor dem Altar eingemauert. (80)

Der Abt Sebald von Lehnin

Der erste Abt, welcher nach der Stiftung des Klosters zu Lehnin wohnte, hieß Sebald und war eifrig bemüht, unter den noch sehr heidnisch gesinnten Wenden das Evangelium auszubreiten. Aber nicht überall fand er williges Gehör, und an vielen Orten lief alles davon, sobald er sich nahte. Daher suchte er denn zuerst bei den Weibern sich Anhang zu verschaffen und sich ihre Gunst durch mancherlei kleine Geschenke zu gewinnen, erregte aber dadurch zugleich die Eifersucht der Männer, welche nun ihren Weibern und Kindern den Umgang mit dem Abt oder seinen Mönchen aufs strengste verboten.
Eines Tages war der Abt nach dem Dorf Pritzsche oder Prutzke gegangen und willens, auf dem Rückweg in dem eine halbe Meile von Lehnin gelegenen Dorf Nahmitz einzukehren, um dort auszuruhen. Als er in die Nähe des Dorfes kam und in einem Haus einkehren wollte, sahen ihn die Kinder, die vor der Haustür spielten, und liefen mit dem Geschrei: »Der Abt kömmt!« teils ins Haus, teils ins Dorf, um jedermann von der Ankunft der Mönche in Kenntnis zu setzen.
Als die Weiber das Geschrei der Kinder hörten, versteckten sie sich alle, wo sie nur irgendeinen Schlupfwinkel fanden. Die Frau aber, welche in dem Haus, wo der Abt einkehrte, mit Brotbracken beschäftigt war und nicht mehr entfliehen konnte, kroch in aller Eile unter den Backtrog. Als der Abt nun ins Haus trat, fand er niemand und setzte sich, um auszuruhen, gerade auf diesen Backtrog; wie das die Kinder sahen, liefen sie eilig davon und meldeten dem Vater, der in der Nähe des Dorfes mit Fischfang beschäftigt war, daß der Abt auf der Mutter sitze. Dieser lief sogleich mit noch anderen, die sich mit Heugabeln, Äxten und Rudern bewaffneten, nach dem Dorf, und als der Abt diese heranziehen sah, ergriff er sogleich die Flucht. Nun war er aber wohlbeleibt und das Laufen fiel ihm schwer, so daß er, als er seine Verfolger ihm nacheilen hörte, auf eine Eiche kletterte, um sich da zu verstecken. Aber hierbei verlor er ein großes Bund Schlüssel, das er bei sich trug, wodurch seine Verfolger seinen Zufluchtsort entdeckten. Unterdessen waren seine Begleiter nach Lehnin geflohen und mit einer größeren Anzahl der Klosterbewohner zurückgekehrt, welche den Wenden ein reiches Lösegeld boten, wenn sie den Abt am Leben lassen würden. Aber diese wollten nichts von Gnade hören, sondern hieben, als der Abt gutwillig seinen Zufluchtsort nicht verlassen wollte, den Baum um und erschlugen nun den Abt trotz der Bitten der Mönche. Lange Jahre hat der Stamm dieser Eiche noch bei Nahmitz gelegen, bis er

endlich von einem Müller entwendet worden ist. Auf dem Haus aber, in dem der Abt zu Nahmitz einkehrte, soll, wie die Leute behaupten, bis heute noch Unsegen ruhen, denn seine Bewohner kommen in der Wirtschaft zurück, oder es zeigt sich wohl gar Wahnsinn bei ihnen, sobald sie längere Zeit dort wohnen.

Nach der unter den Bewohnern von Nahmitz fortlebenden Sage ist der Abt Sebald keineswegs ein so um die Verbreitung des Evangeliums bemühter Mann gewesen, wie die obige Darstellung angibt, sondern er hat sich hauptsächlich darum mit den Weibern der Wenden abgegeben, um seinen Lüsten zu frönen. Daher hat auch das Dorf Nahmitz so schöne Glocken in seinem Turm, deren Klang so stark ist, daß man sie bis nach dem eine Meile entfernten Schwina hört, denn die hat der Abt, obgleich sie eigentlich nach Lehnin gehörten, einer Nahmitzerin, die er gewann, geschenkt. Einst stellte er nun auch der Frau eines Nahmitzer Fischers nach und kehrte, als der Mann auf den Fischfang gegangen war, in ihrem Haus ein; sie aber sah ihn kommen und kroch, da sie gerade mit Brotbacken beschäftigt war, unter den Backtrog. Als nun der Abt in die Stube kommt, setzt er sich auf denselben, und da die kleine Tochter der Bäuerin, welche gegenwärtig war, dies sieht, läuft sie eilig hinaus zum Vater, ihm schon von ferne zurufend: »Der Abt sitzt auf der Mutter!« Dieser kehrt mit seinen Gefährten zum Dorf zurück, der Abt sieht ihn kommen, flieht, steigt auf die Eiche und wird dort für seine Sünden von den Wenden erschlagen.

In der zum Teil noch erhaltenen, zum Teil in herrlichen Ruinen dastehenden Klosterkirche zu Lehnin befindet sich ein altes Gemälde auf Holz, welches darstellt, wie die grimmigen Wenden daherstürmen und den Abt Sebald erschlagen. Diese Begebenheit deuten auch die beiden letzten Verse der auf dem Gemälde befindlichen Inschrift an, die also lauten:

> Hic jacet occisus prior abbas, cui paradisus
> Jure patet, slavica quem stravit gens inimica.

Ein ebenfalls aus alter, aber etwas späterer Zeit stammendes Bild als das genannte stellt dieselbe Begebenheit dar. (81)

Die Rückkehr der Mönche nach Lehnin

Als der Abt Sebald auf jämmerliche Weise von den Wenden erschlagen war, wollten die übrigen Mönche insgesamt das Kloster verlassen, um sich einen weniger gefahrvollen Sitz ihrer Wirksamkeit auszusuchen, aber als sie sich nun auf den Weg machten, erschien ihnen die Mutter Gottes mit dem Christuskind, indem sie in himmlichem Glanz zu ihnen herabstieg und ihnen zurief: »Redeatis, nihil deerit vobis!« Da schämten sie sich ihrer Verzagtheit und kehrten in das Kloster zurück, und zum ewigen Andenken an dieses Wunder wurde dasselbe auf einem Gemälde (dem jüngeren der obengenannten) dem Auge der Frommen vergegenwärtigt. (82)

Klosterkirche Lehnin. Gezeichnet von G. Schadow. Lithographie von C. Berger 1828

Der spukende Mönch im Ringelturm zu Lehnin

An dem zerstörten Teil der Lehniner Klosterkirche befindet sich ein fast noch ganz erhaltener Turm, zu dessen Spitze eine gewundene Treppe leitet, weshalb er der Ringelturm heißt. Hier ist's nicht recht geheuer, denn man hört es oft hier Trepp auf, Trepp ab poltern und in der halb eingestürzten gotischen Halle, die darunterliegt, umhertoben. Wer dreist ist kann auch eine mächtige Gestalt mit schwarzem Gesicht, krausem Haar und weißem flatternden Gewand sehen, aber er muß nicht zu nahe herangehen, sonst verfolgt sie ihn so lange, bis sie ihn vom alten Kirchhof vertrieben hat. Andere haben in dieser Gestalt einen Mönch erkannt, der in gefalteten Händen das Evangelienbuch hält und mit funkelnden Augen gen Himmel blickt, gleichsam als bete er zu Gott für die Ruhe der Grabstätten, die ehemals in diesem Teile der Kirche waren, aber vor mehreren Jahren zerstört wurden. Niemand kann den Greis ansehen, ohne von tiefer Rührung ergriffen zu werden. (83)

Die weiße Frau zu Lehnin

In den Ruinen der Klosterkirche zu Lehnin sieht man oft die weiße Frau um Mitternacht umherwandeln; bald ist sie allein, bald erscheint sie am Arm eines Mönches, oft zeigt sie sich gar nicht, und doch bemerkt man leicht ihre Anwesenheit am Ort durch allerhand kleine Unfälle in der Wirtschaft, zum Beispiel dadurch, daß das Bier sauer wird und dergleichen mehr. Sie war ein benachbartes Edelfräulein und liebte einen Mönch, aber für diese Sünde hat sie nun keine Ruhe im Grab und muß jede Minute ihres verbotenen Genusses durch jahrelange Reue erkaufen und an der Stätte ihrer Vergehungen abbüßen; doch soll sie seit einiger Zeit nicht mehr erschienen sein und so vielleicht endlich die himmlische Ruhe gefunden haben. (84)

Das allererste Gericht »Erbsensuppe mit Schweinsohren«

Als das Kloster Lehnin einst von einem Kaiser besucht wurde, kam der Bruder Kellermeister in große Verlegenheit, da er hörte, daß der hohe Herr seine Mittagsmahlzeit im Kloster einnehmen wollte. Es war nämlich das letzte Stück Fleisch verzehrt und die Speisekammer völlig leer. Wohl hatte der Kellermeister einige fettgewordene Schweine im Stall, aber die zu opfern vermochte er nicht. Er ging etwas sparsamer mit den Tieren um und begnügte sich damit, ihnen die lang herabhängenden Ohren abzuschneiden, wenn die Tiere auch jämmerlich quiekten. Erbsen waren noch zur Stelle, daraus wurde eine kräftige Suppe gekocht. Dahinein kamen die Schweinsohren und wurden mit der Erbssuppe dem Kaiser vorgesetzt, der daran viel Gefallen fand. Der Ruf dieses Gerichts verbreitete sich über die Klostermauern, und bald wurde Erbssuppe mit Schweinsohren ein bevorzugtes Gericht in märkischen Landen. (85)

Das untergegangene Dorf Gohlitz

Südlich von Lehnin liegt der Gohlitzsee, der seinen Namen daher hat, daß an der Stelle desselben ehemals ein Dorf namens Gohlitz gelegen haben soll. Das ist aber untergegangen durch die Strafe Gottes, denn die Bauern dort waren so übermütig und gottlos geworden, daß sie den Kindern den Hintern mit Brotkrusten reinigten. Da ist denn eines Tages ein kleiner Spring (Quell), der sich dort an einer naheliegenden Höhe befindet, plötzlich so angeschwollen, daß das gesamte Dorf mit Vieh und Menschen untergegangen ist und nichts davon übrigblieb als der große Damm, denn das ist die Landzunge, die sich noch weit in den See hinein erstreckt.
Bei hellem Sonnenschein sehen die Fischer auch noch zuweilen den Kirchturm im Wasser, und namentlich um Mittag hören sie auch wohl das Läuten der Glocken. Fischer haben diese schon hin und wieder im Netz gehabt, aber keiner hat sie bis jetzt herausziehn können, einer hatte sie schon so nahe herangezogen (es war am heiligen Weihnachtsabend), daß er sie hat sprechen hören; da hat die eine gesagt:

»Anne Susanne,
Wilte mett to Lanne (willst du mit zu Lande)?«

und die andere hat geantwortet:

»Anne Margrete,
Wii willn to Grunne scheten (schießen)!«

Aber damit sind sie auch gleich verschwunden. (86)

Die Kindbetterin im Gohlitzsee

Eine Hebamme aus Lehnin ging einmal von da nach der alten Ziegelei, und wie sie so an den Gohlitzsee kommt, tritt ihr da ein kleines Männchen entgegen, das sagt ihr, sie solle, ehe sie weitergehe, mit ihm kommen. Sie folgte ihm auch und nun führte er sie dicht an den See heran, schlug mit einer Rute aufs Wasser, worauf es sich sogleich weit voneinander tat und sie trocknen Fußes hineingingen. Wie sie nun unten ankam, fand sie eine kleine dicke Frau, der mußte sie bei ihrer Entbindung beistehn, und es währte auch nicht lange, so kam ein kleiner munterer Junge zum Vorschein. Da war denn das Männlein, denn das war der Vater, hocherfreut und sagte: »Nun nimm dir auch da von dem Müll (Kehricht) hinter der Tür, soviel du in deiner Schürze bergen kannst.« Die Frau dachte zwar, das sei ja eine wunderliche Bezahlung, aber da ihr doch da unten bei den kleinen Leuten ein wenig wunderlich sein mochte, nahm sie soviel von dem Müll als die Schürze faßte, und darauf führte sie das Männlein wieder hinauf und sie ging nach Hause. Nun war sie aber neugierig zu sehen, wie der Müll der kleinen dicken Leute aussehe, nahm einen Kienspan, denn es war finster geworden, und steckte den an, und, siehe da!, der Müll war zu schieren blanken Talern geworden. Da war sie nun eine reiche Frau und ihre Nachkommen, die noch leben, sind's noch. (87)

Die Stimme im Gohlitzsee

Im Gohlitzsee muß alle Jahr einer ertrinken, und ist einmal, was jedoch selten geschieht, über diese Zeit hinaus keiner darin ums Leben gekommen, so hört man eine Stimme aus dem Wasser, die ruft und lockt ordentlich, daß einer hinabkommen solle. Und das ist nicht vergeblich, denn gewöhnlich währt's nicht lange, so geht einer hin und ersäuft sich. (88)

Der Mittelsee bei Schwina

Zwischen Lehnin und Schwina liegt der Mittelsee, auf dem sieht man oft mittags im hellsten Sonnenschein einen Kahn fahren, in dem sitzt ein weißer Bock, und der Kahn fährt ganz von selber; das Wunderbarste aber ist, daß, wenn man recht scharf hinsieht, Kahn und Bock verschwinden und nicht mehr zu sehen sind.

Unten im See, sagt man auch, da wohnen schöne Seejungfern, die bringen den kreißenden Frauen Hilfe in ihrer Not; aber so gut diese den Menschen tun, so böse meint's die Frau mit der weißen Hucke, die sich zwischen dem Mittel- und Gohlitzsee auf dem Lehniner Weg sehen läßt; denn die kommt abends daher und geht still und rasch ihren Weg, daß einer meint, es sei eine Bäuerin, die sich verspätet; folgt er ihr aber, so geht's auch gerade in Wasser und Sumpf hinein, und daraus ist keine Rettung. Einen Bauern hätte sie fast einmal mit Pferd und Wagen auf diese Weise in den See hinabgeführt, wenn er nicht noch zur rechten Zeit den Spuk gemerkt hätte. (89)

Der Kobold in Schwina

In Schwina ist ein Bauer gewesen, der hat lange Jahre einen Kobold in seinem Haus gehabt und ist durch ihn ein reicher Mann geworden. Oftmals hat ihn das Gesinde gesehen, wie er als Rotbart in der Stube umhergeflogen oder als Kalb mit feurigen Augen in der Küche gelegen oder als Katze auf dem Boden umhergesprungen ist. Zuweilen hat er sogar als schieres Feuer frühmorgens im Ofen gelegen, so daß die Magd jählings erschrokken ist und schnell zur Hausfrau lief, ihr zu sagen, daß dort ein feuriges Untier sei. Dann ist die Frau hinausgegangen und hat die Magd nach einer Weile gerufen und gesagt, was sie doch schreie, es sei ja nichts da. Aber die wußte das besser, denn die Frau hat den Kobold immer fortgelockt, so daß dann natürlich nichts mehr zu sehen gewesen. Die Frau hat nämlich mit dem Kobold sehr gut gestanden, so daß er ihr allerlei Liebes und wohl nicht immer ganz in Ehren erwiesen. Darum mag denn auch wohl der Bauer, als er überdies Geld genug hatte, des Kobolds überdrüssig geworden sein, denn er hat ihn in einen Kober gepackt und ihn weit fortgetragen, so daß er nicht hat wieder zurückfinden können (90)

Treuenbrietzen

Die Stadt Treuenbrietzen hat ehemals nur Brietzen geheißen; da ist's geschehen, daß sie einmal vom Feind hart belagert wurde, der namentlich gegen das Steintor gewaltig herangestürmt ist. Die Bürger aber haben sich tapfer gewehrt, und einer derselben hat den feindlichen Obersten mit einem silbernen Knopf erschossen. Da hat denn der Kurfürst der Stadt den Namen Treuenbrietzen gegeben. (91)

Der Name von Jüterbog

Als die Stadt Jüterbog gebaut worden war, wußte man nicht, welchen Namen man ihr geben sollte und beschloß daher, vors Tor zu gehen und zu warten, bis jemand käme; nach dem wolle man dann die Stadt nennen. So geschah's auch, und es währte nicht lange, so kam eine Krügersfrau Jutte mit Namen, die führte einen weißen Bock mit sich; da hat man denn nach ihr und ihrem Begleiter die Stadt Jüterbog genannt, und hat ihr deshalb einen weißen Bock zum Wappen gegeben. (92)

Die Nikolaikirche zu Treuenbrietzen. Lithographie von Patzschke 1846

Der Tempel der Morgenröte zu Jüterbog

In der ältesten Zeit wohnten zu Jüterbog Wenden, die noch keine Christen waren und allerhand Götzen anbeteten, namentlich aber hatten sie auf einer künstlichen Anhöhe in der Vorstadt Neumarkt einen Tempel, in welchem sie die Göttin der Morgenröte anbeteten; er soll zwischen der jetzigen Schmiede und der Kirche gestanden haben und noch gar nicht lange verschwunden sein, denn der Diakonus Hannemann beschreibt ihn in seiner im Jahr 1607 herausgegebenen Jubelschrift also: »Von einer solchen heidnischen Entstehung der Stadt hat auch Anzeigung gegeben das uralte Templein, welches ungefähr nun vor vierzig und etlichen Jahren ist eingerissen worden, darinnen der heidnische Götzendienst der wendischen Morgengöttin soll sein geleistet worden. Dies Templein, welches auf dem Neumarkt bei dem steineren Kreuz gestanden, ist in der Länge, Breite und Höhe bis an das Dach recht viereckig von Mauersteinen aufgeführt gewesen, hat oben ein Kreuzgewölbe und darüber ein viereckig zugespitztes Dach gehabt. Die Tür oder Eingang von abendwärts ist niedrig gewesen, also daß man im Eingehen sich etwas hat bücken müssen. Es hat auch keine Fenster gehabt, sondern nur ein rundes Loch, mit einem starken eisernen Gitter verwahrt, gegen Morgen, und zwar genau gegen Sonnenaufgang zur Nachtgleiche, so groß, als der Boden von einer Tonne, daß das Licht hat hineingehn können. Also hab ich's von mehreren Personen, die noch am Leben sind, beschreiben hören.«

Frühzeitig schon hat man ein Kreuz aus Granit, das jetzt nur noch etwa anderthalb Fuß aus der Erde hervorragt, ehemals aber mehrere Ellen Länge gehabt haben soll, neben diesem Tempel aufgerichtet, und es steht jetzt noch dicht vor dem Haus des Schmieds. Als man es von da zu der Zeit des Großvaters des jetzigen Schmiedes, weil es abgebrochen oder, wie andere sagen, von einem weißen Bullen umgerannt war, weggenommen, da hat sich des Nachts ein fürchterliches Lärmen und Poltern hören lassen, und ein weißer Hund hat unausgesetzt an der Stelle gelegen, wo das Kreuz gestanden, und ist auch nicht eher gewichen, als bis man dieses wieder an die alte Stelle gebracht hat.

Zur linken Seite der Schmiede liegt auch eine kleine runde Anhöhe, auf der man in neueren Zeiten einen Kreis von Linden und mitten hinein einen ebensolchen Baum gepflanzt hat; diese kleine Höhe heißt der Tanzberg und hat, wie man sagt, davon ihren Namen, daß die alten Wenden hier ihre heidnischen Tänze gehalten haben. (93)

Der Schmied zu Jüterbog

Zu Jüterbog lebte einmal ein Schmied, der war ein sehr frommer Mann und trug einen schwarz und weißen Rock; zu ihm kam eines Abends noch ganz spät ein Mann, der gar heilig aussah, und bat ihn um eine Herberge; nun war der Schmied immer freundlich und liebreich zu jedermann, nahm daher den Fremden auch gern und willig auf und bewirtete ihn nach Kräften. Andern Morgens, als der Gast von dannen ziehen wollte, dankte er seinem Wirt herzlich und sagte ihm, er solle drei Bitten tun, die wolle er ihm gewähren. Da bat der Schmied erstlich, daß sein Stuhl hinter dem

Jüterbog. Gezeichnet von J. Gottheil, in Stahl gestochen von J. Poppel und U. Kurz um 1860

Ofen, auf dem er abends nach der Arbeit auszuruhen pflegte, die Kraft bekäme, jeden ungebetenen Gast solange auf sich festzuhalten, bis ihn der Schmied selbst loslasse; zweitens, daß sein Apfelbaum im Garten die Hinaufsteigenden gleicherweise nicht herablasse; drittens, daß aus seinem Kohlensack keiner herauskäme, den er nicht selbst befreite. Diese drei Bitten gewährte auch der fremde Mann und ging darauf von dannen. Nicht lange währte das nun, so kam der Tod, wollte den Schmied holen; der aber bat ihn, er möge doch, da er sicher von der Reise zu ihm ermüdet sei, sich noch ein wenig auf seinem Stuhl erholen; da setzte sich denn der Tod auch nieder, und als er nachher wieder aufstehen wollte, saß er fest. Nun bat er den Schmied, er möge ihn doch wieder befreien, allein der wollte es zuerst nicht gewähren; nachher verstand er sich dazu unter der Bedingung, daß er ihm noch zehn Jahre schenke; das war der Tod gern zufrieden, der Schmied löste ihn, und nun ging er davon. Wie nun die zehn Jahre um waren, kam der Tod wieder, da sagte ihm der Schmied, er solle doch erst auf den Apfelbaum im Garten steigen, einige Äpfel herunterzuholen, sie würden ihnen wohl auf der weiten Reise schmecken; das tat der Tod, und nun saß er wieder fest. Jetzt rief der Schmied seine Gesellen herbei, die mußten mit schweren eisernen Stangen gewaltig auf den Tod losschlagen, daß er ach und wehe schrie und den Schmied flehentlich bat, er möge ihn doch nur frei lassen, er wolle ja gern nie wieder zu ihm kommen. Wie nun der Schmied hörte, daß der Tod ihn ewig leben lassen wolle, hieß er die Gesellen einhalten und entließ jenen von dem Baum. Der zog glieder- und lendenlahm davon und konnte nur mit Mühe vorwärts; da begegnete ihm unterwegs der Teufel, dem er sogleich sein Herzleid klagte; aber der lachte ihn nur aus, daß er so dumm gewesen, sich von dem Schmied täuschen zu lassen und meinte, er wolle schon bald mit ihm fertig werden. Darauf ging er in die Stadt und bat den Schmied um ein Nachtlager; nun war's aber schon spät in der Nacht und der Schmied verweigerte es ihm, sagte wenigstens, er könne die Haustür nicht mehr öffnen, wenn er jedoch zum Schlüsselloch hineinfahren wolle, so möge er nur kommen. Das war nun dem Teufel ein leichtes und sogleich huschte er durch, der Schmied war aber klüger als er, hielt innen seinen Kohlensack vor, und wie nun der Teufel darinsaß, band er ihn schnell zu, warf den Sack auf den Amboß und ließ seine Gesellen wacker drauflosschmieden. Da flehte der Teufel zwar gar jämmerlich und erbärmlich, sie möchten doch aufhören, aber sie ließen nicht eher nach, bis ihnen die Arme von dem Hämmern müde waren und der Schmied ihnen befahl aufzuhören. So war des Teufels Keckheit und Vorwitz gestraft und der Schmied ließ ihn nun frei, doch mußte er zu demselben Loch wieder hinaus, wo er hineingeschlüpft war und wird wohl kein Verlangen mehr nach einem zweiten Besuch beim Schmied getragen haben. (94)

Die Keule am Tor zu Jüterbog

In Jüterbog hängt an einem der Torflügel eine hölzerne Keule von mehreren Fuß Länge, darunter ist eine Tafel befestigt, auf der folgendes geschrieben steht:

Wer seinen Kindern gibt das Brot
Und leidet nachher selber Not,
Den schlag' man mit dieser Keule tot.

Frauentrachten aus Jüterbog und Werder. Gezeichnet von A. Kretschmer, Lithographie 1881

Dazu wird erzählt, es sei einmal ein reicher Mann gewesen, der habe drei Söhne gehabt, denen er bereits bei seinen Lebzeiten all sein Vermögen gegeben und nachher habe er selbst darben müssen, da ihn keins von seinen Kindern hat unterstützen wollen. Als er nun gestorben, sind seine Kinder schnell mit den Gerichten gekommen, um zu sehen, ob nicht noch etwas zu erben sei, aber da haben sie nichts als einen großen schweren Kasten gefunden, und als man ihn geöffnet, ist er mit Steinen angefüllt gewesen, und darunter hat die Keule mit der Tafel und eine Verordnung gelegen, daß man beides am Stadttor aufhängen solle. Und das ist auch geschehen. (95)

Der Schatz im Golm

Auf dem Golm zwischen Baruth und Jüterbog lag vor alters eine Kapelle, zu der man weit und breit herbeiströmte, um sich Ablaß zu holen; zugleich wurden denn auch in der Sommerzeit, wenn der Zulauf der Heilsuchenden am größten war, am Johannis- und Marientage große Märkte hier abgehalten, wodurch natürlich der Verkehr an diesem Ort noch bedeutend zunahm. Die Mönche, die dort wohnten, andere sagen auch, es seien Nonnen gewesen, sammelten große Schätze, die aber nun tief in die unter dem Berg befindlichen Keller versenkt sind. Nach den Zeiten der Reformation ist nämlich die Kapelle abgebrochen worden und heutzutage sieht man nur noch die Fundamente derselben auf der höchsten Spitze des Berges. Es wird erzählt, aus den abgebrochenen Steinen sei die Kirche in Stülpe erbaut, welche auch die Glocke der Kapelle bekommen habe, und bezeichnet man als solche die mit der Inschrift: »Hilf got vn̄ maria. ao. dm. mccccIrrrrviii«. Auch zwei geschnitzte reich vergoldete Altarbilder, sowie der von der Decke herabschwebende Engel, welcher die Taufschale hält, sollen dorther stammen. Außerdem soll auch noch ein unterirdischer Gang vom Berg bis zum Kloster Zinna führen, von dem man erzählt, daß die auf dem Golm wohnenden Nonnen ihn gebaut, um ungestörter in ihrer Verbindung mit den Mönchen zu Zinna zu sein.

Der Schatz nun, welcher, seitdem die Kapelle eingegangen ist, im Berg liegt, besteht nach einigen in einer großen silbernen Wiege, nach anderen in der durchweg aus dem feinsten Gold gefertigten Bildsäule eines Mönches; andere wissen nur, daß überhaupt große Massen Gold und Silber unten liegen, daß diese aber ehedem noch viel größer waren, da nämlich einer der Vorfahren des jetzigen Besitzers von Stülpe, ein Herr von Rochow, bereits einen Teil des Schatzes gehoben und davon das im Dorf liegende schöne Schloß gebaut habe. Die Vertiefung, wo es in die Schatzhöhle hineingeht, ist unweit der Kapelle sichtbar, und noch oft sieht man hier einen Hund mit feurigen Augen, der den Schatz bewacht. (96)

Die Lüchtemännekens

Die Lüchtemännekens (Leuchtmännlein) sind kleine Wesen, die ein Licht tragen und oft den Wanderer in später Nacht irren und vom Weg abführen, so daß er sich erst nach langer Zeit wieder zurechtfinden kann; doch nicht immer spotten sie so der Menschen; sondern dienen ihnen auch, wenn man es nur versteht, sie zu lenken; man sagt aber, es seien die Seelen ungetaufter Kinder, die nun im Grab keine Ruhe haben.
Dicht bei Stülpe und am Fuß des Golm sieht man sie oft, und ein alter Mann, der lange Jahre dort in der Pechhütte wohnte, sah sie oft genug, wenn er abends sich im Dorf verweilt hatte, lustig vor sich her tanzen. War es nun recht finster oder hatte der Schnee im Winter den Weg verschüttet, so rief er wohl einem solchen Lüchtemänneken zu: ›Komm und leuchte mir nach Hause!‹ Da war auch gleich eins da und führte ihn wohlbehalten bis zu seiner Wohnung, wo es verschwand. Dann legte er aber einen Dreier auf die Schwelle seines Hauses und konnte gewiß sein, daß der jedesmal am andern Morgen verschwunden war; dafür waren ihm aber auch die Lüchtemännekens wieder gefällig und dienstbar. (97)

Der Wendenkönig

In der Gegend des Spreewaldes wohnen noch zahlreiche Reste der alten wendischen Bewohner der Mark, die insgeheim einigen Vorzug und Nachlaß von den alten Oberherren ihrer Nation und gleichsam einen König unter sich haben, der nicht nur jährlich von ihnen ein Gewisses an Geld erhält, sondern auch im Besitz von Krone und Zepter ist. Jacobus Tholdius erzählt, was er von dem Kurfürsten Friedrich Wilhelm dem Großen selbst gehört hat, daß dieser einen großen und starken Menschen dieser Art in eigner hoher Person gesehen, dem aber ein anderer alter Bauer dieses Volks, der ohne Zweifel auch eine Person von Bedeutung gewesen, als er gemerkt, daß der Kurfürst etwas genauer auf jenen jungen Menschen achtgegeben, einen Schlag mit seinem Stock gegeben und ihn wie einen feilen Sklaven davongetrieben habe. (98)

Die wilde Jagd und der Schatz am Renneberg

In der Nähe des Rennebergs, der in der Nähe von Jänickendorf unweit Luckenwalde liegt, können viele von der wilden Jagd erzählen, die ihnen im Walde begegnet ist. So trieb auch einmal ein Junge sein Vieh nach dem Renneberg zu, da hört er plötzlich über sich eine wunderschöne Musik, dazwischen aber ein gewaltiges Brausen, Heulen und Bellen der Hunde und den Ruf der Jäger. Da hat er sich denn still zur Erde gebückt und die wilde Jagd ist über ihm fortgezogen, ohne ihm etwas zuleide zu tun. Schlimm ist's dagegen einem andern gegangen, der auf der Wiese nach Schönfeld zu bei einem Feuer, das er sich angemacht hatte, lag; der hörte nämlich eine Stimme, die ihm zurief: »Steh auf!«, er aber blieb liegen und regte sich auch nicht, als es zum zweiten und zum dritten Male rief. Da wurde er plötzlich, weil er durchaus nicht von selbst gehen wollte, unter

Rathaus und Kirche zu Luckenwalde. Lithographie 1881

den Armen ergriffen und weit fortgeschleudert. Als er sich darauf etwas von seinem Schrecken erholt hatte, ging er zurück und fand nun das Feuer weit auseinandergerissen, so daß er sich die Kohlen erst mühsam wieder zusammensuchen mußte.
Unweit des Rennebergs liegt auch der Schloßberg, da liegt ein Schatz vergraben, den kann nur der heben, welcher fünfmal in einem Atem um den Renneberg läuft; bis jetzt ist's noch keinem gelungen. (99)

Der Kobold zu Jänickendorf

In Jänickendorf hatte ein Bauer lange Zeit einen Kobold, der allerhand Dienste im Hause verrichtete, namentlich das Vieh fütterte und mit allen Hausbewohnern in gutem Einvernehmen stand. Da geschah's, daß des Bauern Frau starb und er wiederum freite; wie's nun bei solcher Gelegenheit wohl zu gehen pflegt, hatte man über den mannigfachen Zurüstungen zur Hochzeit nicht viel an den Kobold gedacht und ihm auch nicht seine bedungene Speise hingesetzt, so daß er endlich böse wurde, und als nun schließlich der Hochzeitstag kam und alles fröhlich und guter Dinge beim Schmause saß, ging er hin, nahm einen Schimmel, den der Bauer unter seinen Pferden hatte, und warf ihn mit solcher Gewalt rücklings in den großen Mengekumben, daß das eingeklemmte Tier sich nicht rühren konnte und nur die vier Beine über den Rand hervorsahen. Da wurden denn die Gäste bald durch das Gewieher des Tiers herbeigezogen und nur mit Mühe konnte man das arme Tier wieder befreien; der Kobold aber ist seitdem verschwunden und hat sich nie wieder sehen lassen. Daß er aber gerade den Schimmel, den der Bauer besaß, nahm, rührt daher, daß die Kobolde diese Art Pferde nicht leiden können, und so ein Tier immer nur vier Wochen lang füttern; verkauft es der Besitzer nach dieser Zeit nicht, so läßt es der Kobold verhungern. (100)

Die Glocken zu Blankensee

Eine der drei Glocken zu Blankensee, welche alle drei die Inschrift: O rex gloriae christe veni cum pace und die Jahreszahlen 1408, 1412, 1517 tragen, ist im sogenannten Sande, einem Stück Land unweit des Dorfes, gefunden worden, und zwar hat sie dort eine Sau aus dem Boden herausgewühlt, darum summt sie auch noch bis auf den heutigen Tag:

»Sau fand
Innen Sand.«

Es wird auch erzählt, diese Glocken hätten früher zu der Kapelle gehört, deren Ruinen noch auf dem Berg am Kressinschen See zu sehen sind, und sie seien, als diese zerfiel, in die Kirche zu Blankensee gebracht worden. Allein andere bestreiten das und sagen, jene Glocken, die in der Kapelle gewesen, hätten ein ganz anderes Ende genommen. Denn als vor langen Jahren die große Sintflut war, die alles zerstörte, da sei auch die Kapelle zerstört worden und die Glocken wären in den See gesunken. Nun liegen sie noch immer da unten, und nur ein Fischer, der einst dort fischte, hat sie einmal gesehen. Er fühlte plötzlich, daß ein gewaltig schwerer Gegenstand in seinem Netz sei, und weil er ihn gar nicht herauszuziehen vermochte, fing er an zu fluchen. Im selben Augenblick sah er hart an der Oberfläche des Wassers eine große Glocke, die rief aus, denn es hat früher eine Zeit gegeben, wo die Glocken sprechen konnten:

»Anne Susanne
Nimmermehr to Lanne.«

Kaum war das aber verhallt, da ist sie auch im See versunken und nie wieder zum Vorschein gekommen. (101)

Der Schatz in der Kapelle bei Blankensee

Auf dem Berg am Kressin-See lag ehemals eine Kapelle, die nun aber schon lange Jahre in Ruinen liegt; man sieht aber noch, daß es ein viereckiges Gebäude war und auf jeder Seite ein hohes gotisches Fenster hatte, die sämtlich noch erhalten und in weiter Entfernung sichtbar sind. Namentlich gewähren diese Ruinen einen schönen Anblick, wenn man sie am fernen Horizont von der Spitze der Ravensberge aus im Strahl der Abendsonne erblickt.
Hier liegt nun ein großer Schatz begraben, und oft genug hat man die blauen Flämmchen, die ihn verraten, brennen sehen. Mancher hat auch schon etwas davon erhalten, und so war einmal ein Mann aus Blankensee oben, der sah mitten in dem alten Gemäuer einen großen Haufen gekochter Krebse liegen. Weil ihm denn das doch ganz wunderbar war, steckte er

einige zu sich, um sie seiner Frau mitzunehmen. Als er nun nach Hause kommt, holt er sie aus der Tasche, um sie ihr zu zeigen, aber wie groß war seine Überraschung und seine Freude, als er auf einmal Goldstücke statt der Krebse in seiner Hand hatte.

Zuweilen wird auch die alte Zeit da oben wieder lebendig, und besonders konnte davon ein alter Schäfer erzählen. Der bemerkte nämlich eines Tages um Mittag, als er seine Schafe dort hütete, mitten in der Kapelle ein tiefes Loch und in ihm eine Tür, die offenstand, und diese hatte er doch, so oft er auch oben gewesen, sonst nie bemerkt. Er ging nun hinzu, blickte hinein und sah dort die alten Mönche an einem Tisch sitzen, wo sie sich die Zeit mit Solospiel vertrieben. (102)

Der Teufel als Fürsprecher

In der Mark geschah es, daß ein Landsknecht seinem Wirt Geld aufzuheben gab, und als er es wiederforderte, dieser etwas empfangen zu haben ableugnete. Als der Landsknecht darüber mit ihm uneins wurde und das Haus stürmte, ließ ihn der Wirt gefänglich einziehen und wollte ihn überräuben, damit er das Geld behielte. Er klagte daher den Landsknecht zu Haut und Haar, zu Hals und Bauch an als einen, der ihm seinen Hausfrieden gebrochen hätte. Da kam der Teufel zu ihm ins Gefängnis und sprach: »Morgen wird man dich vor Gericht führen und dir den Kopf abschlagen, darum daß du den Hausfrieden gebrochen hast; willst du mein sein mit Leib und Seel, so will ich dir davonhelfen.« Aber der Landsknecht wollte nicht. Da sprach der Teufel: »So tue ihm also: Wann du vor Gericht kommst und man dich hart anklagt, so beruhe darauf, daß du dem Wirt das Geld gegeben, und sprich, du seiest übel beredt, man wolle dir vergönnen, einen Fürsprecher zu haben, der dir das Wort rede. Alsdann will ich nicht weit stehen in einem blauen Hut mit weißer Feder und dir deine Sache führen.« Dies geschah also; aber da der Wirt hartnäckig leugnete, so sagte des Landsknechts Anwalt im blauen Hut: »Lieber Wirt, wie magst du es doch leugnen! Das Geld liegt in deinem Bett unter dem Hauptpfühl: Richter und Schöffen, schicket hin, so werdet ihr es befinden.« Da verschwur sich der Wirt und sprach: »Hab ich das Geld empfangen, so führe mich der Teufel hinweg!« Als nun das Geld gefunden und gebracht war, sprach der im blauen Hütlein mit weißer Feder: »Ich wußte wohl, ich sollte einen davon haben, entweder den Wirt oder den Gast!«, drehte damit dem Wirt den Kopf um und führte ihn in der Luft davon. (103)

Der Märkische Eulenspiegel.

das ist:

Seltsame und kurzweilige Geschichten

von

Hans Clauert

in Trebbin.

Titelkupfer zu Volksbuch, herausgegeben von O. L. B. Wolff. Leipzig um 184c

Wie Clauert einen Kannengießer betrog

Zu Spandau wohnte ein Kannengießer, der viel von Clauerten gehört unc ihn doch noch nie gesehen hatte, und der deshalb gegen viele Leute sich of hatte verlauten lassen, daß er doch gern Clauerts Bekanntschaft machen möchte. Als nun Hans Clauert einstmals dorthin gekommen war und jenen ganzen Tag lang, welchen er sich dort aufhielt, viel lächerliches Zeug ausgeführt hatte, machte ihn zuletzt der Wirt mit dem Wunsch des Kannengießers bekannt, daß ihn nämlich derselbe auch gern kennen möchte. Darauf sagte Clauert: »Gebt Euch nur zufrieden, Herr Wirt, bis morgen soll er mich schon kennen.« Er vergaß es auch nicht, sondern schickte des andern Morgens früh, ehe es noch recht Tag war, zu jenem Kannengießer hin und ließ ihm sagen: Es wäre ein Mann in dem Gasthaus, der käme von Hamburg und hätte eine Partie gutes Zinn mit sich gebracht, welches er gern wolle vergießen lassen; doch wünsche er es vorher zu wiegen; deshalb ließ er den Kannengießer zugleich bitten, er solle sein Gewicht mit sich bringen, wenn er ihm die Arbeit zu machen gedächte. Der Kannengießer ließ sich nicht erst lange bitten, sondern folgte dem Mädchen alsbald nach. Nun hatte Clauert unterdessen in der Küche neben dem Feuerherd ein reines Plätzchen gekehrt und einen ziemlich großen Haufen gelbes Zinn darauf gelegt. Als der Kannengießer kam, fragte ihn Clauert im Finstern: »Seid ihr der Meister?« Dieser antwortete: »Ja.« Clauert fragte weiter: »Habt ihr auch Euer Gewicht mitgebracht?« »Ja freilich«, erwiderte der Kannengießer. Da nahm Clauert ein Licht in die Hand und sagte zu ihm: »Ich hätte gern zu einem Goldschmied geschickt, aber diese haben keine so großen Gewichte; wohlan denn, Meister, kommt her und wiegt mir diesen, wieviel Pfund mag er denn wohl haben?« Damit zeigte er ihm jenen Haufen Zinn und leuchtete dazu mit dem Licht. »Ei so wiege ihn doch der Teufel«, antwortete der Kannengießer, »und ich nicht.« Dabei dachte er jedoch an Clauerten, sah ihn ganz starr an und fragte: »Bist du nicht Clauert?« Dieser gab ihm zur Antwort: »Ja, gestern abend war ich's noch.« Da sagte der Kannengießer: »Du alter einäugiger Schelm und Bösewicht, habe ich in den Tagen meines Lebens doch so viel von dir gehört und muß in meinem Alter noch von dir betrogen werden.« Clauert erwiderte: »Guter Freund, erzürnt Euch nicht; habt ihr mich doch wollen kennenlernen; dieses ist in keinem Argen geschehen; kommt herein, wir wollen das Frühstück miteinander verzehren und weitere Bekanntschaft machen.« Solches hörte der Wirt, kam ebenfalls heraus und versöhnte sie beide miteinander. Clauert bezahlte Essen und Trinken für den Kannengießer, und beide blieben hierauf gute und vertraute Freunde. (104)

Wie Clauert an seiner Stelle den Kerkermeister gefangenlegte.

Nach dem großen Brandschaden zu Trebbin, welchen diese Stadt im Jahr fünfundsechzig erlitten hatte, wurde den Bürgern daselbst von ihrem Landesfürsten und Herrn, dem Kurfürsten von Brandenburg, erlaubt, auf den Zossenschen Heiden einige Schock Stämme Bauholz abzuhauen, weil zum Wiederaufbauen der Stadt auf den Trebbinischen Heiden nicht genug Holz zu finden war. Als nun ein jeder seine ihm angewiesene Anzahl Stämme gefällt hatte, waren viele unter ihnen, welche aus Armut das Holz von der Heide nicht nach Haus schaffen konnten, so daß also vieles daselbst in Fäulnis überging. Darüber war Eustachius von Schlieben, der Hauptmann auf Zossen, aufs höchste erzürnt und schwur hoch und teuer, den »ersten, der wieder von Trebbin käme und ihn um Holz ansprechen würde, wolle er ins Gefängnis werfen lassen«. Dieses wurde den Ratsherren zu Trebbin gemeldet, und diese befürchteten, der Hauptmann werde das, was er geschworen hatte, auch sicherlich halten. Deshalb wußten sie nicht, wen sie an den Hauptmann absenden sollten, der bei ihm in Gunst stände; denn die Stadt war noch nicht wieder aufgebaut. Endlich fiel das Los auf Clauerten, der bei dem Hauptmann sehr beliebt und angenehm war. Diesem versprachen sie wohl doppelte Belohnung und dazu seine freie Zehrung und schickten ihn dann ab, um dem Hauptmann einen Brief nach Zossen zu überbringen. Clauert dachte nicht, daß die Sache so sehr gefährlich sein würde; er ließ sich den Botenlohn gefallen und nahm den Brief an. Als er nun nach Zossen gekommen war und das Schreiben überreicht hatte, sagte der Hauptmann zu ihm: »Du loser Schelm, mußt du denn gerade der Erste sein, der zu mir kommt, um Holz nachzusuchen? Nun wohlan, ich habe es einmal geschworen und muß also meinen Schwur halten!« Er ließ sogleich den Wächter rufen und sagte zu ihm: »Komm her und führe mir diesen Menschen in den Turm hinaus!« ungeachtet Clauert sonst bei dem Hauptmann in großer Gunst stand. Auf dem Schloß zu Zossen nämlich wurden stets zwei Wächter gehalten, die des Tages zugleich das Wasser in die Küche tragen und dann die Gefangenen beaufsichtigen mußten. Der Wächter tat, wie ihm der Hauptmann befohlen hatte, und führte Clauerten zu dem Turm hinaus. Dieser war sehr hoch und war damals auswendig mit zwei Leitern versehen, auf welchen man hinaufsteigen mußte, so daß es also auch ziemlich gefährlich war, hinaufzusteigen. Clauert stellte sich als ein gehorsamer Untertan und ging mit bis zu den beiden Leitern. Dort angekommen, sagte er zu dem Wächter: »Lieber Peter, steige du voran, ich will dir nachfolgen, und zeige mir nur wenigstens, wo ich zum Turm hineingehen soll, damit ich nicht hinabfalle; denn ich kann mich nicht gut mit dem Gesichte behelfen, und wie ich gehört habe, soll oben im Turm ein Loch sein, wo man die Übeltäter hindurchläßt«, während er doch die Verhältnisse besser kannte als man es ihm hätte sagen können.

Der Wächter glaubte seinen schalkhaften Worten und stieg vor ihm hinauf, bis er in die Tür kam. Da sagte er zu Clauerten: »Hans, hierher, folge mir hierher, wo ich gehen werde!« Unterdessen ergriff Clauert die Tür und schlug sie hinter dem Wächter zu; er achtete nicht auf sein Schreien und Rufen, stieg wieder zur Leiter hinab und ließ seinen Kerkermeister gefangen sitzen.

Da es nun um die Zeit war, daß man zu Abend essen wollte, so setzte sich Clauert zu des Hauptmanns Dienern, schwieg still und gedachte die Mahlzeit zu genießen. Die Dienstleute aber konnten das Lachen nicht verhalten. Deshalb wurde die Hausfrau veranlaßt, nachzusehen, was da geschehen wäre. Als diese Clauerten sitzen sah, sprach sie zu dem Hauptmann: »Junker, habt ihr denn Clauerten nicht lassen gefangenlegen?« Er antwortete: »Ja; ich bin neugierig, was der Schalk denken wird.« Die Frau sagte: »Sitzt doch Clauert bei unsern Dienstleuten an dem Tische.« Da drehte sich der Hauptmann mit seinem Stuhl, in welchem er vor dem Tisch saß, herum und sagte zu Clauerten: »Siehe da, Clauert, was machst du denn hier? Habe ich dich nicht lassen in den Turm stecken?« Clauert antwortete ihm: »Ach ja, Herr Hauptmann, aber ich habe einen andern an meine Stelle gebracht, der so lange für mich gefangen sitzen will, bis ich gegessen habe; denn die Abendmahlzeit war bereitet, und ich habe den ganzen Tag hindurch nicht viel gegessen; deshalb mußte ich auf Mittel und Wege denken, wie ich zur Mahlzeit gelangen könnte. Der Herr von Schlieben sagte: »Ich dürfte wetten, du hast den Wächter eingesperrt?« Clauert antwortete: »Ja, Herr Hauptmann, ich habe sonst keinen Nähern finden können, der mir diese Gefälligkeit hätte erweisen wollen.« Da sprach der Hauptmann zu seiner Mutter Catharina: »Das kann nicht ungestraft bleiben; ich will ihn dir übergeben.« Die Hausfrau forderte Clauerten an ihren Tisch und ließ eine kupferne Kanne voll Wein heraufbringen, welche Clauert zur Strafe austrinken sollte. Da sagte Clauert: »Ach, gnädige Frau! Solche Strafe wollte ich alle Tage leiden.« Der Wächter aber mußte an Clauerts Statt zwei Tage und zwei Nächte im Turm gefangenliegen. (105)

Wie Clauert eine Magd neckte

In Berlin wohnte ein Bürger mit Namen Jakob Schulze, der auch zugleich Apotheker war. Mit diesem war Clauert sehr gut bekannt und sein vertrauter Freund; deshalb pflegte er auch gewöhnlich seine Herberge bei ihm zu haben, wenn er in Berlin war. Als er nun einstmals bei ihm einkehrte und beide in Jakob Schulzens Wohnung zechen wollten, ließen sie Bier aus dem Stadtkeller holen. Die Magd blieb mit dem Bier ziemlich lange aus, und weil Clauert bemerkt hatte, daß dieselbe übrigens eine scharfe Hechel war, so sagte er, bevor sie wiederkam, zu Schulzen: »Lieber Jakob, wenn du mir erlauben willst, so will ich mich mit deiner Magd ein paar Stunden zanken; du darfst dich aber gar nicht darum bekümmern.« Jakob Schulze, der Clauerts Weise wohl kannte, erwiderte ihm: »Das kann ich schon geschehen lassen.« Als nun die Magd mit dem Bier kam, sagte Clauert: »Siehe, lieber Jakob, hier geht die Magd wie eine Jungfrau in Haaren, und zu Rüstorf stillt eine Frau ihr Kind!« Dieses Dorf lag nämlich ganz nahe an der Stadt Berlin. Die Magd sagte: »Das lügst du von mir, wie ein alter einäugiger Schelm und Bösewicht.« Clauert antwortete: »Du magst sagen, was du willst, es bleibt dennoch wahr, daß du hier als eine Jungfrau gehst; und siehe, lieber Jakob, zu Rüstorf stillt eine Frau ihr Kind.« Hatte die Magd zuvor heftig gescholten, so machte sie es jetzt noch zehnmal ärger, und dies währte länger als eine halbe Stunde. Da wollte sie endlich zum Bürgermeister laufen und ihn verklagen, daß er beweisen solle, wo und mit wem sie ein Kind gehabt hätte und welche Frau dasselbe stillte. Clauert erwiderte darauf: »Davon weiß ich nichts, daß du ein Kind haben sollst, aber das weiß ich sicher, daß eine Frau zu Rüstorf ihr eigenes Kind stillt und daß du in deinen Haaren gehst wie eine Jungfrau, wofür ich dich auch gehalten habe und noch halte, da ich dir nichts Böses nachzusagen weiß.« Die Magd konnte vor Zorn Clauerten noch nicht recht verstehen und drohte daher fortwährend, ihn zu verklagen. Da sagte ihr endlich Jakob Schulze, was Clauert eigentlich meine, so daß sie sich nun zufriedengeben mußte, sonst würde der Zank sicherlich nach Clauerts Worten zwei Stunden gewährt und vielleicht dann noch kein Ende genommen haben. (106)

Die Prinzessin im Markgrafenstein

Einige erzählen, in dem nun gespaltenen Markgrafenstein, dessen eine zu einer großen Schale verarbeitete Hälfte auf dem Lustgarten zu Berlin steht, da habe seit alten Zeiten eine Prinzessin gewohnt, denn innen sei er ganz hohl gewesen und die fast viereckige Vertiefung, die man noch an der zurückgebliebenen Hälfte sehe, das sei das Fenster des Schlosses gewesen. Als aber der Stein zersprengt wurde, ist die Prinzessin schnell aus der einen Hälfte herausgesprungen und in die andere hineingegangen, und man hat auch gesehen, daß ihr ein kleiner Hund gefolgt ist.

Andere sagen, es sei keine Prinzessin, die hier wohne, sondern ein Mädchen, das in der Nähe die Kühe gehütet; das sei nämlich auf einmal verschwunden, und da man vermutet, daß der Teufel sie mit sich in den Stein genommen, so hätten sich ihre Brüder aufgemacht, um sie wieder aus dem Stein herauszuhauen. Sie sind mit großen Hämmern gekommen und haben die Blöcke, die ehemals zur Seite des Steines lagen, abgehauen, aber endlich, sagt man, hätten sie doch von der fruchtlosen Bemühung abgestanden. So sitzt sie denn noch im Stein und kann nur an einem Freitag in der Mitternachtsstunde von einem, der mit einem weißen Specht kommen wird, erlöst werden. (107)

Der Kreis Luckau

Das Gespenst an der Kirche zu Oderin

Als die alte Kirche in Oderin noch stand, kam einst ein junger kräftiger Bursche auf den Gedanken, die nächtens vom Spinnen heimkommenden Mädchen zu erschrecken. Er nahm ein Laken, hüllte sich darein und stellte sich an die Kirchtür. Nun wußten aber alle Leute, daß es auf dem Kirchhof umgehe, und wer nicht mußte, ging von Dunkelwerden an nicht mehr darüber. Der Bursche hatte diese Erzählung immer verlacht. Aber als er an der Kirchtür stand und auf die Mädchen lauerte und es eben zwölf geschlagen hatte, hörte er, wie etwas die Turmtreppe herunterkam und dabei röchelte. Vor Entsetzen lief der Bursche nach Hause, kroch ins Bett und am nächsten Morgen war er tot. (108)

Spuk am Kesselgrund bei Gehren

Einmal waren vier junge Burschen aus Gehren übereingekommen, aus dem Gräflichen Stangenholz zu mausen. Es war im Sommer bei hellem Mondschein gegen Mitternacht. Sie nahmen also ihre Gabeln und gingen los. Als sie sich zwei schöne Bäume geholt hatten, gingen sie wieder nach Hause zu. Sie kamen bis an den Kesselgrund am grünen Berg. Plötzlich blieb der vorderste Bursche stehen. Da mußte auch der zweite anhalten. Der fragte nun den ersten ganz heimlich, warum er stehenbliebe. Da sagte der zu ihm, ich habe leise Schritte gehört. Inzwischen kamen auch die beiden andern Burschen heran und stützten ihren Baum auch auf die Gabeln. Alle vier horchten ganz genau. Da hörten sie, wie es leise um sie herumging; bald vor, bald hinter ihnen, dann nach rechts, dann nach links. Dann entfernten sich die Schritte. Die vier Burschen standen dicht beieinander, aber trotzdem sie jung und kräftig waren, kam sie ein Grausen an; denn die Schritte kamen wieder näher, ohne daß sie etwas sehen konnten. Da sagte einer von ihnen halblaut: »Hier ist eine Seele zuviel« und winkte den andern, und sie ließen die Bäume auf den Gabeln und gingen ein Stück weiter bis auf ein anderes Stück über die Grenze. Da hörten die Schritte auf, die immer um sie herumgegangen waren und der Spuk ging nach dem Kirch-

Märkische Dorfszene. Lithographie 1881

steig zu, der nach Drehna führt, und sie hörten den Schall jetzt so deutlich, als ob einer auf hartem Boden mit Pantoffeln ging. Frühmorgens gingen sie dann nochmals hin, holten die Bäume, sahen aber keine Spur von einem, der da gelaufen wäre. (109)

Der Schwurbaum bei Prierow

Wenn man vom Brand nach Golßen geht, kommt man bei Prierow auf die große Straße. Da, wo die Wege zusammenkommen, steht ein halbes Dutzend Kienen. Einer der Bäume hat eine Verzweigung, die sieht aus wie eine Schwurhand. Die Leute sagen, daß der Baum noch nicht alt ist, aber daß schon lange vorher ein genauso gewachsener Baum dagestanden hat. Der ist vom Blitz getroffen worden. Wenn jemand, der einen Meineid geschworen hatte, an dem Baum vorbeiging, denn schlugen die Zweige wie wild durcheinander. Das wird der neue Baum auch machen, wenn er das Alter erreicht hat, weil er auch gerade wieder wie eine Schwurhand gewachsen ist. (110)

Vom toten Leutnant in Sorno

In Sorno waren im Dreißigjährigen Krieg mehrere Offiziere versammelt. Sie sprachen von diesem und jenem, zuletzt kamen sie zu einer Wette, wer von ihnen nachts zwölf Uhr auf den dortigen Friedhof zum Grab eines Freundes gehen würde. Ein blutjunger Leutnant erklärte sich bereit, das Grab des Freundes zu gegebener Zeit aufzusuchen. Da aber die Zeit verging und der Leutnant nicht zurückkehrte, so begab sich die Gesellschaft gemeinsam hin, um nach ihm auszuschauen. Aber, o Schreck, der Leutnant lag tot auf des Freundes Grab. Als man genauer hinblickte, sah man, daß er an einem Nagel hängengeblieben war. Der Leutnant glaubte, daß der Tote ihn festhielt und war vor Schreck gestorben. (111)

Die Rosen der Freimaurer in Luckau

In dem Garten der alten Loge in Luckau (am Markt hinter Winters Haus) schützte eine weiße Hand die Rosen vor dem Abpflücken. In dem Garten hatten die Freimaurer prächtige Lauben und Laubengänge von roten und weißen Rosen, in denen sie in der Johannisnacht saßen und allerlei Wesen trieben. Nun wurden einmal ein paar Dienstmädchen von ihren Herren, die auch Freimaurer waren, nach der Loge geschickt, um etwas hinzutragen. Der Logenwächter fragte sie, ob sie sich mal den Garten ansehen wollten, aber sie sollten nichts abpflücken. Die Mädchen gingen in den Garten hinein, und da sagte die eine, nachdem sie sich überall umgesehen hatte, wir wollen uns ein paar schöne Rosen abbrechen und unter der Schürze versteckt mitnehmen. Aber als sie nach den Blumen faßte, kam zwischen den Blättern eine Knochenhand mit einem weißen Handschuh darüber hervor und faßte nach ihren Fingern. Da bekamen die Mädchen einen großen Schreck und liefen eiligst aus dem Garten und gaben bald den Dienst auf, weil sie Furcht hatten, es könnte ihnen etwas Schlimmes geschehen von den Freimaurern. (112)

Das Grab der Zigeunerkönigin in Frankendorf

Auf dem Kirchhof in Frankendorf befindet sich das Grab einer Zigeunerkönigin. Als noch mehr die Zigeuner im Land umherreisten und sich über ganz Deutschland verbreitet hatten, da wählten die einzelnen Stämme aus

Die Nikolaikirche zu Luckau. Gezeichnet von Geyser. Lithographie von H. Budras 1848

ihrer Mitte einen König, der von der alten Königsfamilie, die in Ägypten über die Zigeuner geherrscht hatte, abstammen mußte. Wenn er sich verheiratete und Kinder bekam, mußte aus diesen der neue König immer wieder gewählt werden. Nach dem russischen Krieg hatten die Zigeuner keinen König, sondern wählten sich eine Königin. Die war sehr schön, sah aber immer blaß aus, beinahe wie Schneewittchen. Die Zigeuner nannten sie die Rose vom Winter. Sie starb ganz jung, und die Zigeunerstämme schickten zu ihrem Begräbnis eine Menge Abgesandte. Als man sie auf dem Kirchhof in Frankendorf in der Nacht um zwölf Uhr begraben hatte in einer gemauerten Gruft, stellte man ein silbernes springendes Pferd auf den Sarg, streute Blumen darauf und verschloß die Gruft mit Brettern, die man darüberlegte. Alle Jahre am Todestag kamen Zigeuner und opferten am Grab Wein, Reis und Honig. Später wurde eine Blechkuppel über dem Gewölbe befestigt, weil die Bretter morsch geworden waren. Die Kuppel ist heute noch zu sehen. Wenn jetzt Zigeuner hinkommen, gehen sie immer nachts an das Grab. (113)

Der Feuerbann von Neuendorf

Nach Neuendorf kamen einstmals Zigeuner. Die wurden sonst überall sehr verfolgt; in Neuendorf behandelte man sie aber gut. Zum Dank sprach einer von ihnen beim Abschied über das Dorf den Feuerbann aus. Vorher hatten sie um das Dorf mit einem Pflug eine Furche gezogen, und bis zu dieser Furche ging die Wirksamkeit des Bannes. Niemand, so sagten sie, darf aber die Bannlinie mit einem Eggenzinken durchschneiden, sonst wird die Zauberkraft aufgehoben. Und die Bauern befolgten den Rat ganz genau und brachten ihre Eggen nur mit dem Wagen oder mit dem Eggenschlitten aufs Feld. So blieb das Dorf vor Feuer bewahrt bis 1891. Nur 1841 brannte die vor dem Dorf stehende Windmühle ab. Aber nach 1890 mußte der Bann durchbrochen worden sein; denn in dem Jahr gingen viele Häuser bei einem großen Brand verloren. (114)

Die Dollenchener und ihre Kirche

Die Bauern von Dollenchen meinten, daß dort, wo die Kirche steht, ein fruchtbares Stück Land sei. Darum nahmen sie sich vor, der Kirche einen andern Platz in der Nähe zu geben. Große Stricke wurden an der Kirche befestigt und nun zogen sie allesamt daran. Einer von ihnen zog sich die Jacke aus und legte sie dahin, wo die Kirche ihren neuen Standort bekommen sollte. Nun trug es sich zu, daß ein armer Handwerksbursche die Dorfstraße entlang ging. Als er die Jacke sah, nahm er sie auf und ging von dannen. Die Leute aber sagten: »Jetzt müssen wir anhalten, wir sind schon auf dem neuen Platz angelangt.« Die Kirche aber hatte sich noch nicht gerückt. Der arme Mann aber freute sich über seinen Fund. (115)

Die Kirche in Schilda

In dem Dorf Schilda, eineinhalb Meilen westlich von Dobrilugk entfernt, im frühen Mittelalter den Eulenburgs (Yleburg) gehörig, hat die Kirche auf der Nordseite keine Fenster. Als nämlich die Kirche erbaut wurde, meinte der Schulze, da die Sonne nur am Tag scheine und ihr Licht verbreite, brauche man an der Nordwand keine Fenster in das Kirchenschiff einzubauen; denn in der Nacht hielte man keine Kirche und man könne die Ausgaben sparen. Die Gemeinde folgte diesem weisen Vorschlag und deshalb hat die Kirche auf der Nordseite keine Fensteröffnungen. (116)

Die Klosterkirche zu Dobrilugk. Gezeichnet von G. Pozzi. Lithographie von H. Budras 1848

Von der Kirche in Golßen

Von der Kirche erzählen die Leute, daß in den ersten Jahren ihres Bestehens am Michaelistage ein Ochse auf das flache Kirchendach gezogen wurde, damit er das darauf gewachsene Gras abfresse. Später hat man, weil das zu teuer und zu umständlich war, einen anderen Dachbelag hinaufgebracht, und nun wächst kein Gras mehr darauf. Die Golßener behaupten dasselbe von dem Rathaus in Luckau und führen darauf das Luckauer Stadtwappen zurück. (117)

Der unterirdische Gang in der Kirche zu Drehna

Nahe bei dem Marktflecken Drehna im Kreis Luckau steht eine alte Klosterruine, von der aus ein unterirdischer Gang nach dem Schloß in Drehna geführt haben soll. Als die Mönche in dem Kloster, als es noch nicht zerstört war, eine fromme Andacht hielten, hat einer von ihnen den Zugang zu dem Gewölbe entdeckt, und wie man weiter suchte, fand man das unterirdische Bauwerk. Da sind die Mönche allesamt mit Fackeln und bren-

Schloß Fürstlich Drehna. Stahlstich um 1850

nenden Kerzen herbeigekommen, haben auch das Kruzifix und die Monstranz mitgeführt und wollten den Gang bis an sein Ende untersuchen. Aber die Stickluft und die bösen Dünste, die darin herrschten, haben die Flammen alsbald gelöscht, so daß die Mönche umkehren mußten. Und so meinten sie, der Teufel hause in dem Gang, der sei vor Monstranz und Kruzifix geflohen und habe die Flammen ausgelöscht. Nie hat einer danach den Teufelsgang bei Drehna betreten. (118)

Geros Burg bei Gehren

Auf dem grünen Berg nicht weit von Gehren hat einst eine Burg gestanden, in der ein deutscher Herr (Markgraf Gero) die Häuptlinge der Wenden bei einem großen Gastmahl hat ermorden lassen. Als die Nachricht von dieser Bluttat sich im Land verbreitete, haben die Wenden die Burg gestürmt und eingeäschert. (119)

Geros Sohn

Ritter Gero hatte einen Sohn, der sehr mutig war. Sein Vater hatte ihn mitgenommen, als er die Heiden an der Oder bekriegte. Dann kam er wieder nach Gehren zurück. Als Gero dann mit dem Kaiser gegen die Türken zog, blieb der Sohn als Burghauptmann in Gehren. Die Heiden hatten bloß gewartet, daß der Alte mal wieder weg mußte. Da überfielen sie die Burg, und der Hauptmann wurde in einem Kampf erschlagen am grünen Berg. Als das der Vater hörte, ging er nach Rom zum Papst und gab ihm sein Schwert und hat niemals wieder gekämpft. (120)

Der Keller unter dem Schloßberg von Luckau

Von der Burg, die vor alten Zeiten auf dem Schloßberg gestanden hat, ist früher ein Gang unter dem Stadtgraben hindurch nach dem Kloster gewesen. Unter der Burg waren in tiefen Kellern die Gefängnisse. Dort mußten die Verbrecher bis zu ihrem Tod verbleiben. Einmal war auch ein Mönch, der sehr Böses getan hatte, in das Gefängnis gebracht worden. Er hatte sich als besondere Gnade ausgebeten, daß man ihm ein Faß Wein mit in sein Loch geben möchte. Das geschah auch. Aber wenige Tage später wurde, wodurch das kam, weiß man nicht mehr, der Keller verschüttet und der Mönch in seinem Gefängnis eingeschlossen. Weil man ihn doch nicht retten konnte, wurde der Gang zugeworfen. Nach dem französischen Krieg ließ der Bürgermeister neue Keller anlegen, und dabei stießen die Leute auch auf das verschüttete Gefängnis. Als man die Tür öffnete, saß in der Ecke ein Gerippe in einer Kutte und an der Seite stand ein Faß. Als man den Toten anfaßte, zerfiel er zu Staub; als man das Faß anfaßte, fielen die Dauben auseinander und es blieb der Wein übrig, der mit einer ganz dicken Haut umgeben war, auf der sich die Dauben abgedrückt hatten. Den Wein innen konnte man noch trinken. (121)

Der tolle Flemming in Weißagk

In Weißagk lebte ein Ritter von Flemming. Der war ein gefürchteter Raubritter und lag auch mit allen Herren der Umgebung dauernd in Fehde. Einst kämpfte er mit dem von Sonnewalde und wurde geschlagen. Auf der Flucht nach Weißagk kam er nur noch bis an den Hundsberg. Dort brach sein Pferd zusammen. Er setzte die Flucht zu Fuß fort, konnte aber aus dem Wald nicht heraus, weil der Wald durch die Leute des Sonnewalders umstellt war. So kehrte Flemming wieder in den Wald zurück, und als er merkte, daß man ihn hier suchte, kroch er in ein Fuchsloch am Hundsberg so tief hinein er nur konnte. Am Mittag kroch eine Kreuzspinne über die Öffnung und spann ein Netz. Gegen Abend kamen mehrere Knechte, die ihn fangen wollten, in die Gegend und auch zu dem Fuchsbau. Einer wollte mit der Lanze hineinstechen. Da meinten die anderen: »Hier kann Flemming nicht sein; denn über das Loch hat die Spinne ihr Netz gesponnen, und das hätte er zerreißen müssen, wenn er hinein wollte.« Darauf gingen sie weiter und Flemming war wieder einmal gerettet. Endlich vereinten sich alle seine Feinde gegen ihn und trieben ihn aus dem Land. Er mußte flüchten und starb bei dem Ritter Hake auf Zinna. Seine Leiche brachte man von dort nach Weißagk. Als der Wagen mit dem Sarg auf der Straße, die man seit der Zeit den Leichensteg nannte, bis an die Grenze von Weißagk kam, konnten ihn die Pferde nicht mehr fortbringen. Man holte noch mehr Pferde, aber wenn sie anzogen, fielen sie in die Knie, und der Wagen blieb auf dem Fleck stehen. Da kam einer auf den Gedanken, sie sollten die Glocken läuten, die Flemming einstmals der Kirche geschenkt hatte. Als sie das taten, zogen die Pferde an, und nun kam der Wagen ganz leicht bis zur Kirche, wo sie den Sarg beisetzten.

Vom Hundsberg führte früher ein unterirdischer Gang bis zum Weinberg von Bergen. Die Feldsteine, aus denen er hergestellt war, nahm ein späterer Besitzer zum Scheunenbau auf dem Gut. Ein anderer Flemming hat die Weißagker Heide verspielt gegen den Herrn, der auf Gahro saß. Die Heide heißt »Der rote Pulz« (Pilz), weil es da viel Giftpilze gab. Sein Nachkomme, der sich sehr über den Verlust der Heide ärgerte, ließ ihm einen Grabstein machen, auf dem der Ritter mit einem Pilz in der Hand dargestellt ist, zu seiner ewigen Schande. (122)

Der Mörderstein bei Luckau

Als Luckau vor dem Dreißigjährigen Krieg noch eine große und reiche Stadt war, kam einstmals ein Schlächtergeselle zugewandert und war in der Stadt in Arbeit. Er war ein tüchtiger Mensch und wollte gern Meister in der Stadt werden. Das Gewerk nahm ihn aber nicht an, weil er arm war und nicht von deutscher Herkunft. Das hatte man ihm aber nicht gesagt. Weil er nun dachte, daß nur seine Armut an der Ablehnung schuld wäre, trachtete er danach, sich Geld zu verschaffen. Eines Abends vor Torschluß begegnete er einem jungen Mann in feinen Kleidern vor dem Dorf Sando. Der Teufel plagte ihn, und er erschlug den Wanderer und nahm ihm seine Habe. Dann lief er in die Stadt und in seines Meisters Haus. Am nächsten Morgen fand man die Leiche, und weil die Luckauer ein gutes Gericht hatten, fand man auch bald den Mörder heraus. Er wurde auf dem Galgenberg gerädert und gevierteilt, und an der Stelle der Mordtat wurde ein Stein aufgerichtet, in den man ein Beil und ein Kreuz meißelte. Der Stein stand noch bis vor hundert Jahren gegenüber dem kleinen Eingang zum Sandoer Friedhof an der Chaussee nach Sonnewalde. (123)

Die französische Kriegskasse

Als die Franzosen in Luckau lagen, richteten sie in der Hauptkirche ein Magazin ein und lagerten dort Getreide für ihre Feldbäckerei. Nach der Schlacht flohen einige Franzosen mit der Kriegskasse durch den Busch. Dabei kamen sie in die Irre und gerieten in Gefahr, im unwegsamen Moor zu versinken. Zufällig kam ein Bäckergeselle des Weges, der ortskundig war, und den wollten sie zwingen, ihnen aus dem Sumpfland herauszuhelfen. Er verlachte aber ihre Drohungen und sagte ihnen, daß sie verloren wären, wenn er ihnen nicht helfen würde; denn sie mußten elendig umkommen, weil sie weder Weg noch Steg wußten, wenn sie ihn erschlagen hätten. Er verlangte von ihnen einen Teil des Inhalts der Kriegskasse. Um nicht alles zu verlieren, willigten die Franzosen ein, gaben ihm einen Teil des Geldes – den er unter einer Weide versteckte –, und er rettete sie. Einige Tage später ging er in den Busch, holte das Geld, kaufte die Mehlvorräte und wurde ein steinreicher Mann. (124)

Der Kreis Zauch-Belzig

Die graue Frau

Eine Frau in grauen altmodischen Gewändern erschreckt in Caputh in dunklen Nächten harmlose Wanderer. An verschiedenen Stellen des Dorfes ist sie schon gesehen worden, doch meistens taucht sie im Schloßpark auf. Eines Nachts saß die graue Frau auf einer Bank im Park und schaute auf die Havel. Vom jenseitgen Ufer näherte sich ein Schifferkahn. Die Insassen wollten gern an Land, kamen aber nicht vom Fleck. Und das bei ruhigem Wasser. Als nun der Schiffer die Geduld verlor und zu fluchen begann, tauchte vor seinen Augen die graue Frau auf. Er sah sie fest an und betete ein Vaterunser. Da war die graue Gestalt verschwunden, und die Schiffer kamen glücklich an Land.
Nach einer anderen Sage soll die graue Frau in der Dieke wohnen. Hübsch von Angesicht, doch heimtückisch im Wesen wird sie geschildert. Zu kleinen Kindern sagt man: »Warte nur, jetzt kommt die graue Frau!« (125)

Im Schloßpark zu Caputh

Des Nachts zu Beginn der Geisterstunde taucht im Schloßpark zu Caputh eine geheimnisvolle Kutsche auf, die eine Stunde lang völlig geräuschlos das alte Schloß umfährt. Besetzt ist der Wagen mit Gästen, die starr und unbeweglich im Fond sitzen. Die Pferde aber haben keine Vorderfüße und keine Köpfe. Mit dem Glockenschlag eins ist die rätselhafte Kutsche verschwunden.
Vor vielen Jahren ging ein junger Mann einst am Parktor des Schlosses vorbei, und wie er so in Gedanken versunken dahinschreitet, öffnet sich unhörbar das Parktor, und eine schwarze Gestalt huscht neben ihm her. Als er sie ansprach, war sie verschwunden. Die Gestalt soll weder Kopf noch Hände noch Füße gehabt haben.
An der sogenannten Bucht im Schloßpark gehen Geister um. Oft will man ein Schaf ohne Kopf gesehen haben. Lautlos und unstet rennt es umher, und wem es begegnet, der hat Pech am nächsten Tag. Eine Frau ist von dem Schaf einst bis fast an die Post begleitet worden, und als sie nach Hause kam, war ihr Kind erkrankt. (126)

Wie Ferch entstand

Zur Zeit, als es noch Ritter im Land gab, lebte in einem Waldhaus am Schwielowsee eine Fee. Eines Tages durchstreifte ein fremder Ritter die Wälder um den Schwielowsee. Er verirrte sich. Die Nacht brach herein, ohne daß er auf den rechten Weg gekommen war. Da schimmerte durch die Baumstämme ein schwacher Lichtschein, auf den er zuging. Bald stand er vor dem Waldhaus. Auf sein Klopfen ließ ihn die freundliche Fee eintreten. Sie fand Wohlgefallen an dem schmucken Edelmann und bezauberte ihn deshalb, so daß er Pflichten und Heimat vergaß. Lange mochte er so bei der Fee geblieben sein. Da läuteten eines Tages irgendwo Kirchenglocken; denn deutlich wurde ihr Schall über den Schwielowsee getragen. Nun packte den Ritter tiefe Reue. Sofort wollte er das Waldhaus verlassen. Doch die schöne Fee hielt ihn noch einen Tag zurück. Sie wußte nicht den wahren Grund für des Ritters Verhalten und meinte, es wäre ihm nur zu einsam im Wald. Darum nahm sie ihn am nächsten Morgen bei der Hand und führte ihn auf einen Berg am Schwielowsee. Und siehe! Da, wo sonst Wälder sich ausbreiteten, lag plötzlich eine von der Fee über Nacht hervorgezauberte Ortschaft, die der Ritter vorher noch nie gesehen hatte. Dieser Ort war Ferch.

Die Sage meldet nicht, was nun geschah. Doch das ist unbestritten bis auf den heutigen Tag Wahrheit geblieben: Ferch macht noch immer auf jeden Wanderer den Eindruck, als könnte es nur von den Zauberhänden einer gütigen Fee und nicht von Menschenhand geschaffen worden sein. (127

Wie Werder erbaut wurde

Heute liegt die Stadt auf einer Insel. Das ist nicht immer so gewesen, denn der Ort hat seinen Ursprung von einem Dorf, das unfern der Stadt im Busch und Wiesenfeld lag. In einem der wendischen Kriege, welche sie mit ihren Grenznachbarn häufig geführt haben, ist das Dorf verwüstet worden. Die Stelle, worauf es gestanden haben soll, wird heutzutage noch gezeigt und wird die Dorfstelle genannt. Die Zeit, da es eingegangen sein soll, läßt sich nicht bestimmen. Die Einwohner berufen sich dieser Angabe wegen auf ihre Voreltern, von denen die Sage bis auf den heutigen Tag gekommen.

Danach hätten sich die Einwohner des verwüsteten Dorfes auf die Insel in der Havel, die durch das viele Schilf und Rohr um sie herum ganz verbor-

Abfahrt des Obstdampfers von Werder nach Berlin. Gezeichnet von H. Lüders, Lithographie 1881

gen und gegen alle feindlichen Überfälle gesichert lag, geflüchtet. Zuerst sollen auch nur auf beiden Seiten der Havel einige Fischerhütten gestanden haben, daher es in älteren Zeiten der Fisch-Werder genannt wurde. (128)

Burg Eisenhardt und die Belziger Postsäule

Vor vielen, vielen Jahren wohnte auf der Burg Eisenhardt ein Burggraf mit seiner tugendhaften, schönen Tochter. Fast täglich kam sie herunter in die Stadt, Einkäufe zu besorgen. Da sah sie denn auch eines Tages ein Handwerksgesell und entbrannte in heftiger Liebe zu ihr. In der Nacht schlich er sich heimlich zur Burg und schaute sehnsüchtig hinauf zum Turmstübchen, in dem das Ritterfräulein eben das Licht löschte. Als alles in der Burg schlief, kletterte er im Mondlicht an dem Turm in die Höhe und hielt sich mit zitternden Händen in den Fugen des Mauerwerks fest. Endlich gelangte er nach furchtbarer Anstrengung bis ans Fenster der Turmstube, in der das Fräulein schlief. In der lauen Sommernacht stand das Fenster offen, und mit klopfendem Herzen betrat der Geselle die Stube. Nachdem er lange vor dem Bett seiner Erwählten gestanden und sich an ihrer Schönheit satt geschaut hatte, wagte er es schließlich, der Schlafenden einen zaghaften Kuß auf den Mund zu drücken. Mit einem Schrei fuhr das Burgfräulein in die Höhe und betrachtete mit Erstaunen den fremden Jüngling, der vor ihrem Bett auf die Knie gesunken war, mit heißen Worten ihr seine Liebe gestand und um Verzeihung für seine Kühnheit bat. Eben wollte ihn das liebliche Mädchen aufheben, da öffnete sich die Tür und herein trat, hochrot vor Zorn, der Burgherr. Vergebens warf sich der junge Gesell vor ihm auf die Knie; vergebens bat auch die Tochter, deren Herz von tiefem Mitleid bewegt war, um Schonung. Der Ritter warf den kühnen Eindringling in das Burgverlies. »Dein Leben sollst du behalten, wenn du mir morgen früh das Geheimnis der Belziger Postsäule mitteilen kannst«, sprach er dann hohnlachend zu dem unglücklichen Gefangenen. »Sage mir, woher an jedem Abend der silberne Schein auf dem Pflaster an der Postsäule kommt, und du sollst frei sein. Kannst du es aber nicht, so ist mir dein Kopf verfallen.«

Verzweifelt warf sich der Jüngling auf das harte Lager. Er konnte weder das Rätsel lösen, noch gelang es ihm, aus diesem Kerker zu entfliehen. Endlich senkte sich doch der Schlaf auf den Armen, und in der Morgenfrühe hatte er einen seltsamen Traum. »Nun mag der Henker kommen!« rief er beim Erwachen fröhlich aus und erwartete voll Ungeduld den Tag. Bald kreischten die rostigen Riegel und breitbeinig stand der Ritter auf der Schwelle. Hinter ihm stand lachend der Henker. »Nun, Meister Hans«, sprach der Ritter, »greift Euch diesen lockeren Vogel. Er wollte hoch hinaus, so mag er gehängt werden.« – »Noch nicht«, sprach mutig der Geselle. »Gebt mir einen Spaten und folgt mir!« Man hieß ihn voranschreiten und stand gleich darauf auf dem Burghof. Das Burgfräulein war mitleidig herabgestiegen und stand nun zitternd im Hof. Doch der Gesell nickte ihr zu und sprach dann: »Wenn Gott mir beisteht, so will ich Euch das Geheimnis der Postäule an Ort und Stelle sagen.« Damit ergriff er einen Spaten und schritt, vom Henker geführt und von allen Burgbewohnern begleitet, zur Stadt hinunter. An der Postsäule angekommen, machte er halt und fing an, eifrig auf der der Burg abgewandten Seite der Säule zu graben.

Neugierig umdrängten alle den Schaffenden, der voll froher Zuversicht immer tiefer grub. Jetzt klang es hohl in der Tiefe, und gleich darauf hob der Jüngling ein schweres irdenes Gefäß in die Höhe. »Von diesem Gold«, sprach er, »kommt allabendlich der silberne Schein auf dem Pflaster«, und nahm den Deckel ab. Da zeigte sich das Gefäß mit Gold- und Silberstükken gefüllt. Ehrerbietig reichte der Gesell dem Burgherrn den Krug. Dann fiel er ihm zu Füßen und bat um sein Leben. Doch der Ritter hob ihn in die Höhe, führte ihn zu seiner Tochter und sprach: »Ich schenke dir nicht nur dein Leben, sondern auch die Hand meiner Tochter, wenn sie dich mag.« Noch am gleichen Tag wurde Hochzeit gefeiert, bald darauf wurde der junge Gesell zum Ritter geschlagen und Burgherr auf der Burg Eisenhardt. Der Burggraf aber zog auf seine zweite Burg. (129)

Die böse Burgfrau auf dem Rabenstein

Vor mehreren hundert Jahren lebte auf Burg Rabenstein der Ritter Dietrich von Oppen, der ein eifriger Jäger war. Als seine Frau kurz nach der Geburt eines Töchterchens starb, fühlte er sich auf der Burg vereinsamt.

Burg Rabenstein. Stahlstich um 1850

Nun war er oft ganze Tage in den Wäldern um den Rabenstein auf der Jagd. Dabei vergaß er fast das Kind. Einmal lernte er eine schöne und reiche Bürgerstochter aus Brietzen, dem heutigen Treuenbrietzen, kennen, mit Namen Helene Rietz, die er auch heiratete. Aber sie hatte ein hartes Herz und wurde dem Kind eine böse Stiefmutter. Es wurde noch schlimmer, als der Ritter plötzlich starb. Die Leute sagten, sie habe ihn mit dem Gift des Fingerhuts umgebracht.
Als Mechthild, so hieß die Tochter, herangewachsen war, traf sie bei einem Jagdessen den jungen Ritter Otto von Lypzk, der ihr Herz gewann. Er kam und hielt bei der Stiefmutter um die Hand der Tochter an, wurde jedoch mit Hohn und Spott abgewiesen, obwohl Mechthild ihn gern zum Mann gehabt hätte. Und so sann Mechthild denn auf einen Ausweg. Sie verabredete mit dem Ritter, daß sie ihn mit seinen Mannen zur Burg hereinlassen wollte. Eines Nachts überfiel Otto von Lypzk die Burg, die Wächter wurden niedergeschlagen, auch die hartherzige Burgfrau fand im Getümmel den Tod.
Der Ritter Otto von Lypzk ließ sich bald darauf mit Mechthild trauen und wurde so Herr auf Burg Rabenstein. (130)

Die Glocke des Ritters Winfried in Wiesenburg

Der Ritter Winfried von Wiesenburg hatte sich gerade eine reizende Frau aus der nahen Burg Rädigke genommen und mußte plötzlich seinem Bruder im fernen Thüringen zu Hilfe eilen, da dessen Feste wilde Slawenhorden überfallen hatten. Als es nun zwischen ihm und seiner weinenden Gattin zum Scheiden kam, reichte er ihr eine kleine silberne Glocke und sprach: »Nimm die Glocke, die mir einst die Nixe unseres Schloßteiches geschenkt hat. Hänge sie ruhig in dein Gemach, solange sie schweigt, darfst du mich lebend denken, falle ich in der Schlacht oder erliege den Wunden oder einer heftigen Krankheit, dann wird dir dies Glöcklein die Stunde meines Todes ansagen. Solltest du mir die Treue brechen, so wird mein Herz zur selben Stunde zerspringen, und die Glocke wird es dir gleichfalls mitteilen.« So schieden sie im tiefsten Leide.
Es schwanden Wochen und Monate, und keine Kunde von dem Grafen kam auf die einsame Feste auf dem Fläming. Die Gräfin hatte die Bitte des Grafen erfüllt und die kleine Glocke über ihrem Betaltar aufgehängt. Anfangs betrachtete sie diese mit Grauen, da sie immer dachte, sie könne erklingen und sie mit namenlosem Schmerz erfüllen. Aber wieder verging

ein Jahr und noch eins, und immer noch war die Glocke nicht erklungen. Die junge Frau betrachtete sie auch nicht mehr mit geheimem Schauer, sondern mit gleichgültigen Blicken, obgleich sie noch immer in Liebe und Sehnsucht des fernen Gatten gedachte.
Nicht weit von hier, auf der Feste Niemegk, wohnte ein junger Ritter, der in größter Liebe für die vermeintliche Witwe entbrannt war. Er bestürmte sie mit Anträgen, die sie anfangs standhaft zurückwies. Doch allmählich siegte in ihr das Verlangen, nicht mehr so allein zu sein, und sie gab dem Drängen des Ritters nach. Nun erzählte sie ihm auch, daß sie ihren Gemahl noch am Leben glaube, und teilte ihm die Bewandtnis mit der Glocke mit. Da lächelte der Junker mitleidig und ungläubig und meinte, das wäre nur so eine List ihres guten Mannes gewesen, da er ihre Schönheit und Reize keinem andern gönne, habe er ihr die Mär von der Glocke aufgebunden. Es wäre wohl das Beste, er werfe die Glocke wieder in den See, da könne sie sich die Nixe, die es natürlich auch nicht gäbe, wiederholen. So beredete der Ritter die schöne Gräfin, daß sie ihres Gatten Warnung vergaß und ihm die Treue brach. Als nun der Liebestrunkene nach der Glocke greifen wollte, um sie in den See zu werfen, da schlug diese plötzlich drei helle Schläge. Schaudern erfaßte den Ritter, und er stand unbeweglich und marmorbleich vor der Glocke. Da sah er, wie sich das Fenster auftat, eine weiße, nasse Hand nach ihr griff und mit ihr verschwand. Die junge Burgherrin stürzte sich aber der Glocke nach in den tiefen, grundlosen Schloßgraben. Doch der Graf war zur selben Stunde in Thüringen gestorben. (131)

Der alte Schloßhauptmann in Wiesenburg

Graf Benno Friedrich Brand zu Lindau auf Wiesenburg hatte um 1600 den berühmten niederländischen Bildhauer Alexander Colins nach Wiesenburg kommen lassen, der ihm sein Schloß umbauen sollte. Der alte Schloßhauptmann Mende haßte alles Neue. Seine alte Feste war ihm in 74 Jahren treuen Diensten so an das Herz gewachsen, daß er jede neumodische Veränderung aus tiefster Seele verachtete. Als nun sein Herr den fremden Bildhauer, der noch dazu so einen scheußlichen niederdeutschen Dialekt sprach, von einer Reise nach Süddeutschland mit heimbrachte und sich dieser daranmachte, die alten ehrwürdigen Fassaden der Burg mit albernem Zierwerk zu versehen, erfaßte ihn eine tiefe Abneigung gegen Colins.

Es war in einer regnerischen Nacht gewesen, als Colins von einer Wanderung aus Wittenberg heimkehrte und Einlaß in die Burg verlangte. Da der gehässige Mende die Zugbrücke aber nicht herunterließ, war der Bildhauer gezwungen, im Schatten der alten Häuser, die das äußere Tor begrenzten, den Morgen zu erwarten. Weil er den Grund seines Ausschlusses kannte, beschloß er, sich auf lustige Weise an dem alten Bärbeißer zu rächen. Bei dem langen Warten vor der Burg fiel es ihm auf, daß eine hübsche Verzierung auf der Spitze des Tores sich recht gut ausnehmen würde. Und so modellierte er denn am anderen Tag die Figur, die noch heute auf dem Torbogen steht, der deshalb im Volksmunde das »Männeken-Tor« genannt wird. Es wird weiter erzählt, daß der alte Hauptmann vor Wut über seine Karikatur einen Schlaganfall bekommen, der ihm bald ein Ende bereitet habe. (132)

Der verwunschene Prinz im Schloßturm zu Wiesenburg

Am Eingang des Schlosses zu Wiesenburg steht ein mächtiger Turm. In seinem Innern soll noch immer ein Prinz schlafen, der auf seine Erlösung harrt. Es heißt, der schönen Tochter eines Schloßgärtners soll er einstens um Mitternacht im Park am Weiher entgegengetreten sein. Sie erschrak zwar anfänglich vor dem Unbekannten in dem fremden, altmodischen Kostüm. Allein, als er sie so innig bat, sie möge ihn doch umschlungen zur nahen Kirche geleiten, dann sei er erlöst, faßte sie ein Herz und legte ihren Arm um seinen Nacken. Wie sie doch gerade durch das Männeken-Tor haben treten wollen, sei plötzlich ein Wagen auf sie zugefahren gekommen, der war mit kohlschwarzen Rossen bespannt gewesen, welche Feuer aus den Mäulern gespien. Da habe sie in jähem Schrecken laut aufgeschrien und den Prinzen losgelassen. Im selben Augenblick sei der Wagen verschwunden, aber auch der Prinz mit dem Jammerrufe: »Wieder auf tausend Jahre verloren!« in die Erde versunken. (133)

Der Schatz im Brunnen des Schloßhofes zu Wiesenburg

Mitten im Burghof zu Wiesenburg steht ein reichverziertes Brunnenhäuschen. Aus der Wendenzeit her soll auf dem Brunnenboden ein Schatz ungehoben ruhen. Man erzählt, daß den Brunnenboden eine mächtige Steinplatte bilde. Unter ihr ruhe ein prächtiger Goldschmuck des Wendenkö-

Schloß Wiesenburg. Stahlstich um 1850

nigs Pribislav, nur in der Nacht zum 1. Mai sei es möglich, ihn zu heben. In dieser Zeit verlaufe sich nämlich auf eine geheimnisvolle Weise das Wasser und der Brunnengrund liege trocken da. Wer nun, ohne dabei zu sprechen, die Platte höbe, könne sich in den Besitz des Schatzes setzen. Vor vielen Jahren haben sich denn auch zwei Bewohner Wiesenburgs, ein Flame und ein Wende, aufgemacht, den Schatz zu suchen. Als die Uhr vom Bergfried her die zwölfte Stunde rief, ließen sie sich in den tiefen Brunnenschacht hinab. Das Wasser war fort, und sie fanden auch richtig die Steinplatte, die den Schatz verschloß. Schnell machten sie sich an die Arbeit. Schaurig hallten die Schläge mit der Hacke an den Brunnenwänden wider und tönten zu den grauen Burgmauern hinauf, kamen zurück und ballten sich wieder zu schrecklichem Getöse. Als die Schatzgräber einen Augenblick Atem schöpften und ihre Köpfe von dem mühseligen Werk aufhoben, bot sich ihnen ein fürchterlicher Anblick. Auf dem Rand des Brunnenhäuschens saßen entsetzliche Gespenster mit Hörnern, Kuhfüßen und Schwänzen, die bemüht waren, einen Galgen aufzurichten. Den Männern trat bei diesem Anblick der kalte Schweiß auf die Stirn. Aber ihrem Ziel so nahe, wollten sie die Arbeit nicht aufgeben und begannen aufs neue an der Platte zu zerren, die sich bereits zu heben begann.

Hierdurch lebte ihr Mut wieder auf, ihre Kräfte vermehrten sich, der Stein hob sich schon, als sich vom Brunnenrand eine schreckliche Stimme hören ließ: »Welchen von den beiden Geldgierigen soll ich denn aufhängen?« Die Gemeinten hoben erschrocken die Augen und sahen den Galgen bereits fertig dastehen. »Den Holländer hängt auf!« ertönte es jetzt dumpf zur Antwort. Da war aber auch des soeben Verurteilten Mut zu Ende, und mit dem verzweifelten Ausrufe: »Gnade für mich!« fiel er in die Knie. Damit war aber auch das Werk vereitelt. Ein Donnerschlag ertönte, Galgen und Teufel verschwanden. Die Platte, hinter der Gold und Silber bereits verführerisch geglänzt hatten, sank in ihre alte Lage zurück, und nur die schleunigste Flucht konnte die zwei vor dem Tod des Ertrinkens retten, da der Brunnen bereits anfing, sich schnell wieder mit Wasser zu füllen. (134)

Der Blocksberg und die Schildkröte zu Hönow

Etwa zwei Meilen von Berlin kommt man auf der Straße nach Alt-Landsberg an das Dorf Hönow, das sich an einem kleinen See hin erstreckt, dessen Ufer von der Dorfseite aus zwar nicht sehr hoch, aber doch ziemlich steil sind. Dicht bei der Kirche, die nur wenige Schritte vom See entfernt liegt, befindet sich ein kleiner steil abschüssiger Hügel, der fast kreisrund ist, hart am See. Er hat, wie man das deutlich sehen kann, offenbar mit der angrenzenden Anhöhe, auf welcher die Kirche liegt, zusammengehangen, ist aber jetzt durch einen tiefen Graben von ihr getrennt und auch ein ganzes Teil höher als diese. Jener Hügel führt den Namen des Blocksbergs, den er davon tragen soll, daß sich zu verschiedenen Zeiten allerhand Spuk dort blicken lasse, von dem man jedoch jetzt nichts mehr weiß.
In der Kirche zu Hönow befindet sich auch eine Schildkrötenschale, die so groß ist, daß gerade ein Viert Hafer hineingeht. Sie soll, wie erzählt wird, zum ewigen Andenken, daß einst so große Schildkröten in dem See waren, aufgehängt sein. Der Prediger des Orts wollte nämlich vor langen Jahren einmal des Sonntags eben zur Kirche hingehn, als er dicht bei derselben eine Schildkröte erblickt, die auch gerade zur Tür hineingehn will; da ergriff er schnell einen Knüppel und erschlug das Ungeheuer im selben Augenblick. Seitdem hängt sie nun in der Kirche über dem Chor. Ob's daher kommt oder eine andere Ursache habe, daß man oft des Nachts Licht in der Kirche brennen sieht, weiß man nicht, aber daß es schon oft genug stattgefunden, ist bestimmt. (135)

Havelland und Grafschaft Ruppin

Die Totenfahrt

Da is mal ens to Göttin en Fischer west, de hett sien goot Brot hatt, wiil he Dach un Nacht up de Beine west is; de hett ook mal noch späte uppen Amnd sien Tüüch an de Harel drööcht (am Abend seine Netze an der Havel getrocknet) un as he eemnd (eben) damett färig (fertig) is, hört he, dett eener von de anner Siit (Seite), da wo de Röverbarch liggt, roopt: »Haal aar (Hol über).« Wiil et nu aver all (schon) späte was, verwunnert he sick un fraagt: »Wer is denn da?«, aver de uppen Röverbarch sett (sagt) wiier nist as: »Haal man aar«, un da hett he sienen Kaan losmakt un is aarfüürt. As he nu up de anner Siie (Seite) ankaamen dee (ankommen tat), stund da sonnen grooten schwarten Keerel, de sett. »Füür mii aar!« un dunn nahm de Fischer sien Küüel (Ruder) un füürt emm aar. Aver he hadde knapp vonnet Land asstooten (abgestoßen), da sunk dat Enge (Ende), wo de Schwarte satt (saß), ganz deep int Water, un de Fischer kaam ganz hoch in de Höcht to sitten, so datt he in sienen Sinn dachte, »wenn de doch man eerscht na Huus wäärscht (wärest)!« Dunn rüüelt he mett alle siene Kraft un brengt ook tolest den Kahn glücklich aar. As se nu ant Land weeren, sprung de Schwarte ruut un sett: »Det Fehrgeld liggt int Enge!« un as de Fischer henngeit un tookickt, liggt da en grooten mechtigen Haufen Gold. De Schwarte stund aver noch ant Water, und seede dunn toon Fischer: »Nu müchteste ook woll weeten, wen de aarfüürt hest?« – »Ja«, sett de Fischer. »Na de hesten Doot aarfüürt«, sett de Schwarte,« un wiil de datt daan hast, saste (sollst du) an Leewen bliewen, aver et ganze dövrige (übrige) Dörp mütt uutsterwen!« unn as he dat sedd hadde, is e furtgegahn. Un so wo (wie) de Doot dat den Fischer vertellt (erzählt) hett, isset (ist es) ook ekaamen; dat ganze Dörp is uutstorven, man de Fischer is aarbliiwen un issen riiken riiken Mann waren (worden), un siene Kinger leewen noch bett upp dissen Dach in Göttin un sinn riike Lüüe.

Annere vertellen dat leste en bitschen ängers: As nu de Schwarte aar is, hett he secht: »Nu müchtste wok woll weeten, wen de aarfüürt hest?« – »Ja«, sett de Fischer. »Na een Düüwel (Teufel) hetten ängern (andern) aarfüürt«, sett de Schwarte, denn den Fischer sün Name was Düüwel. As de Schwarte nu furt was, fund Düüwel int Enge en grooten Klumpen glööende Kahlen (glühende Kohlen) un nahm siene Waterschippe un schippt se immer too int Water, aver ett wulle gar keen Enge nehmen, so datt he se tolest liggen laten dee; as he nu en ängern Morgen weer na sienen Kahn kahm, fund he statt de Kahlen en Klumpen puret Gold, aver von de, weck he int Water smeeten hadde, kunge (konnte) he nist weerfingen (wiederfinden). (136)

Der Kohldieb im Mond

Im ganzen Havelland behaupten die Leute, im Mond stehe ein Mann, der einen Kohlstrauch in der Hand habe; einige sagen auch, er heiße Christoph. Dieser wollte gern am Christabend Kohl essen; und weil es nun einmal so Sitte ist und das ganze Jahr über Glück bringt, stahl er ihn, obgleich es der liebe Gott ausdrücklich verboten hatte. Zur Strafe dafür wurde er nach seinem Tod in die Sonne gesetzt, aber da war es doch gar zu heiß, so daß er es nicht aushalten konnte, und er bat daher den lieben Gott, er möge ihn doch da fortnehmen. Das geschah auch, und nun kam er in den Mond, wo ihr ihn bei Vollmond noch mit seinem Kohlstrauch in der Hand sehen könnt. (137)

Das untergegangene Dorf Thure

Dicht bei dem Dorf Tremmen, wenn man von da nach Etzin geht, liegt zur Linken des Weges eine Anhöhe, welche der Thürberg heißt, und zur Rechten ein am Fuße desselben sich bis zum Ketzinersee und der Havel erstreckendes Bruch, das Thürbruch genannt. An der Stelle des Berges, wo jetzt die Lehm- und Sandgruben sind, soll früher ein Dorf namens Thure oder Thüre gestanden haben, das in schweren Kriegszeiten verwüstet wurde. Daher findet man denn noch oft beim Graben des Sandes oder Lehms ganze Schichten von menschlichen Gebeinen und Holzkohlen dabei aber auch Spuren von Wirtschaftsgeräten, vor allem Eisenwerkzeuge. Unweit von dieser Stelle kann man auch noch die Spuren der alten Kirche finden, deren Fundamente sich noch unter dem Boden hinziehn. Andere leugnen das alles und sagen, das Dorf Thure sei ja in den Berg gesunken, und zwar tief, tief hinein, und daher rührt auch das tiefe Loch, das sich bei den Sandgruben befindet. Die Glocken der Kirche sind aber in den am Fuß des Berges liegenden kleinen Teich gefallen, der daher de Glockenteich heißt, und der beste Beweis dafür ist, daß sie da unten noch hin und wieder, besonders mittags im Sommer, wenn's so recht still ist, mit dumpfem Ton anklingen. Wäre das Dorf Thüre auf gewöhnliche Weise verwüstet worden und nicht in den Berg gesunken, würde man dann wohl den mit Schimmeln bespannten Wagen aus dem Berg hervorfahren sehen, der sich schon seit undenklichen Zeiten zeigt? Und dazu kommt er grade an der Stelle, wo das Dorf untergegangen sein soll, in den Sandgruben, zum Vorschein. Denn da hat ihn noch vor wenigen Jahren ein Bauer gesehen, der eben Sand holte, und das war gerade am Johannistag und mittags um zwölf Uhr. (138)

Die Riesenhügel

An der Nordseite des Dorfes Knobloch erhebt sich auf der Anhöhe, an welcher das Dorf liegt, ein kleiner Hügel, der oben mit einem Erdwall umgeben ist, welchen man den Burgwall nennt. Diese Umwallung ist ziemlich kreisrund, in der Mitte jedoch nur sehr wenig vertieft, und es scheint ein Damm sich in der Quere mitten hindurchgezogen zu haben. Zu diesem Burgwall haben die Riesen die Erde zusammengetragen, aber einer von ihnen ist bei der gewaltigen Arbeit gestorben, der liegt in der Mitte des Walls begraben. Andere erzählen, es sei hier keiner begraben, sondern ein Riese habe nur einmal vor alten Zeiten hier drei Schürzen voll Erde hingeworfen, davon sei die ganze Erhöhung entstanden.
Auch zwischen Wachow und Tremmen liegt ein solcher Hügel, der dadurch entstand, daß einem Hünenmädchen, die Erde in ihrer Schürze dahertrug, das Schürzenband riß, da ist nun das bißchen Erde liegen geblieben. (139)

Der gefangene Dachs

In Spätz is mal en Buur west, de hett Ernst Koppe heeten; de dee mett annere van siene Früntschop (Freundschaft) to hoope uppen Dachsfang gahn, un asse (als sie) nu all lang da rümwertschapt hedden, kreech (kriegte) he en Sack her, heel (hielt) den vöört Dachsloch un fung den Dachs so. As dat averscht daan was, hüürten se upp eemal de wilde Jagd (dat sinn averscht Menschen, de datoo verwünscht sinn, dat se in de Luft rümtrekken mütten) metten gewaltigen Spitakel hertrecken, un dat Tapfen van de Hunne unn dat Scheeten mangunner (dazwischen) wull gar keen Enn nehmen. Un as dat nu so ganz na bii was, hüürt de eine, dat ein seggt: »Na sinn wii denn nu all to hoope?« – »Ja«, sed de annere, »bett up de eenögige Sau, de hett Ernst Koppe innen Sack efangen.« Un as se dunn na Huus keemen, un Koppe sienen Sack nakeeken dee, fund he richtig ne olle eenöögige Sau un keenen Dachs drin. (140)

Frau Harke und der Dom zu Havelberg

Vör ollen Tiijen hett up de Stoellensche Barge ene grootmächtige Riesenfruu wahnt, de hett Fruu Harke, annere seggen ook Fruu Harfe, geheeten; de hett mal enen grooten Steen her to faten kreegen und hett damett den Havelbarchschen Dom innen Klump schmeeten wullen. Disse Steen is äär äverscht uut de Haenne uutglipscht (entglitten) un is up de Stoellensche Feldmark dal (nieder) fallen, wo he noch lange leegen hett. Man hett ook orntlich künn'n de Löcker seien (sehen), wo se mett de Fingern rinpackt hett, un et sinn ook noch ne Menge lange Streepen (Streifen) drin west, de süllen daher kamen sinn, dat Fruu Harke, as äär nu de Steen uutglipscht is, so wüütig waren (wütend geworden) is, datt se en grooten Strahl uppen Steen pissen deede, de so stark was, datt davon alle de Streepen innen Steen keemen.
Andere erzählen auch, Frau Harke hätte den Stein wirklich nach Havelberg hin geworfen, doch wäre der Wurf etwas zu kurz gewesen, und der Stein daher vor dem Dom niedergefallen, wo er noch lange nachher gelegen. Da hätte der Havelberger Bischof einen andern Stein genommen und den nach den Stoellenschen Bergen geworfen; seit der Zeit sei dann Frau Harke, die eine gewaltige Zauberin gewesen, und dort auf dem Berge gewohnt, verschwunden. (141)

Der Schmokenberg bei Havelberg

Als im Jahr 983 die Wenden das ihnen verhaßte Joch der Deutschen abschüttelten, erstürmten sie am 28. Juni die Burg Havelberg, erschlugen die ganze Besatzung und verbrannten die Kirche. Der Bischof Udo wurde von einem seiner wendischen Diener, der zwar äußerlich Christ, innerlich aber ein grausamer Heide war, ermordet. Den Mönchen schlitzten die Wenden die Kopfhaut kreuzweise auf und rissen sie ihnen bei lebendigem Leib herunter. Noch manche andere Marter mußten die Armen ausste-

Havelberg. Gezeichnet von J. Gottheil, in Stahl gestochen von J. Poppel und U. Kurz um 1860

hen. Dann wurden sie vor den Ort auf einen Berg hinausgeführt. Dort banden die Wenden sie an Pfähle, häuften rundherum Holz und nasses Strauchwerk auf und zündeten es an, so daß die Märtyrer ihres Glaubens im Rauch (Schmok) erstickten und dann elend verbrannten. Danach soll der Schmokenberg seinen Namen tragen. (In Wirklichkeit heißt er wohl so nach einem Weber Schmok aus Nitzow, der im Jahr 1792 dort eine Damastweberei errichtete.) (142)

Bischof Wepelitz

In der Mitte des Havelberger Doms sieht man einen marmornen Sarkophag und auf ihm die Gestalt eines Bischofs, zu dessen Füßen eine zusammengekauerte Tiergestalt liegt. Man erzählt, dieser Bischof sei der bekannte Wepelitz oder Wopelisse gewesen, der viel für die Verschönerung der Stadt und des Doms getan habe, auch besonders den Hochaltar mit zwei Leuchtern schmückte, an denen sich jeweils zwei Figuren befinden: zwei männliche und zwei weibliche; jene beiden sollen die seines Kochs und Kellermeisters, diese die seiner beiden liebsten Hofdamen (!) sein. Dieser Bischof hat auch das Vorwerk Wepelitz angelegt und sich gern dort aufgehalten; da geschah es einst, daß er sich zum Schlafen im dortigen Gebüsch hinlegte, als plötzlich ein Lindwurm daherstürzte und ihn in den Kopf stach, worauf er seinen Geist aufgeben mußte. Dieses Ungetüm hat man daher zu Füßen des Bildes im Dom abgebildet, und an seinem Kopf gewahrt man auch das von dem Stiche des Tieres herrührende Loch. Bischof Wepelitz soll auch die nach dem Vorwerk seines Namens führende Eichenallee angelegt haben, die den Namen Brautallee führt. Diesen soll sie daher haben, daß er verordnete, jede Braut solle, ehe sie zum Altar ginge, dort eine Eiche pflanzen. (143)

Der Riesenberg bei Kotzen

Zwischen den Dörfern Kotzen und Landin im Havelland liegt ein kleiner Hügel, der Riesenberg heißt. Ein Riese wollte einst einen in der Nähe befindlichen kleinen See zudämmen, der ihm unbequem war, und trug zu dem Zweck Erde in seiner Schürze herbei. Als er aber zwischen die beiden Dörfer kommt, reißt ihm unglücklicherweise das Band seiner Schürze und alle Erde stürzt zu Boden. Er raffte jedoch was er konnte wieder zusammen, und nur ein Häuflein, das seinen Fingern zu klein war, so daß er's nicht zwischen die Spitzen nehmen konnte, blieb liegen; das ist der Riesenberg. (144)

Die Salzquellen bei Pessin

In und bei dem Dorf Pessin sollen vor alten Zeiten Salzquellen gewesen sein, die wieder aufzufinden man sich in neuerer Zeit vielfach bemüht hat, was aber nicht gelungen ist. Im Dorf selber geht die Sage, daß unter einem Haus, in dem ehemals ein Herr v. Murlach gewohnt haben soll, eine solche sei, die aber schon vor langen Jahren durch zwei eiserne Türen verschlossen wurde. Eine andre soll in dem Gehölz, die Lutsche genannt, gewesen und ebenfalls durch eine eiserne Tür verschlossen sein. Von dieser berichtete ein Herr v. K., er habe von seinem Vater gehört, daß, als vor langer Zeit einmal Nachsuchungen danach angestellt wurden, ein Herr von K. auf den Kirchturm gestiegen sei, um diese aus der Ferne mit anzusehen, er wäre aber bald wieder heruntergekommen und habe gesagt, man hätte den rechten Ort verfehlt und solle ihn auch nun gewiß nicht finden. – Endlich soll in dem blachen Luch bei Pessin vor langen Jahren von einem Schäfer aus dem Dorf eine Salzquelle gefunden sein. Er hatte sich zu seinem Abendbrot Wasser von hier mitgenommen und es gekocht, am Morgen darauf aber lauter Salz im Topf gefunden. Seine Entdeckung teilte er dem Grundherrn mit, der ihm Stillschweigen gebot. Noch am gleichen Tag aber, sagt man, wurde der Schäfer erschlagen gefunden, seine Witwe jedoch hätte der Grundherr lebenslänglich erhalten. Nachher soll dann über der Stelle ein Haus gebaut worden sein. (145)

Nippel von Bredow und der Teufel

Eine Meile von dem Städtchen Friesack liegt das Dorf Landin und unweit davon eine Anhöhe, welche der Teufelsberg heißt; diesen Namen verdankt sie folgender Begebenheit:
Zu Landin wohnte vor langen Jahren einmal einer aus dem Geschlecht derer von Bredow, der hieß mit Vornamen Nippel oder Napel und war ein großer Verschwender, so daß er bald sein väterliches Erbteil verpraßt hatte, nun in die äußerste Bedrängnis geriet und gar nicht wußte, wo er Geld hernehmen sollte. Da nahm er endlich zu dem letzten Mittel seine Zu-

flucht und schloß einen Bund mit dem Teufel, demzufolge dieser dem Napel alles, was er nur verlange, gewähren, dafür aber nachher seine Seele erhalten sollte; dieser Bund wurde auf dem Teufelsberg geschlossen, der eben davon seinen Namen erhielt. So lebte nun Nippel wie zuvor, bis endlich die Zeit kam, daß der Vertrag zu Ende ging; nun ging's ihm doch etwas im Kopf herum, daß er schon sterben und gleich in die Hölle kommen solle, und er ging deshalb tiefsinnig umher und war wie umgewandelt. Das fiel seinem Schäfer auf und er fragte ihn, da er Mitleid mit seinem Herrn fühlte, eines Tages um die Ursache seiner Trauer, und Nippel erzählte ihm ohne Rückhalt, wie er mit dem Teufel den Bund geschlossen und jetzt, da die Zeit des Vertrages bald um sei, ihm seine Seele lassen müsse. Da riet ihm nun der Schäfer, er solle, da ihm ja der Teufel noch dienen müsse, die Forderung an ihn stellen, ihm einen Scheffel bis zum Rand mit Geld zu füllen, diesen solle er dann, nachdem er ein tiefes, tiefes Loch in den Teufelsberg gegraben, so über dem Loch anbringen, daß er umschlage, sowie man etwas hineinschütte; dann würde sich der Teufel vergeblich abmühen, ihn zu füllen und dadurch der Vertrag gelöst sein. Über diesen Rat war Nippel hocherfreut, tat alles, was ihm der Schäfer gesagt hatte, und ging in der folgenden Nacht zum Teufel, der auch gleich bereit war, seine Forderung zu erfüllen. Da schleppte er denn einen großen Sack mit Geld heran, aber er schüttete und schüttete und es nahm kein Ende, denn der Scheffel wurde nicht voll. Er nahm einen zweiten und dritten Sack, aber auch damit wollte es nicht gelingen. Da wurde er unmutig und rief:

Nippel Nappel Neepel,
Wat hest vöörn grooten Scheepel!

Und mit diesen Worten nahm er den Vertrag, welchen er mit Napel geschlossen, warf ihn diesem vor die Füße und flog ärgerlich davon. (146)

Die Herkunft der von Bredow

Der Teufel hat einmal Musterung auf der Erde gehalten, und alle die Edelleute, die nicht mehr gut tun wollten, in einen großen Sack gesteckt, den auf den Rücken getan und ist lustig damit zur Hölle geflogen. Wie er nun über der Stadt Friesack ist, so streift der Sack etwas hart an der Spitze des Kirchturms, so daß ein Loch hineinreißt und eine ganze Gesellschaft von Edelleuten, wohl ein Viertel der Bewohner des Sacks, ohne daß der Teufel es gemerkt hätte, herausfallen. Das sind aber die Herren von Bredow gewesen, die nun nicht wenig froh waren, den Krallen des Teufels für diesmal entkommen zu sein. Zum Andenken nannten sie die Stadt, wo der Sack das Loch bekommen und sie befreit hatte, Frie-Sack, und von hier haben sie sich dann über das ganze Havelland verbreitet, wo bekanntlich eine große Menge von Rittergütern in ihrem Besitz sind. Die Namen haben sie ihnen ebenfalls gegeben, und zwar meist nach der Richtung des Weges, den sie nahmen; der älteste der Brüder nämlich, der in Friesack blieb, sagte zum zweiten: »Ga beß (besser) hin«, da nannte der den Ort, wo er sich niederließ, Beßhin, woraus nachher Pessin wurde; ein dritter ging von Friesack, das am Rand des mächtigen havelländischen Luchs liegt, landeinwärts, darum nannte er seine Ansiedlung »Land in« oder Landin; ein vierter ging denselben Weg entlang wie der zweite und baute Selbelang; ein fünfter ging rechts zu (rechts too) und baute Retzow, ein sechster nannte sein Dorf nach seinem eigenen Namen Bredow. (147)

Der Ursprung derer von Ziethen

Bei Wildberg, das ehemals eine Stadt gewesen sein soll (woher auch noch die Reste von Wällen um den Ort stammen und der Schulze den Titel Richter führt), liegt hart an der Temnitz in der Wiese ein Hügel, um den dieser kleine Fluß herumgeleitet worden ist, wodurch er in früherer Zeit ein bedeutend befestigter Platz gewesen sein muß. Dieser Hügel heißt der Schloßberg, und es soll hier ein Schloß der Grafen von Ruppin gestanden haben; in ihm wurde einer von ihnen einst von einem überlegenen feindlichen Heer belagert und war schon so mutlos, daß er sich ergeben wollte. Bei dem Rat, den er aber noch zum letzten Mal hielt, war auch sein Koch zugegen, der ihm tüchtig Mut einsprach und zuredete, er solle doch noch einen Ausfall wagen, und wenn der Graf selber nicht mitziehen könne, so wolle er die Reisigen anführen und sei überzeugt, sie würden die Feinde besiegen. Der Graf glaubte zwar nicht an einen solchen Erfolg, indes wollte er doch das letzte noch versuchen und gab dem Koch die Erlaubnis zu dem Ausfall mit den Worten: »Zieht hen!« Da ging er mit seiner Mannschaft mutig auf den Feind los, der bei Lüchfeld stand, und in wenigen Stunden war die Schlacht gewonnen und sie kehrten triumphierend in die Burg zurück. Da schlug der Graf von Ruppin seinen treuen Koch aus Dankbarkeit zum Ritter und gab ihm, wegen der Worte, mit denen er ihn entlassen, den Namen Ziethen, und gebot ihm fortan als ein Zeichen seines ehemaligen Standes, einen Kesselhaken im Wappen zu führen.

Andere erzählen, der Koch habe geraten, viele Kessel mit Brei zu kochen und diesen so heiß wie möglich den Feinden beim nächsten Sturm auf den Kopf zu schütten; der Graf habe an dem Erfolg dieses Mittels zwar gezweifelt, aber doch endlich mit den Worten »Zieht hen« seine Zustimmung gegeben; worauf der Feind wirklich vertrieben und der Koch mit dem Namen Ziethen in den Ritterstand erhoben sei. (148)

Doktor Faust

Der Doktor Faust soll ehemals auch zu Neuruppin gelebt haben, und man erzählt, daß er gewöhnlich des Abends mit einigen Bürgern Karten spielte und sehr viel gewann. Eines Abends nun fiel einem seiner Mitspieler eine Karte unter den Tisch, und als er sie aufhob, bemerkte er, daß der Doktor Pferdefüße habe; da ist denn allen sogleich klar gewesen, warum er immer so viel gewinne. – Lange Zeit nach seinem Tod hat man ihn noch öfter in einem Dickicht am See mit mehreren Leuten am Tisch sitzen und Karten spielen sehen, und da soll er noch jetzt sein Wesen treiben. (149)

Die Wundertaten des Priors Wichmann

Der Mitbegründer und erste Prior des Dominikaner-Mönchsklosters zu Neuruppin, Wichmann von Arnstein, führte ein frommes und gottseliges Leben und erhielt daher zuletzt dadurch die Kraft, große Wunderwerke auszuführen. So befand er sich eines Tages in seinem hohen Alter zur Besorgung von Geschäften seines Convents jenseits des Ruppiner Sees und war durch die Anstrengung des Weges, den er zurückgelegt hatte, sehr hungrig geworden, zumal es ihm überhaupt sehr schwer erträglich war, über die gewohnte Zeit des Essens hinaus nüchtern zu bleiben. Während er nun auf der entgegengesetzten Seite des Sees die Klosterglocke bereits das Zeichen zum Mittagsmahl geben hört, fühlt er sich vor Hunger und Durst schon zu entkräftet, um den langen Umweg um den See noch zurücklegen zu können. In dieser Verlegenheit stärkte er sich mit dem Zeichen des Kreuzes, rief seinem Begleiter zu: »Mein Sohn, folge mir mutig!« und ging geradezu über den See, und, siehe!, Gott schickte es, daß das Wasser fest und gangbar wurde und er glücklich und wohlbehalten im Kloster ankam und die Brüder in den Speisesaal führte, während sein Begleiter, den sicheren Landweg vorziehend, erst eine Stunde später eintraf.

Ein anderes Mal kehrten mehrere Klosterbrüder aus entfernten Orten im Kloster zu Neuruppin ein, und ihre Zahl war so groß, daß es an Speise mangelte. Da klagte der Bruder Nicolaus, der die Küche besorgte, dem Prior seine Not, und dieser gebot ihm, zum See hinabzugehn und dort den Fischen in seinem Namen zu gebieten, daß einer von ihnen herauskäme und den Brüdern zur Sättigung diente. Bruder Nicolaus tat, wie ihm geheißen war, und, siehe!, alsbald kam ein großer Wels ans Ufer geschwommen, der ließ sich von dem Mönch greifen und diente nun der hungrigen Menge zur reichlichen Speise. – Ein Bild mit der Unterschrift: »Frater Nicolaus de Ruppino«, welches diesen, einen großen Wels in der Hand haltend, darstellte, hing noch am Anfang des vorigen Jahrhunderts im Speisesaal des Dominikanerklosters zu Köln am Rhein. (150)

Das reiche Fräulein von Lochow

In Nennhausen, im Kreis Westhavelland, war das Geschlecht derer von Lochow viele Jahrhunderte lang erbangesessen. Es galt als eines der reichsten im ganzen Land, rühmte sich aber auch seines Reichtums sehr und wurde übermütig und verschwenderisch. Als ein Fräulein von Lochow mit einem schwedischen Kriegsmann sich vermählte, ging es lustig zu auf Schloß Nennhausen. Die Braut rühmte sich ihren ärmeren Verwandten gegenüber ihres Glückes und ihres Reichtums, und als der Hochzeitszug am Gröninger See entlangführte, warf das stolze Fräulein im Übermut einen kostbaren Ring, den es am Finger trug und der allein den Wert einer Standesherrschaft besaß, in die Flut. Als am dritten Tag der Hochzeit, die acht Tage währen sollte, das Mahl aufgetragen wurde, da fand die Braut in dem Magen des Fisches, der auf silberner Schüssel ihr vorgesetzt wurde, ihren Ring. Ein großes Entsetzen erfaßte die Mehrzahl der Hochzeitsgäste, daß sie schnell davoneilten und die Feier jäh gestört wurde. Von der Stunde an schwand das Glück aus dem Haus Lochow; es geriet in Armut, der Feind kam ins Land und zerstörte den Besitz, bis der letzte aus dem stolzen Geschlecht die Heimat verließ. Im Dorf Nennhausen aber sollen noch heute Perlen und Schmucksachen vergraben sein, die einst das übermütige Fräulein von Lochow als Hochzeitsangebinde erhalten hatte. (151)

Die Unglückswiese bei Breetz

Die Sage erzählt von einem Landmann in Breetz, der große Ländereien besessen habe, dabei aber sehr geizig und geldgierig gewesen sei. Der habe einmal, als neue Kolonisten ins Land kamen, auf deren Zureden und zu deren Gunsten die Grenzen verändert und die Grenzsteine versetzt, so daß die große Wiese bei Breetz in falschen Besitz kam. Das ist aber dem Ärmsten sehr schlecht bekommen, denn er konnte nimmer Ruhe finden nach seinem Tod. Seine Seele wurde verdammt, auf der zu Unrecht verteilten Wiese als flammendes Irrlicht herumzuhuschen, und dort hat sie schon jung und alt bei der Feldarbeit gegen Abend in Angst und Schreck gesetzt. Darum und weil noch allerlei Wunderbares dort passiert, daß ein Heuwagen plötzlich umstürzt oder die Heumieten vom Wind zerstört und in die Luft getrieben werden, bleibt die Wiese bei Breetz nie lange in denselben Händen, sondern wechselt jährlich den Besitzer. (152)

Der Diebstahl am Judenbrak

Ein Handelsjude, dem ein Geschäft, das er mit einem Bürger von Lenzen abschließen wollte, mißglückt war, geriet darüber so in Verzweiflung, daß er in einem kleinen Teich – dort Brak genannt – zwischen Lenzen und Mödlich seinem Leben ein Ende machte. Nun muß er alltäglich dort sein Wesen treiben. »Geh nicht vorüber am Judenbrak!« heißt es in der ganzen Gegend und alle, die dies Gebot mißachteten, haben die Erfahrung machen müssen, daß ihnen unterwegs etwas abhandengekommen ist, immer nur eine Kleinigkeit, aber doch ärgerlich für den Verlierer. Und wem es passiert ist, der pflegt dann immer zu sagen: »Nun hat mich der Jude doch wieder gefaßt.« Dem Schulmeister aus Mödlich, der die Geschichte gern erzählte, wurde regelmäßig der letzte Schnupftabak aus seiner Dose entwendet. (153)

Rottrang

Vom Marienberg führt nach Süden ein versteckter Fußsteig zum Dorf Wustrow hin. Er trägt den Namen »Priestersteig«. Einst ein Pfad zum Heidentempel, dann eine Wallfahrtstraße zum Marienberg, jetzt der Weg, auf dem die Konfirmandenkinder aus den fernen Dörfern Görnitz und

Bochin quer durch die Kirchspiele Lenzen und Boberow nach dem Pfarrort Wustrow pilgern. Sonst wird der Steig von niemand benutzt.
Im Jahre 1000 der christlichen Zeitrechnung bewegte sich ein besonders zahlreicher Zug auf diesem Pfad zur Frühlings-Tag-und-Nachtgleiche. Die Elbe war ungeheuer angeschwollen, so daß sich ihre Wogen mit dem Wasser der Löcknitz mischten, die ihr in dieser Gegend auf zwei Kilometer Abstand parallel lief. Immer höher stieg das Gewässer und drohte dem Ort Wustrow den Untergang. Da schickten die Leute aus Wustrow eifrigst Boten zum Heiligtum, die Gottheit um Hilfe anzuflehen. Und der Gottesspruch erscholl: »Der Gott verlangt sein Opfer; laßt es ein freiwilliges sein!«
Ja, nun war guter Rat teuer. Wer würde sich opfern, wer freiwillig in das Wasser gehen? Nach langem Hin- und Herreden machte der Dorfälteste folgenden Vorschlag. Auf meinem Hof, sprach er, ist eine schlechte Dirne. Sie hat geheimen Verkehr mit den Christenleuten am andern Ufer der Elbe gehabt, und ihr fremdes Kind läuft auf meinem Hof umher. Die Dirne möchte wieder ehrlich unter ihrem Volk werden. Wohlan, laßt uns ihr Kind kaufen, sie gibt es willig hin. Dann ist uns und ihr geholfen.
Der Rat gefiel, die Dirne stimmte zu. In feierlichem Zug brachte man zuerst das Kind zum Tempel. Von dort her trugen es Priester in noch größerem Geleit zurück, dem aufsteigenden Wasser zu.
Doch das Opfer sollte ganz freiwillig sein. Wie war es anzufangen, daß das Kind, ohne geworfen zu werden, ins Wasser kam?
Wieder schaffte der Älteste Rat. Er stellte eine große Wippe her, deren eines Ende auf dem Land lag, indes das andere Ende über dem Wasser schwebte. Auf das letztere Ende mußte auf des Ältesten Befehl die Dirne einen Kuchen mittels einer Stange schieben und dem Kind zurufen: »Nun lauf und hole dir den Kuchen.«
Das Kind lief hin, die Wippe schlug um. Laut schrien alle auf, da jeden doch Mitleid erfaßte mit dem armen Würmchen, nur die Mutter blickte gleichgültig hin. Da toste das Wasser fürchterlich los, wie ein Berg stieg's empor. Eine Riesenfaust langte aus dem Wasserberg heraus und riß die Dirne in den Schwall hinein. Und indem diese mit gellendem Schrei versank, da trugen sanfte Wellen das Kind mit dem Kuchen dem Dorfältesten vor die Füße. Es war dies der letzte Vorstoß des Hochwassers, welches von nun an zusehends sank. Da sprach einer der Priester zu dem Dorfältesten: »Wott Rack« (d.h. »Siehe, ein Krebs«), das sollte bedeuten: Es, nämlich das Wasser, geht rückwärts. Dieses Wort hatte aber noch einen anderen Sinn, nämlich diesen: Es kommt anders, als wir gemeint.

Der Dorfälteste zog das gerettete Kind wie sein eigenes auf. Als der Junge zum Mann herangewachsen war, kam es mit ihm noch anders als je einer gedacht: als erster aus Wustrow nahm er den Christenglauben an und ließ sich an derselben Stelle taufen, wo einst die Wogen des Hochwassers es zum Leben zurückgeführt hatten und wo, ›Rottrang‹ geheißen, seitdem ein Gewässer geblieben war. Dem Erstling folgten schnell viele; bald war Wustrow ein christlicher Ort, der erste in der Umgebung von Lenzen. (154)

Der Birnbaum auf dem Kirchhof zu Ribbeck

Auf dem Kirchhof zu Ribbeck steht auf der südwestlichen Seite der Kirche ein gewaltiger wilder Birnbaum, ein Knödelbaum, wie die Leute einen solchen in der Mark nennen; der ist aus einem Grab herausgewachsen. Das soll nämlich so zusammenhängen: Der alte Herr von Ribbeck, der da begraben liegt, war ein großer Kinderfreund und hatte immer etwas für die Kinder in der Tasche. Besonders liebte er Birnen, und wenn diese reif waren, ging kein Junge oder Mädchen bei ihm unbeschenkt vorbei.

Schloß Ribbeck. Lithographie um 1890

Als er nun starb, da dauerte es nicht lange, so kam ein Reis eines Birnbaumes aus seinem Grab hervor, das wurde bald zu einem stattlichen Baum, der reichlich Früchte trug. Man glaubte allgemein, der alte Herr habe noch, wie er begraben worden, eine Birne in der Tasche gehabt, und ein Kern derselben habe so wunderbar Wurzeln getrieben, damit es der Dorfjugend auch nach seinem Tode nicht an Birnen fehle. (155)

Die Mumie des Ritters

Die fast 300 Jahre alte Mumie des Ritters Kahlbutz in der kleinen Kirche von Kampehl im DDR-Bezirk Potsdam ist laut ADN ein großer Anziehungspunkt für Touristen.
Untersuchungen berühmter Wissenschaftler, wie Professor Virchow oder Ferdinand Sauerbruch, hätten ergeben, daß die nur 9,8 Kilogramm schwere und 1,70 Meter große Mumie weder einbalsamiert noch durch andere feststellbare Methoden erhalten worden ist.
Von dem sagenumwobenen Ritter wird berichtet, daß er 1690 den Schäfer Pickert erschlug, dessen Braut ihm das Recht der ersten Nacht verwehrte. Im folgenden Prozeß schwor Kahlbutz, nicht der Mörder zu sein, und erklärte: »Wenn ich doch der Mörder war, so soll mein Leib nicht verwesen.« Der Ritter wurde daraufhin freigesprochen.
Als man 80 Jahre nach seinem Tod den Sarg öffnete, fand man die Leiche mumifiziert, so wie sie heute noch in Kampehl zu besichtigen ist.
Aber auch noch eine andere Sage ist von ihm bekannt: Einst hauste zu Kampehl bei Wusterhausen a.D. ein Herr von Kahlebutz, von dem wird gesagt, daß er ein gar jähzorniger Mann gewesen sei. Eines Tages wollte er nach Wusterhausen reiten, da traf er am Bückwitzer See, dort, wo der Weg über die Schwänze geht (so heißt der Abfluß des Sees nach der Dosse), einen Schäfer. Mit diesem geriet er in Streit wegen des Weideplatzes, und als der Schäfer sein gutes Recht behauptete, erschlug ihn der jähzornige Mann. Obschon es niemand gesehen hatte, lenkte sich doch der Verdacht auf ihn. Er wurde vor Gericht nach Neustadt a.D. gefordert, leugnete aber die Tat und schwur, daß er nimmermehr seine Hand gegen den Schäfer erhoben habe. Schwöre er einen falschen Eid, dann wolle er, daß sein Leib niemals zu Staub werde und sein Geist herumwandle ohne Ruhe bis auf den Jüngsten Tag. Daß es ein Meineid gewesen, ist dann auch klargeworden, als er starb. Sein Leib blieb unverwest im Sarg, selbst seine Kleidung hat sich erhalten, und ein jeder um Neustadt und Kampehl kennt die

Sage, daß sein unruhiger Geist am Ort der bösen Tat allnächtlich zwischen elf und zwölf Uhr herumspukt und sein Wesen am Bückwitzer See und auf der Schwänzbrücke treibt. Viele haben zwar schon ungläubig den Kopf geschüttelt; andere aber bleiben steif und fest dabei, daß des Kahlebutz Geist keine Ruhe habe, und daß der Spott und Hohn gegen ihn nicht ungestraft bleibe. Fußgänger, welche die Schwänzbrücke zur genannten Zeit passiert haben, sollen von der Last zu erzählen wissen, die sich plötzlich auf ihre Schultern niedergeworfen hat und erst gewichen ist, wenn sie aus dem Bereiche des bösen Geistes gekommen. Manchmal, heißt es, haben Spötter auch noch Schlimmeres erfahren. So soll Anno 1806, während der Franzosenzeit, ein französischer Soldat, ein Deutscher aus dem Elsaß, des Kahlebutz Grab besucht und unter dem Grausen der anderen Soldaten den versteinerten Leichnam hochgehoben, ihn Scheusal und Mörder geschimpft, ihn dann verkehrt in den Sarg gelegt und schließlich aufgefordert haben, ihn in seinem Quartier zwischen elf und zwölf Uhr zu besuchen, er erwarte ihn dort. Am andern Morgen fand man den Elsässer, der beim Schulzen in Quartier lag, angezogen auf seinem Lager tot. Dem bö-

Jagdschloß Wusterhausen. Lithographie 1881

sen Spötter war das Genick umgedreht, ein Blutstrom hatte sich aus Nase und Mund ergossen. Die Franzosen machten zwar Lärm und behaupteten, er wäre ermordet; aber das Gericht stellte fest, daß Tür und Fenster wohl verschlossen gewesen und niemand von außen hatte hineinkommen können.

Das ist nun freilich schon lange her; aber der Leichnam des Herrn von Kahlebutz liegt noch immer unverwest da; ja, einige behaupten, Haare und Nägel wüchsen ihm noch immerfort nach; er sei eben in Ewigkeit verwünscht. (156)

Der letzte Graf von Ruppin

Die Grafen von Lindow, Herren zu Ruppin und Möckern, stammten aus dem alten thüringischen Geschlecht der Grafen von Arnstein und kamen mit den anhaltinischen Fürsten in die Mark. Sie nahmen allezeit eine hohe Stellung ein, wurden fürstlichen Personen gleichgeachtet und waren meist streitbare und kluge Herren, die stets in der Geschichte der Mark eine Rolle spielten. Ein eigentümliches Familienzeichen sollen alle mit auf die Welt gebracht haben, ein Loch im Ohr, wie ein alter Bericht sich ausdrückt, an der Stelle, wo andere Menschen sich erst eins müssen stechen lassen, wenn sie etwas hineinhängen wollen.

Der letzte war Graf Wichmann, der im 21. Lebensjahr unvermählt starb. Schon als Kind hatte er, wie ein Zeitgenosse von ihm rühmt, die Weisheit eines Greises. Da sein Vormund starb, als Wichmann kaum 17 Jahre alt war, erklärte ihn Kurfürst Joachim I., der auch sehr jung zur Regierung gekommen war, für mündig. Dies war im Jahr 1520. Als er im Jahr 1524 vom Kurfürsten zur Hochzeit des Herzogs Albrecht von Mecklenburg verschrieben wurde, war er an den Pocken erkrankt gewesen, machte sich aber zu früh hinaus und ging nach Berlin, dieser Feierlichkeit beizuwohnen. Zurückgekehrt nach Ruppin, verfiel er auf der Jagd plötzlich in ein hitziges Fieber. Er wurde nach Hause und in einem stark geheizten Zimmer ins Bett gebracht. Das nahm ihm das Leben. Vergeblich sehnte er sich nach einem Arzt, der aus Berlin hätte herbeigeholt werden müssen. Es fehlte an barem Geld dazu, und man hielt in seiner Dienerschaft die Krankheit auch nicht für so bedeutend. Am 26. Februar fühlte der Graf jedoch das Herannahen des Todes. Er machte sein Testament, in welchem er besonders die benachbarten geistlichen Stiftungen bedachte, um ihnen die Fürbitte für sein Seelenheil zu empfehlen. Als Hans von Zieten der

Alte ihn bei dieser Gelegenheit fragte: »Wem verlassen Ew. Gnaden Land und Leute?« antwortete er: »Dem Kurfürsten.« Er starb am zweiten Tag hiernach, und mit seinem Leben erlosch am Sonntag Oculi den 28. Februar 1524 das alte edle Geschlecht.
Den Schwestern des Verstorbenen, den Gräfinnen Anna und Apollonia, wurde neben einer entsprechenden Aussteuer alles in den Häusern zu Ruppin, Neustadt und Goldbeck vorgefundene bare Geld, Silbergeschirr, Bettgerät und sonstiges Gerät, Vieh, Korn und dergl. mehr überlassen oder vergütet, ausgenommen ein Pferd, gesattelt und gezäumt mit einer Barsen (Stück der Rüstung), Stirn- und Strohlenhals, einen Streithammer, ein Schwert, ein Bett mit einem Kissen, ein paar Laken, ein Tischtuch, ein Handtuch und zwei Becken. Diese Gegenstände wurden dem Kurfürsten nach alter Gewohnheit als Heergewette vorausbeschieden.
Vergeblich versuchte der Freiherr von Geroldseck, der Gemahl der Gräfin Anna, Ansprüche auf die Grafschaft Lindow selbst zu machen, Joachim II. räumte nur 1548, man weiß nicht, aus welchem Grund, der Gräfin Anna und ihren Nachkommen die Anwartschaft auf alle in der Grafschaft ledig werdenden adligen Lehen ein. So ein Fall trat aber nie ein.
Die Burg der Grafen von Altruppin hat bis zum Ende des vorigen Jahrhunderts noch zum Teil gestanden; wo man, als Neuruppin abbrannte, die Steine abgebrochen und zum Aufbau dieser Stadt mit verwandt hat. Bei der Schiffbarmachung des Rhin 1836 fand man an der langen Brücke eine eiserne Hand wie die Berlichingens und ein paar Schwerter, welche Stücke in das Museum des Gymnasiums zu Neuruppin gelangt sind.
Wo die Burg gestanden, ist jetzt das Rentamt; nichts erinnert mehr an die alte Zeit, nur um Mitternacht will man noch öfter eine weiße Frau sehen, die kommt von dort herunter mit einem Schlüsselbund an der Seite und schreitet die Hauptstraße entlang bis zur Brücke; dann kehrt sie um; sie findet aber nicht mehr die Stätte, die sie zu hüten hatte. (157)

Die Hexe im Teufelssee

An den Hintergebäuden der Försterei Tornow vorbei führt ein Fußpfad hinab in eine von Kieferngehölz bestandene Schlucht, an deren einem Ende der kleine, dichtumschattete und fast kreisrunde Teufelssee liegt. Dieser See, heißt es, habe seinen Namen daher erhalten, daß man einst versucht habe, den Teufel darin weiß zu waschen.
Aber auch noch eine andere Sage ist von ihm im Volk bekannt.

Neuruppin. Gezeichnet von J. Gottheil, in Stahl gestochen von J. Poppel und U. Kurz um 1860

Einst trieb hier, so erzält man sich in Zermützel, einem in der Nähe gelegenen Dorf, Frau Klöckner aus Binenwalde, eine arge Hexe, ihr Wesen. Schon oft war sie, wenn einer dort angelte, blutrot aus dem Wasser emporgestiegen und hatte den einsamen Angler am Land getötet oder auch wohl mit sich in das kühle Wasser hinabgezogen. Vergebens suchte man diesem Treiben ein Ende zu machen. Da kam man denn auf den Gedanken, sie zu erschießen; aber sooft man es auch versuchte, keine Kugel wollte treffen; ja der leichtsinnige Schütze konnte von Glück sagen, wenn er selbst bei dem Wagstück mit heiler Haut davonkam, da die Kugel jedesmal zurückprallte. Da meinte denn einer, der in solchen Dingen Bescheid wußte, man solle nur eine silberne Kugel in das Gewehr laden, dann würde man sie schon treffen, den eine Hexe könne nur mit Silber erschossen werden. Aber man befolgte den Rat nicht, da man fürchtete, die Sache könne zu teuer zu stehen kommen, wenn sie öfter fehlschlüge. Schließlich gelang es eines schönen Tages, die Hexe mit einem Milchbrot in eine Flasche zu locken und diese fest zu verkorken. Darauf machte man sich denn mit der Flasche nach Rheinsberg auf den Weg. Aber unterwegs ging die Flasche durch irgendeinen Zufall auf, und die Hexe entkam nach dem Hacht, einer dicken Schonung in der Nähe von Rheinsberg, und dort soll sie noch heute ihr Wesen treiben. (158)

Der große Stechlin

Nahe dem Dorf Neuglobsow breitet der den Bauern von Menz gehörige große Stechlin-See seine Gewässer über einen Flächenraum von ungefähr 500 Hektar aus. Ein prächtiger Wald, mit den schönsten Eichen, Buchen und Kiefern bestanden, und hohe, zum Teil sehr steil zum Uferrand abfallende Berge schließen schützend seine silberklaren Fluten ein, welche uns gestatten, noch bei 10 Meter Tiefe bis auf den Grund zu schauen. Man glaubt, einen Alpen-See vor sich zu haben. Die bergige Beschaffenheit seiner Umgebung setzt sich noch unter dem Wasser fort, und wenn auch keine Inseln in ihm zutage treten, so erheben sich doch inmitten der sehr großen Tiefe an fünf bis sechs Stellen Berge steil bis dicht an die Oberfläche. Der Boden ist zum Teil moorig und mit Wasserpflanzen, namentlich der sogenannten Pest, dicht bewachsen; auch ganze Baumstämme, die im Lauf der Zeit in die Tiefe gesunken sind, haben sich dort eingebettet. Alle diese Umstände machen den Fischern bei ihrem Handwerk große Schwierigkeiten. Es kommt oft vor, daß Netze und Taue reißen oder Holzmassen

sich in dem Fischerzeug festsetzen, ja einmal brachten die Fischer anstatt der leckeren kleinen Maräne (Coregonus albula L.), die der See in Menge birgt, mehrere Scheffel Steine in ihrem Netz ans Tageslicht.
Das alles mag mit Veranlassung gegeben haben, daß sich manches Geheimnisvolle und Sagenhafte im Verlauf der Jahrhunderte an den See geknüpft hat. Schon Bratring erzählt vom Stechlin, daß man am Tag des Erdbebens von Lissabon (1. November 1755) Bewegungen auf ihm verspürt habe, und noch heute lebende alte Personen haben es in ihrer Kindheit von den Großeltern bestätigen hören, daß der See an jenem Tag geschäumt und Wellen geschlagen habe, trotz des heiteren und stillen Wetters. Der See ist ein »Kreuz-See«, d. h., er hat eine einem Kreuz ähnliche Gestalt. Schon dieser Umstand hat dem Volk zu denken gegeben. So heißt es, kein Gewitter könne über ihn hinwegziehen, im Winter friere er nur selten zu, insbesondere aber berge er in seinem unergründlichen Innern einen gewaltigen und bösen purpurroten Riesenhahn, der das Messen der großen Tiefen und das Fischen an gewissen Orten nicht dulden wollte und seine Herde im See gegen die raubgierigen Menschen schirme und schütze. Die jetzige Generation freilich weiß nur wenig oder gar nichts mehr von diesem Ungeheuer der Tiefe, allein in den ersten Jahrzehnten dieses Jahrhunderts war der große Hahn im Stechlin noch in aller Munde: schon manchem wäre er erschienen und hätte auch manchen, der seine Warnungen nicht beachtet oder gar verlacht hätte, in die Tiefe hinabgezogen.
Von diesem roten Hahn nun erzählte vor ungefähr 70 Jahren ein damals fast 80jähriger alter Mann folgende Geschichte, von deren Wahrheit er so fest überzeugt war, daß er sie auf das Evangelium beschwor.
Vor vielen Jahren lebte im Fischerhaus am Stechlin ein Fischer namens Minack. Das war ein roher und wilder Mann, der im Vertrauen auf seine gewaltigen Kräfte weder Menschen noch Geister fürchtete. Selbst wenn ihm Nachbarn und Freunde den guten Rat gaben, er solle vor dem großen Hahn im Stechlin-See Respekt haben und sich wohl hüten, an den und den Orten zu fischen, wo der Hahn es nicht dulden wolle, so lachte er nur dazu. Und wiesen sie darauf hin, daß bereits seine Vorgänger, wenn sie sich an eine der verrufenen Stellen gewagt, ihren Frevel mehrfach durch Verlust ihrer Netze und andere Unfälle gebüßt hätten, ja daß einer hier beim Fischen »den Totenzug« getan und ertrunken wäre, so ließ sich Minack durch all das Gerede nicht schrecken, sondern fischte nach wie vor, wo und wie er wollte. Einst gedachte nun Minack an einer der tiefsten und gerade darum verpöntesten Stellen einen Hauptfang zu machen, da er genau wußte, daß sich hier die Maränen besonders zahlreich aufhielten. Es

war böses, stürmisches Wetter, und mit Zittern und Zagen folgten ihm seine Gesellen. Das Netz wird auf der Höhe des Sees ausgeworfen, man fährt an das Ufer und beginnt an den mehrere hundert Ellen langen Tauen das Netz herauszuwinden. Doch bald gehen die Winden schwerer und immer schwerer herum, bis man schließlich vollständig festsitzt. Minack fährt mit seinem bereitgehaltenen Nachen auf die Höhe des Sees, um das Fischerzeug, das sich vielleicht in Schlamm und Kraut verfangen haben mochte, zu lüften. Dies geschieht in der Art, daß man das Tau, an welchem das Netz befestigt ist, über den kleinen Kahn hinnimmt und diesen demnächst am Tau auf den See hinaufzieht. So machte es denn auch Minack. Doch das Tau wird immer straffer und straffer und droht schon, den kleinen Kahn unter Wasser zu drücken. Da ruft Minack seinen Gesellen am Ufer zu: »Halt! Haltet an, laßt die Winden los!« Aber der Sturm war jetzt stärker losgebrochen, und bei dem Toben der Elemente verstehen jene fälschlich: »Windet zu, windet zu!« und arbeiten um so kräftiger darauflos. Jetzt füllt sich der kleine Nachen des Minack schon mit Wasser; das straffe Tau vom Kahn herunterzuheben, ist ihm unmöglich; in seiner Todesangst holt er sein Messer hervor und zerschneidet es. In dem Augenblick, in welchem die beiden Enden des durchschnittenen Taues in die Tiefe fahren, teilt sich die Flut, und aus den Wogen rauscht der rote Hahn empor. Indem er mit seinen mächtigen Flügeln das Wasser peitscht, betäubt er mit donnerendem Krähen den Fischer und zieht ihn hinab.
Auch von einem im See versunkenen Dorf oder gar Stadt wurde früher viel erzählt, vor allem als man vor Jahren ein Stück Holz, ähnlich dem Knopf einer Dorfkirche, einmal beim Fischen aus dem Wasser zog. Fährt man an einem schönen stillen Sonntagvormittag über die Stelle, wo die Stadt untergegangen ist, so kann man noch heute, heißt es, aus dem Wasser herauf das Läuten der Glocken vernehmen.
In der Nähe der nördlichen Spitze des Stechlin, die Kreuzlaute genannt, befindet sich ein Luch. Dort erscheinen dem nächtlichen Wanderer drei Jungfrauen mit brennenden Laternen und führen ihn so in die Irre, daß er stundenlang laufen muß, ehe er den rechten Weg wieder findet. (159)

Das vermauerte Tor zu Gransee

In vielen Städten der Mark Brandenburg, nur nicht in der Altmark, findet man etwas, das man nur sehr selten in anderen Ländern antrifft. Neben dem gewöhnlichen Stadttor ist nämlich noch ein zweites, zugemauertes

Tor. Nach allem muß man annehmen, daß dieses das allererste gewesen, weil es mit dem Bau der Mauer, in der es sich befindet, übereinstimmt, und weil es auch gerade auf die Straße zugeht, wogegen das jetzige offene Tor schräge in die Stadt hineinführt. Welche Bedeutung die zugemauerten Tore gehabt haben, und aus welcher Veranlassung sie vermauert sind, das suchen unsere Geschichtsschreiber vergeblich zu erforschen. Es finden sich dergleichen vermauerte Tore in Kyritz, in Wittstock, zu Wusterhausen im Ruppinschen, zwei zu Gransee, drei zu Soldin, zwei zu Friedeberg, zwei zu Mohrin, zwei zu Berlinchen, zwei zu Königsberg, zwei zu Schönfließ, desgl. zu Landsberg an der Warthe, zu Beerwalde, zu Woldenberg, zu Bernau, zu Fürstenwalde und zu Mittenwalde.

Von den beiden Toren zu Gransee hat man zwei verschiedene Sagen. Einige nämlich geben vor, es sei einst ein Kaiser durch die Stadt gereist, dem zu Ehren man beide Tore, durch die er gekommen, zugemauert, damit niemand mehr hindurchreisen solle. Andere dagegen behaupten, da bekanntlich in Gransee früher Wenden gewohnt, daß diese von den einwandernden Deutschen vertrieben seien, und nun diese letzteren die Tore, durch welche die Wenden ausgegangen, nicht würdig erachtet, auch von ihnen gebraucht zu werden, weshalb sie diese dann zugemauert und für sich nebenan neue Tore haben machen lassen. Hiermit stimmt es überein, daß in den Dörfern auf dem Land, wo noch Deutsche und Wenden zusammenwohnten, die Deutschen sich der gewöhnlichen Kirchentüren bedienten, dieses aber nicht den Wenden gestatteten, die durch eine kleine, besonders angelegte Tür in die Kirche gehen mußten. (160)

Glockensage aus Sieversdorf

Nach G. W. Schinkels Geschichte von Sieversdorf war Gülitz schon 1491 wüst; das heutige Gülitz, früher Schnakenwinkel und Lothstege, ist 1774 auf der wüsten Feldmark Gülitz durch Friedrich den Großen angelegt. Doch hat sich in Sieversdorf eine Sage erhalten, nach welcher Gülitz erst durch den Dreißigjährigen Krieg zerstört worden ist. Der Prediger Hermanni II. (von 1794–1844) in Sieversdorf hat darüber folgendes niedergeschrieben:

»Die ältesten Männer erzählen, daß vor dem Dreißigjährigen Krieg Sieversdorf aus zwei Dörfern, Klein-Sieversdorf und Groß-Gülitz, bestanden habe. Groß-Gülitz stand auf den Bergen, welche zwischen dem jetzigen Brenkenhoff und Klein-Derschau liegen. Zur Zeit des Dreißigjährigen Krieges vergruben die Groß-Gülitzer ihre Glocken zwischen ihrem Ort und Rhinow aus Furcht, die Österreicher würden sie ihnen nehmen, weil viel Silber darin enthalten war. Die Rhinower erfuhren dies etwa zehn Jahre nachher und gruben die Glocken zur Nachtzeit heraus. Die Gülitzer forderten ihr Eigentum zurück; es kam zum Prozeß und die hohe Behörde entschied, es sollten zwei von Rhinow und zwei von Gülitz zu gleicher Stunde und Minute abgehen; wer zuerst an die Stelle käme, wo die Glokken vergraben gewesen waren, dem sollten sie gehören. Die Rhinower waren listig; sie bestellten unterwegs einige, die den Gülitzern begegnen mußten. Sie hielten denen ein Maß Branntwein entgegen, hielten sie damit auf, machten sie betrunken, und die Rhinower Wettläufer kamen zuerst an den bestimmten Ort. Sie behielten die Glocken, und es sollen dieselben sein, welche sie noch haben.« (161)

Der schwedische Oberst Rosenberg

Hinter Feldberg führt von Fehrbellin her ein Fußsteig, welcher hinter den Scheunen in den Lenzker Weg einmündet. Hier begann ehedem ein langgestreckter Hügel, der den Namen Rosenberg führte. Nach einigen war es eine Schwedenschanze, nach andern der Grabhügel eines schwedischen Oberst mit Namen Rosenberg. Diesen hatte, wie man erzählt, der schwedische General nach der Schlacht bei Fehrbellin zurückgelassen, damit er mit seiner Schwadron den Rückzug decke. Der aber hatte vor den Brandenburgern solche Angst bekommen, daß er für die Nacht einen Überfall fürchtete. Wie nun die Nacht hereinbrach, ließ er plötzlich satteln und floh in das Luch hinein – und seine Schwadron mit ihm. Doch der General wurde seiner wieder habhaft, ließ ihn niederschießen und verfluchte ihn mit den Worten: »Ewig sollst du Hund fliehen, bis dich die Hölle kriegt.« Seit jener Zeit nun erhob sich plötzlich, wenn nachts der Wind heulte, aus dem Hügel ein großer, bärtiger Schwedenoffizier auf einem Schecken mit feuersprühenden Nüstern. Die Gestalt wendete sich zum Rhin, das Roß begann mit den Hufen Funken zu schlagen, und sausend stürzten Roß und Reiter in den Fluß. Wenn sie auf dem anderen Ufer wieder zum Vorschein kamen, folgte ihnen unter lautem Lärm eine ganze Schwadron Reiter. Der Ritt ging weit in das Luch hinein, wo die ganze Schar plötzlich in einem großen, mit vielen Türmen geschmückten Gebäude verschwand. Aus dem Innern desselben heraus aber vernahm man Ächzen und Stöhnen und dazwischen den Ruf: »Hilfe, Hilfe! Ich verbrenne!« Mit dem Glockenschlag eins war alles verschwunden, und nur auf dem Hügel konnte man am andern Morgen noch die übergroßen Hufabdrücke eines Pferdes sehen. Seitdem der Hügel eingeebnet ist, scheint der Oberst Ruhe gefunden zu haben. (162)

Der Große Kurfürst bei Fehrbellin. Lithographie nach Oskar Pletsch

Zur Schlacht von Fehrbellin

Die Schlacht von Fehrbellin gehört der Geschichte an, und wie sie geschlagen sei, das erzählt man im Ländchen Fehbellin ebenso wie überall, wo der märkischen Jugend die Geschichte ihrer Väter überliefert wird. Nur wird natürlich die Erinnerung durch die ganze Umgebung wie durch das Denkmal, welches auf dem Schlachtfeld errichtet worden und durch manche Einzelheit noch mehr angefrischt. Noch weiß man, wenn er auch jetzt abgetragen, wo der »Grusberg« (Kiesberg) oder Kurfürstenberg lag, um den hauptsächlich der Kampf tobte, noch werden im Luch gelegentlich Kugeln und andere Waffenstücke gefunden, »aus der Schwedenzeit«

wie man kurzweg sagt. In Linum, da behauptet man noch, sei hinter der Kirche ein schwedischer General begraben, der in der Schlacht gefallen, und die Risse in der Kirchtür zu Hakenberg sollen noch von schwedischen Spießen herrühren, und dergleichen mehr.

Daß aber schon Ansätze für eine sagenhafte Auffassung auch dieser Schlacht dagewesen, beweist eigentümlicherweise eine Erzählung Friedrich des Großen. Er sagte einmal: »Von der Schlacht bei Fehbellin bin ich so orientiert als wenn ich selbst dabei gewesen wäre. Als ich noch Kronprinz war und in Ruppin stand, da war ein alter Krieger, der Mann war schon sehr alt, der wußte die ganze Bataille zu beschreiben und kannte den Wahlplatz sehr gut; einmal setzte ich mich in den Wagen, nahm meinen alten Bürger mit, der mir dann alles zeigte, so genau, daß ich sehr zufrieden mit ihm war. Als ich nun wieder nach Hause reiste, dachte ich, du mußt doch deinen Spaß mit dem Alten haben! Da fragte ich ihn: »Vater, wißt Ihr denn nicht, warum die beiden Herren sich miteinander gestritten haben?« »O ja, Ihro Königliche Hoheit, dat will ick Se wohl seggen. As unse Kurförst is jung gewest, hät he in Utrecht studert, und da is der König von Schweden as Prinz of gewest. Da hebben nun die beeden Herren sick vertörnt, hebben sick in den Haaren gelegen, und dit is nun de Pike davon.« (162a)

Vater Dankow

Im Brunner Zootzen hütete ein alter Kuhhirt, Vater Dankow geheißen, seine Herde; Tag und Nacht war er inmitten seiner Pflegebefohlenen; denn anstatt abends nach dem Dorf zurückzukehren, schlief er draußen in der Hütte, die er sich auf der Koppel gebaut hatte. Eines Abends, als sich der Alte kaum in seiner Hütte zur Ruhe gelegt hat, vernimmt er eine schöne Musik. Er steht wieder auf, geht vor die Tür und horcht, kann aber niemand sehen. Als er aber um die Hütte herumgeht, bemerkt er, wie ein kleiner roter Mann dasitzt und Harmonika spielt. »Na, Vater Dankow«, redet der Kleine unseren Kuhhirten an, »wie gefällt Ihnen die schöne Musik?« – »O prächtig!« erwidert der Alte. Da fährt der Kleine fort: »Wollen Sie nicht ein Tänzchen dazu machen?« – »Warum nicht? Wenn nur ein hübsches Mädchen hier wäre!« Kaum aber hat der Alte dies gesagt, so steht auch gleich ein hübsches Mädchen vor ihm, ›kriegt ihn beim Krips‹ und tanzt mit ihm los. Da ruft Vater Dankow: »Man sacht! Man sacht! Ich kann ja so dull nich mehr!« Je mehr er aber schreit, je toller tanzt sie drauflos, immer in den Zootzen hinein durch die Zacken der Bäume. Er verliert seine Schuhe, seine Mütze und zerreißt sich das Zeug. Endlich wird er von dem Mädchen losgelassen: da fällt er unter einer großen Eiche nieder und schläft dort ein.

Als die Mädchen am andern Morgen aus dem Dorf kommen, um die Kühe zu melken, wundern sie sich, daß Vater Dankow noch nicht aufgestanden ist. Als sie aber nachsehen wollen, was den alten Mann gegen seine Gewohnheit noch im Bett hält, finden sie es leer. Nach langem Suchen entdecken sie den Alten noch schlafend unter der Eiche. Sie wecken ihn auf und fragen verwundert, wie er hierher gekommen sei. Er erzählt ihnen darauf die Geschichte; die Mädchen fangen an zu lachen und sagen: »Vater Dankow, das hat Ihnen geträumt.« Der aber bleibt dabei und sagt: »Seht doch, ick häbbe ja allens verloren.« Darauf suchen ihm die Mädchen Schuhe und Mütze wieder zusammen und kehren mit ihm zu seiner Hütte zurück. Und mochte später noch so schöne Musik ertönen, niemals hat sich Vater Dankow wieder dadurch verleiten lassen, spätabends seine Hütte zu verlassen. (163)

Die Prignitz

Die Wendenschlacht bei Lenzen

An vielen Orten der Umgegend von Lenzen und in der Stadt selber erzählt man sich von einer großen Schlacht mit den Wenden, die einst hier stattgefunden. Die einen sagen, das Schlachtfeld sei auf dem Marienberg vor Lenzen gewesen, andere, es sei bei Mohr, bei Seedorf und endlich auch bei Möllen gewesen, wo sich überall noch die Spuren des vergossenen Blutes am Boden zeigen, der davon ganz rot gefärbt ist. An allen diesen Orten lassen sich auch noch oft die Geister der Erschlagenen sehen und spuken dort kopflos umher oder tragen ihre Köpfe unter dem Arm. Bei Seedorf insbesondere wird erzählt, daß eine von der Löcknitz gebildete Breite, welche der Wennensee heißt, davon ihren Namen habe, daß einstmals ein ganzes Wendenheer darin seinen Untergang fand. (164)

Wie die alten Wenden spuken

In der Prignitz geht die Sage, daß die ungetauft verstorbenen Wenden auf der Erde und in den Lüften ruhelos bis zum Jüngsten Tag wandern müssen. Sie spielen den Nachkommen der Deutschen, welche einst ihre Tempel zerstörten, mancherlei Schabernak. So manchen Wanderer haben sie des Nachts bös erschreckt und manchem Fuhrmann unsichtbar den Wagen so beschwert, daß die Pferde die Last kaum ziehen konnten.
Hauptsächlich erscheinen die Wenden als Unglücksboten an Kreuzwegen, z. B. am Kreuzweg Groß Gottschow-Rambow – Kleinow-Krampfer, selbst am hellen Tag. (165)

Die Schlacht bei Pritzlawa

Nach ihrem gewaltigen Befreiungskampf behaupteten die Wenden hundertfünfzig Jahre lang ihre Selbständigkeit. Vergeblich versuchten die Deutschen, die alte Herrschaft zurückzuerlangen. Im Jahr 1056 wurde der Sage nach ein deutsches Heer unter dem Markgrafen Wilhelm in der blutigen Schlacht bei Pritzlawa oder Prinzlowa in der Nähe des heutigen Quit-

Wunderkind aus dem Dorf Kehrberg unweit Pritzwalk in der Prignitz. Titelkupfer aus A. Spies, Umständliche und wahrhaffte Nachricht von dem so genanndten erstaunenswürdigen Kehrbergischen Wunder-Kinde. Berlin 1734

zöbel vernichtet. Der Markgraf und Tausende seiner Ritter und Reiter ertranken in den Fluten der Havel. Die Nachricht von diesem Sieg der Wenden soll dem schwerkranken Kaiser Heinrich III. den Tod gebracht haben. Angeblich wurden ein Jahr später an gleicher Stelle die Wenden besiegt, woher die Dünen den Namen Siege- oder (plattdeutsch) Seegeberge (Sauberge) führen sollen. (166)

Die Judenklemme auf der Eldenburg

Am Gründonnerstag des Jahres 1881 brannte das Schloß Eldenburg ab, das soviel Fenster hatte als Tage im Jahr sind. Es war in den Jahren 1588–90 erbaut worden, wobei man Reste der Eldenburg verwandt hatte, von der nur noch ein kleiner Turm in der Hofmauer steht. In ihm befindet sich noch heute die sogenannte »Judenklemme«, mit der es folgende Bewandtnis hat.

Als während der Regierungszeit Joachims I. die Juden in der Mark arg verfolgt wurden, flüchteten viele von ihnen nach Mecklenburg, Hamburg und Lüneburg. Sie mußten an der Eldenburg vorbei. Dort war der schmale Damm durchs Eldebruch mit einem Schlagbaum versperrt, und der Burgherr, ein Ritter von Quitzow, verlangte hohen Wegzoll. Wer nicht gutwillig zahlte, kam in die Judenklemme. Er mußte sich auf ein Hufeisen setzen, das in die Mauer eingelassen und nur eben so groß war, daß jemand notwendig darauf sitzen konnte. Es war so hoch angebracht, daß der Gefolterte nur mit den Fußspitzen den Boden berührte. Der Leib wurde durch eine Doppelkette an die Wand gekettet, der Hals durch ein Halseisen gesteckt, die ausgestreckten Arme wurden durch Hand- und Armschellen an die Wand geschlossen. In dieser Klemme ließ der Quitzow die Juden so lange schmachten, bis das Lösegeld zur Stelle war. (167)

Die alte Hexe Frick

Einst fuhr ein Bauer nach der Mühle von Boitzenburg, um sein Getreide mahlen zu lassen. Abends als er wieder mit seinen schweren Säcken nach Hause fuhr, hörte er plötzlich ein wildes Brausen und lautes Hundegebell. Da kam ihm die Hexe Frick mit ihrem Hundegespann entgegengefahren, und die Hunde spieen helles Feuer aus Maul und Nase, so oft sie bellten. Dem Bauern wurde angst und bange, und er wußte sich nicht anders zu

Schloß Boitzenburg. Lithographie 1881

helfen, als daß er sein Mehl den Hunden zum Fressen gab, die auch mit Gier alles bis zum letzten Rest auffraßen. Und der Bauer wußte ganz genau, wenn er das nicht getan hätte, wäre es ihm sehr schlimm ergangen. Als er nun betrübt nach Hause kam und seiner Frau erzählte, wie es ihm ergangen, da meinte diese: »Bist du dein Mehl losgeworden, dann kannst du die leeren Säcke auch gleich mit fortwerfen.« Und der Mann tat, wie ihm die Frau geboten, brachte die Säcke auf den Hof und warf sie zum Kehricht. Als er aber am andern Morgen auf den Hof trat, da sah er zu seinem größten Erstaunen die Mehlsäcke wieder voll gefüllt beeinanderstehen, wie er sie aus der Mühle nach Hause gefahren hatte. Das war zum Dank dafür, daß der Bauer den Hunden der Hexe Frick zu fressen gegeben hatte. (168)

Himmelpfort

Markgraf Albrecht von Brandenburg hatte 1299 ein neues Zisterzienser-Mönchskloster errichten lassen. Und als es fertig war, hatte er einen seltsamen Traum. Ein Engel war ihm erschienen, führte ihn an der Hand hinweg aus den irdischen Gefilden, bis vor eine große goldene Pforte, sagte zu ihm: »Das ist das Himmelstor, tritt ein«, und verschwand. Markgraf Albrecht erwachte, und da kam ihm in den Sinn, das sei ein Wink des Himmels gewesen, wie er das von ihm errichtete neue Kloster nennen solle. Und er gab ihm den Namen coeli porta, d. h. des Himmels Pforte. Das Volk aber hielt die Mönche von Kloster Himmelpfort für die frömmsten im ganzen Land, da sie nach ihrem Ableben ohne Ausnahme eingingen durch die Pforte des Himmels in die Gefilde der Seligen. (169)

Das Grab des Riesenkönigs bei Kemnitz

Etwa eine halbe Meile von Pritzwalk liegt das Dorf Kemnitz, dessen Feldmark mit großen Steinmassen bedeckt ist, die zum Teil in größeren oder kleineren Hügeln zusammengetragen sind, aber so regelmäßig, daß unten die großen, oben die kleineren Steine liegen. Einer dieser Hügel ragt vor den andern weit hervor, denn er ist wohl über 20 Fuß hoch und hat 120 Schritt im Umkreis; auch besteht er durchweg aus Feldsteinen, zwischen denen sich nur wenig Erde angesetzt hat. Man erzählt, unter ihm sei der Riesenkönig begraben, und seine Gebeine ruhten in einem goldenen Sarg, den ein silberner und eiserner umschlössen. Doch hat's mit dem letztern nicht ganz seine Richtigkeit, denn die Kemnitzer, die besonders gern den silbernen und goldenen Sarg haben möchten, haben vor einigen Jahren drei Tage lang die Steine hinweggeräumt, aber nur einige tönerne Urnen mit Asche und verbrannten Knochen gefunden. (170)

Der Name von Pritzwalk

Vor alters war da, wo jetzt die Stadt Pritzwalk liegt, ein großer Wald, bis endlich einmal mehrere Handwerker und Landleute, zur Zeit, als in hiesiger Gegend noch Wenden wohnten, Lust bekamen, sich hier niederzulassen. Wie sie nun den Anfang damit machen wollten, die Bäume auszuroden, da fanden sie einen Wolf unter einer Linde liegen, den schrien sie an

Der Markt in Perleberg. Gezeichnet von J. Gottheil, in Stahl gestochen von J. Poppel und U. Kurz um 1860

»Priz wolk« oder »Priz fouk!« das heißt zu deutsch: »Fort, Wolf!« Und wie sie nun bald darauf die Stadt an diesem Ort erbauten, da nannten sie diese Prizwalk, und den Namen hat sie bis heute behalten. Zum Andenken hat man auch einen Wolf, der unter einer Linde fortflieht, ins Stadtwappen gesetzt. (171)

Nikolai- und Marienkirche zu Pritzwalk. Kupferstich von J.G. Schmidt 1761

Die Niederländer an der Elbe

An der Stelle des jetzigen Dorfes Seedorf soll früher ein großer, von der Elbe gebildeter See gewesen sein, der dann von den in der Mark angesiedelten Niederländern abgelassen wurde, die nachher auf dem Boden desselben das Dorf Seedorf bauten und noch lange besondere Rechte und eigene Gewohnheiten bewahrten. Ebenso sollen die Einwohner von Mödlich ursprünglich niederländischen Herkommens sein. (172)

Frau Gode

In der ganzen Prignitz erzählt man, es sei einmal eine Edelfrau gewesen, die habe Frau Gode heißen; da sie sehr böse mit ihren Mägden umgegangen, sei sie verwünscht worden, ewig durch die Luft zu jagen. Vor allem zieht sie in den Zwölften dahin, und da hat sie auch einmal eine Frau eines Silvesterabends gehört. Sie ging noch spät aus dem Haus, und der Mond schien gerade recht hell, da hörte sie auf einmal ein Lärmen und Gebrause, als wenn eine ganze Jagd daherkäme, das kam immer näher und näher, so daß sie zuletzt sogar die Schellen der kleinen Hunde in dem Getöse unterscheiden konnte, aber sehen konnte sie nichts, obgleich es fast so hell wie am Tage war. (173)

Die alte Stadt Wittenberge

Die Stadt Wittenberge hat früher nicht an ihrer jetzigen Stelle gelegen, sondern an einem Ort in der Nähe derselben, der jetzt ein beackertes Feld ist und den Namen der alten Stadt trägt. Man sieht dort auch noch Gräben und Wälle und einen hohen Hügel, mit einem besonderen Graben umgeben; auf dem soll das Schloß der Stadt gestanden haben, und es werden dort auch noch Mauersteine, Urnen und dergleichen mehr gefunden. Auch soll dort noch ein Keller, der aber ganz verfallen ist, vorhanden sein. Man erzählt, hier ließen sich oft Gespenster sehen und hören, und sagt, vor langen Jahren hätte ein Fräulein dieses Orts, deren Namen man jedoch nicht kennt, sich an einen Vornehmen von Adel versprochen, und dieser sich darauf in den Krieg begeben, um sich noch weiter zu versuchen, und hernach, sobald es die Zeit würde leiden wollen, die versprochene Ehe zu vollziehen. Nicht lange hernach aber hätte sie den Ritter aus den Gedanken gesetzt und einem andern vornehmen Herrn die Ehe zugesagt, sich auch wirklich bald darauf mit ihm verbunden. Als das der erste Bräutigam erfahren, hat er Stadt und Burg mit Heeresmacht angegriffen und erobert und darauf beide zerstört; dadurch sind denn die Einwohner veranlaßt worden, sich einen andern in der Nähe gelegenen bequemen Platz zu suchen, um dort eine neue Stadt anzulegen, und so ist denn das jetzige Wittenberge entstanden. (174)

Das Barnimer Land

Der heilige See

Bei dem Dorf Heiligensee liegt dicht an der Havel ein kleiner See, welcher dem Dorf seinen Namen gegeben hat; man erzählt sich, hier habe vor Zeiten ein Schloß gestanden, in dem eine Prinzessin gewohnt, die sei aber verwünscht worden und das Schloß in den See gesunken. Bekmann sagt auch, er sei alle hundert Jahr mit einem silbernen Heiligen eingeweiht und das Wasser dann weit und breit abgeholt worden. Die Dorfbewohner dagegen erzählen, es habe vor alter Zeit im Dorf zwischen dem Haus des Schmieds und der Kirche ein Heiligtum gestanden, das eine große Heilkraft besessen habe, und die älteren Leute können sich noch gar wohl entsinnen, daß eine große Anzahl von Krücken, welche die geheilten Lahmen zurückließen, in der jetzigen Kirche hing. Daher soll es auch kommen, daß der Küster des Orts noch bis auf diesen Tag alljährlich sieben Scheffel Roggen für Metteläuten erhält.
Ferner sind in uralter Zeit alljährlich an einem bestimmten Tag, den jedoch keiner mehr weiß, zwei schwarze Stiere vor einen Wagen geschirrt worden, und sobald dies geschehen war, sind die Tiere nicht mehr zu bändigen gewesen, sondern sind mit aller Kraft aus dem Dorf hinaus und gerade in den See hineingestürzt, aus dessen grundloser Tiefe sie nie wieder zum Vorschein gekommen. (175)

Der Riesenstein bei Wandlitz

Zwischen den Dörfern Wandlitz und Stolzenhagen liegt auf einer kleinen Anhöhe unweit des Wandlitzer Sees ein gewaltiger Granitblock, der, von ziemlich viereckiger Gestalt, fünf flache Eindrücke wie von einer großen Hand zeigt. Diese sollen von einem Riesen herrühren, der bei Wandlitz am Ufer des Sees spazierenging und seinen Fuß an diesem Stein stieß; da wurde er unmutig, ergriff ihn und schleuderte ihn weit über den See hin, daß er jenseits desselben niederfiel, indem er sagte:

»Hebb ich mii stooten an miine groote Teh (Zehen),
Will ick dii ook smeeten oower de Wandelitzsche See!«

Von dem gewaltigen Griff aber sind die Eindrücke noch bis auf diesen Tag zu sehen.
Es wird auch erzählt, daß ehemals bis zu diesem Stein sich der Wandlitzer Acker erstreckte, daß aber die Stolzenhagener sich nach und nach das Feld und Bruch dieseits von ihm bis zum See und Fließ angeeignet hätten. (176)

Die Erbauung von Bernau

An der Ecke der Brauerstraße, wo fast der Mittelpunkt der Stadt ist, soll ehedem ein einzelner Krug gestanden haben, zu dem einst Markgraf Albrecht der Bär gekommen und sich daselbst einen Trunk gefordert. Der hat ihm so herrlich gemundet, daß er sich entschloß, an dieser Stelle eine Stadt zu bauen, welchen Entschluß er auch alsbald ausgeführt. Zu dem Ende hat er die drei Dörfer Lindow, Schmetzdorf und Lüpenitz eingehen und die Einwohner in die neue Stadt ziehen lassen; daher haben die Felder der beiden ersten noch heutzutage ihren alten Namen und besteht das Lindowsche Feld aus 84 und das Schmetzdorfsche aus 48 Hufen; Lüpenitz aber ist zu einer Heide geworden, welches jedoch ein großes Dorf gewesen sein muß, da sich dessen Feldmark auf eine Meile erstreckt. Man sieht auch noch an allen drei Orten die Rudera der Kirchen und Kirchhöfe, zu Schmetzdorf aber hat der Magistrat ein Vorwerk angelegt. Es ist jedoch auch noch eine vierte Feldmark vorhanden mit 103 Hufen, diese heißt die Bernausche, und ist daher wahrscheinlich, daß früher auch ein Dorf Bernau vorhanden gewesen, von dem die Stadt wohl dann ihren Namen erhalten. (177)

Die Glocke von Bernau

Die Bernauer schenkten einst dem Kurfürsten eine große Glocke, die auf Rollen nach Berlin gebracht und dort im Dom aufgehängt wurde. Jeder Berliner kannte sie unter dem Namen »Die Bernauerin«. Der Wagen mit der Glocke, so erzählt man, sei auf der Straße bei dem Rathaus gebrochen, und die Glocke hätte durch ihren Fall eine ziemliche Lücke in die Erde gemacht. Das Loch sei zwar oft zugedämmt worden, allein es sei die Erde mit den Dammsteinen allemal wieder gesunken, woraus man dann die Meinung schöpfte, Gott habe es nicht gewollt, daß die schöne Glocke von dem Bernauischen Gotteshaus entwendet werden sollte.

Bernau. Kupferstich von Matthaeus Merian, aus: Topographia Electoratus Brandenburgici et Ducatus Pomeraniae. Frankfurt 1652

Auf der Bernauer Grenze, am Gehrenberg, bis wohin der scheidenden Glocke viele Bernauer Bürger das Geleit gaben, sank das Gefährt von neuem ein, wobei die Glocke einen Ton vernehmen ließ, der wie eine tiefe Klage klang und die Zugtiere erbeben ließ, so daß sie nicht weiter wollten und neue Zugtiere, an die zehn Ochsen, vorgespannt werden mußten. Von Dorf zu Dorf soll während des Transports der Glocke, welche zuletzt von 20 Ochsen gezogen wurde, mit allen Glocken geläutet worden sein. (178)

Die Hussitenschlacht bei Bernau

Als im Jahr 1432 die Hussiten die Mark verwüsteten, sind sie auch vor die damals sehr feste Stadt Bernau gekommen, die sie stürmen wollten, sind aber von den Weibern, als sie die Mauer erstiegen, durch heißen Brei und Wasser zurückgetrieben worden. Indessen hatte sich der Kurfürst Friedrich mit 6000 Mann von dem Berliner Tor bis zum Mühlentor und von da weiter bis halb an das Steintor gelagert und dort die Reichshilfstruppen erwartet, und nachdem diese angelangt, so fällt er den Belagerern in den Rücken und greift sie von hinten an; die in der Stadt samt den dahin Geflüchteten, worunter allein 900 Knechte gewesen, fallen gleichfalls aus und greifen die Feinde von vorn an, so daß sie auf diese Weise in die Mitte gebracht und aufs Haupt geschlagen worden. Das ist aber geschehen auf dem Feld, wo die Panke entspringt, und in so gewaltigen Strömen ist das Blut der Feinde geflossen, daß der Boden hier bis auf den heutigen Tag davon rot gefärbt wurde, weshalb er den Namen das Blutfeld oder rote Land erhalten hat. Der Tag der Schlacht ist aber der des heiligen Georg gewesen, welcher alljährlich mit einem feierlichen Dankfest begangen wird. (179)

Der Schloßberg zu Biesental

Hart an dem kleinen Städtchen Biesental, das auf einer Anhöhe liegt, befinden sich zwei kleine Hügel, die steil zu dem von der Finow durchflossenen Wiesengrund abfallen, und deren äußerster, der sogenannte Schloßberg, von dem der Stadt nähergelegenen ersten durch eine bedeutende Vertiefung abgeschnitten ist, über die früher eine hölzerne Zugbrücke gebaut gewesen sein soll. Auf dem Schloßberg, sagt man, habe vor alter Zeit ein starkes Räuberschloß gestanden, in welchem die Herren von Arnheim oder Arnim gewohnt, die alles, was auf der hier vorüberführenden Landstraße von Neustadt-Eberswalde daherkam, überfielen und ausplünderten. War nun schon das Schloß auf dem kegelförmigen Berg und durch seine starken Feldsteinmauern, deren Reste ihn noch umkränzen, an und für sich fest, so kamen noch andre Verteidigungsmittel hinzu, die es fast unüberwindlich machten. Es gehörte nämlich dazu die unterhalb in geringer Entfernung gelegene Wehrmühle, die davon ihren Namen erhalten hat, daß die Ritter hier, sobald das Schloß in Gefahr stand, das Wasser aufstauen ließen und dadurch die ganze Gegend ringsum unter Wasser setzten. Ferner waren sie aber auch mit allem Nötigen immer hinreichend versehen, denn außer dem eigentlichen Schloß, dessen tiefe Keller noch vorhanden sind, standen die Küche und Wirtschaftsgebäude auf dem ersten Berg, der danach auch der Küchenberg heißt, und unter dem Schloß in den Wiesen zeigt sich ebenfalls noch eine kleine Erhebung, auf der noch andre Gebäude gestanden haben sollen. Die Brauerei und Brennerei soll dicht an der Stadt, am Abhang nördlich der Kirche, gestanden haben, und endlich soll noch eine eigene Schmiede zum Schloß gehört haben. Diese hat auf dem Reiherberg gelegen, einem runden Hügel von etwa fünfzehn Fuß Höhe, der mitten im Wiesengrund an einem kleinen See liegt. Zu ihm führt ein Damm, der beim Küchenberg anhebt, dann beim Schloßberg sich rechts wendet und in gerader Linie immer mehr ansteigend und sich in der Breite ausdehnend fortgeht, bis er sich endlich wieder rechts wendet zum Reiherberg und nun dessen ganze Breite annimmt. Dieser Berg wird jetzt beackert, und man findet oft beim Pflügen verrostete Eisenwerkzeuge und Schlacken, die beweisen sollen, daß hier eine Schmiede gestanden. Am

Fuß desselben finden sich ebenfalls viele Schlacken, Knochen, ganze Kohlenlagen und eine große Anzahl von Scherben, die fast von alten Graburnen herzurühren scheinen.
Im Schloßberg soll nun aus der Zeit, wo die Herrn von Arnheim dort hausten, noch ein gewaltiger Schatz vergraben liegen, den sollen nur elf Menschen heben können, der elfte aber wird dabei sterben. (180)

Der heilige Christoph in der Kirche zu Neustadt-Eberswalde

In einem Seitenschiff der Stadtkirche zu Neustadt-Eberswalde sieht man ein großes Freskobild des heiligen Christoph, und es wird erzählt, daß in der Gegend der Kirche, wohin er schaue, ein großer Schatz verborgen liege; was es aber sonst damit für eine Bewandtnis habe, weiß niemand. Nur sollen ehedem alljährlich zwei Mönche aus fremden Landen gekommen sein, die sollen nachgesehen haben, ob die Kirche noch stehe und das Bild noch vorhanden sei, dann aber sind sie wieder fortgegangen. (181)

Der Wunderkreis auf dem Hausberg bei Neustadt-Eberswalde

Auf dem Hausberg bei Neustadt hat ehemals eine alte Burg gestanden, deren Gemäuer noch vor mehreren Jahren sichtbar gewesen, später aber zum Bau der Kirchhofsmauer benutzt worden ist. Hier läßt sich öfter eine weiße Frau mit einem großen Bund Schlüssel sehen, die sich auch zuweilen in einen großen schwarzen Hund verwandelt und so die Gegend durchstreift.
Jetzt ist der Hausberg oben ganz geebnet und nur der sogenannte Wunderkreis befindet sich dort; das ist ein aus vielen Kreisen bestehender, durch Rasenstücke geschaffner Gang, der so in- und durcheinander läuft, daß, wenn man ihn zu Ende geht, man an derselben Stelle wieder ankommt, wo man hineingegangen ist. Früher wurde er von den Kindern zu Ostern ausgelaufen, das heißt, derjenige Junge, der ihn am schnellsten durchlief, erhielt eine Belohnung von Ostereiern, aber jetzt wird er nicht mehr beachtet, da die alte Sitte nicht mehr gepflegt wird. Diesen Kreis, sagt man, habe ein alter Schäfer gemacht, der sich dadurch vom Tod gerettet, denn man hatte ihm versprochen, ihm unter der Bedingung das Leben zu schenken, daß er einen solchen Wunderkreis schaffte, was er denn auch

glücklich ausgeführt. Andere sagen, ein Schäfer hätte hingerichtet werden sollen und habe noch kurz vor seinem Tod gebeten, daß ihm gestattet werde, noch einmal die herrliche Aussicht auf das Tal vom Hausberg aus genießen zu dürfen. Das wurde ihm gewährt, und wie er nun so auf dem Berg umherging, schleifte sein Stock hinter ihm im Sand nach und bildete so den Wunderkreis. (182)

Das Schloß ohne Treppe

In dem Dorf Lichterfelde ist ein altes Schloß, welches der italienische Baumeister gebaut haben soll, der auch die Festung Spandau baute, wofür er zum Dank von dem Kurfürsten die Gegend erhielt, wo jetzt Lichterfelde liegt. Nachdem er nun den Bau seines Schlosses vollendet hatte, das aber ganz ohne Türen und Treppen war, ließ er seine Tochter, die sehr schön war, dahin nachkommen, und zwar geleitete sie auf diesem Weg ein Herr von Sparr. Es war damals die ganze Gegend noch ein dichter, fast undurchdringlicher Wald und nur ein Stückchen Land um das Schloß war erst ausgerodet; als nun das Fräulein mit ihrem Begleiter an diese Stelle kam, da rief sie freudig aus: »Lichtes Feld!« Da sagte der Vater, als ihm der Herr von Sparr die Vorgänge der Reise berichtete und auch diesen Ausruf erzählte: »Nun so will ich das Schloß Lichterfelde nennen!« und diesen Namen hat es denn auch erhalten. Dem Herrn von Sparr hatte aber sein Schützling so gefallen, daß er den Alten bat, sie ihm zur Frau zu geben, aber der suchte allerhand Ausflüchte und sagte endlich, wenn er den Eingang zum Schloß fände, so solle er sie haben. Damit mußte sich Sparr zufriedengeben und ging davon. Nun trug es sich einmal zu, daß der alte Italiener, der sonst immer seine Tochter ängstlich bewachte, nach Neustadt gefahren war, wo ein großes Fest gefeiert wurde, bei dem auch Sparr, der auf dem Schloß zu Trampe wohnte, zugegen war. Kaum erblickte der den Alten, als er aufbrach und nach Lichterfelde fuhr. Das Fräulein, die im obern Stockwerk des Schlosses wohnte und gerade am Fenster saß, erblickte ihn und ließ sogleich einen großen Korb herab, mittels dessen sie den Vater immer hinaufwinden mußte, und so hatte denn der Herr von Sparr die Bedingung, welche ihm der Alte gestellt hatte, erfüllt und heiratete bald danach das Fräulein. Als ihm aber das erste Kind geboren wurde, da ließ er auch eine Treppe im Schloß anlegen und es überhaupt mehr nach der Sitte anderer Häuser einrichten. (183)

Alaunwerke bei Freienwalde. Gezeichnet von H. Lüders, Lithographie 1881

Die von Uchtenhagen zu Freienwalde

Auf dem Schloßberg und dessen Spitze waren vordem die Überbleibsel von einem viereckigen langen Gemäuer sichtbar, welches das Schloß des von Uchtenhagen gewesen sein soll, aus welchem er seine Räubereien verrichtet. Man sah an den Resten, daß auf beiden Seiten Zimmer, wiewohl etwas enge, in der Mitte aber ein Platz, vermutlich ohne Gebäude, gewesen. Das Gemäuer, bei welchem man hinaufgeht, war aus Feldsteinen und von ungefähr fünf Fuß Stärke. Jetzt sind von alldem nur dürftige Spuren, der Berg ist zu einem schönen Spaziergang umgeschaffen, allein das Andenken an den Uchtenhagen hat sich noch frisch und lebendig erhalten. Es war nämlich einmal ein recht fehdelustiger Ritter von Hagen, der lag im Kampf mit einem des Geschlechts von Jagow; nun hatte aber der Kurfürst im ganzen Land geboten, daß aller Streit rechtlich beigelegt werden solle, und gegen die Übertreter dieser Verordnung harte Strafen ausgesprochen.

Als er erfuhr, daß der von Hagen der Anstifter dieses Streits sei, erklärte er ihn in die Acht und beraubte ihn aller seiner Habe. Nun irrte dieser unstet umher und ernährte sich von Räubereien, die er besonders in der Gegend von Freienwalde, wo er seine Höhle hatte, ausübte. Nicht lange nach dieser Zeit aber traf sich's, daß der Kurfürst in einen Krieg verwickelt wurde, und zwar, wie einige sagen, mit den Herzögen von Mecklenburg; in diesem kam es auf dem sogenannten roten Feld, in der Gegend der Sonnenburger Heide, zu einer blutigen Schlacht, woher das Feld auch das rote genannt worden ist. Diese dauerte fast einen ganzen Tag, und schon wankten die Brandenburger, von dem überlegenen Feinde hart bedrängt, als plötzlich der von Hagen, in schwarzer Rüstung und mit herabgelassenem Visier, aus einem Dickicht mit seinem Häuflein treuer Knechte hervorbrach, den Feinden in den Rücken fiel und sie so in große Verwirrung brachte. Da bekamen die Brandenburger neuen Mut, drangen von neuem vor und nicht lange währte es, so warfen sie die Feinde vollständig über den Haufen. Als so die Schlacht glücklich beendet war, ließ der Kurfürst den schwarzen Ritter vor sich kommen, dankte ihm für seine Hilfe und fragte nach seinem Namen. Hagen weigerte sich jedoch, ihn zu nennen, indem er sagte, der tue nichts zur Sache. Darauf drang auch der Kurfürst, der wohl ahnen mochte, wer er sei, nicht weiter in ihn und sagte: »Damit du siehst, daß ich erkenntlich bin, so soll, was du mit deinem Rappen vom Aufgang bis zum Niedergang der Sonne umreiten kannst, dein sein, und weil du aus dem Haag uns zur Hilfe kamst, so sollst du forthin der Ritter von Ut dem Hagen sein!« Mit diesen Worten schlug er ihn darauf zum Ritter, und in der Folge ist der Name in Uchtenhagen umgestaltet worden. Am folgenden Morgen setzte sich der Ritter Uchtenhagen mit Sonnenaufgang auf dem Schloßberg bei Freienwalde zu Roß und ritt nun in Begleitung einiger Gefährten heran, ritt, da es Sommer war, durch die seichte Oder und kam durch das Niederbruch hindurch gegen Abend nach Neuenhagen, das etwa eine halbe Meile von Freienwalde entfernt liegt. Hier traf er auf dem Feld einen Schäfer an, den er fragte: »Schäfer, was ist's an der Zeit?«, worauf ihm dieser antwortete: »Nun, die Sonne geht zur Rüste!« Sogleich zog der Uchtenhagen sein Schwert, schlug dem Schäfer den Kopf ab und steckte neben dem Leichnam, mit Hilfe seiner Gefährten, einen großen Pfahl auf, zum Zeichen, daß er bis hierher auf seinem Ritt gekommen, und diesen Pfahl bewahrt man noch jetzt auf dem Amt Neuenhagen auf. Nun baute sich Uchtenhagen auf dem Freienwalder Schloßberg eine Burg, aus der eine Menge unterirdischer Gänge führten, damit, wenn er in großer Bedrängnis sei, er hier einen sicheren Ausweg habe, denn die

Zahl seiner Feinde, die zuvor schon groß war, wurde durch die Gnade des Kurfürsten nur vermehrt. Als nun Uchtenhagen alt wurde, übernahm sein ältester Sohn die Verwaltung seiner Besitzungen, welcher als einziger ihm von mehreren Söhnen übriggeblieben war, allein auch dieser starb bald darauf und hinterließ nur einen einzigen Knaben. So waren nun der alte Uchtenhagen und sein Enkel allein von dem ganzen Geschlecht übrig, und seine Feinde suchten ihm auf mancherlei Weise beizukommen, aber sein Schloß war zu fest, da konnten sie ihm nichts anhaben, deshalb dangen sie dann einen feilen Knecht, der mußte beide vergiften. Der Alte fiel auch bald als ihr Opfer, und nun war der Knabe noch übrig, dem wurde eines Tages eine Birne gereicht, die war vergiftet. Er hatte einen Hund, den er sehr liebte und mit dem er all seine Speise teilte, dem warf er ein Stück der Birne zu, und das treue Tier starb mit ihm. Dieser Augenblick, wie der Knabe die Birne in der Hand hält und der Hund liebkosend an ihm heraufspringt, ist auf einem Gemälde dargestellt, das sich noch jetzt in der Freienwalder Kirche über dem Altar befindet; es trägt auch eine auf die Begebenheit bezügliche Inschrift, aus der man ersieht, daß der Knabe acht und ein halbes Jahr alt war, als er starb. Der alte Uchtenhagen aber und sein Enkel ruhen in der Gruft unter dem Altar der Freienwalder Kirche, wo man vor mehreren Jahren noch ihre bereits zu Staub zerfallenen Leichen in den Särgen gefunden hat. (184)

Die Stadt im Blumental

Nordöstlich von Straußberg und westlich von dem Dorf Prötzel liegt unweit der Chaussee, die von Tiefensee nach Müncheberg führt, mitten in einem herrlichen Eichwald und ziemlich auf der höchsten Erhebung eines oft aus sehr steilen Hügeln und Tälern bestehenden Plateaus ein Flecken Land, das in der ganzen Umgegend den Namen der Stadtstelle führt. Noch vor wenigen Jahren war auch diese mit sehr alten Eichen bestanden, aber jetzt sind sie gefällt, und man hat westlich einen freien Blick bis zu dem etwa eine Viertelmeile entfernten Heidekrug, östlich bis zu dem unweit Prötzel gelegenen Hammelstall, nördlich und südlich ist der Blick durch Eichen- und Fichtenwald begrenzt. Jetzt wird dieser Flecken Land, obwohl der Boden mit gewaltigen Massen bald kleinerer, bald größerer Steine bedeckt ist, mit Getreide bestellt, und nur wo sich die Anhöhe nach Osten zu senkt, hat man eine größere Eiche stehen lassen, zum Andenken daran, daß hier einst eine Stadt gestanden, die untergegangen ist. Unter dieser Eiche liegt nämlich ein großer Granitblock, der von ziemlich viereckiger Gestalt und oben geebnet ist; er hat eine Breite und Länge von etwa acht Fuß, liegt aber, wie es scheint, sehr tief in der Erde. Dieser Stein soll, wie erzählt wird, die Stelle bezeichnen, wo der Marktplatz der untergegangenen Stadt lag, und in seiner Nähe erstrecken sich, in der Höhe von etwa zwei Fuß über dem Boden und fast in der ganzen Ausdehnung des jetzigen Feldes, Steinwälle, die tief in die Erde hinabgehen. Das sollen die Fundamente der Häuser jener Stadt sein. Noch vor hundert Jahren konnte man hier nach Bekmanns Beschreibung die Spuren einer Hauptstraße, welche die Richtung nach Straußberg hielt, und von sechs Querstraßen finden; außerdem waren noch verschiedene Gruben als Überreste von Kellern oder Brunnen zu sehen, und vier ummauerte Plätze, die, wie er meint, der Nachlaß von Kirche, Rathaus, Schloß, Kloster oder dergleichen gewesen sein mögen. Innerhalb dieses Raumes liegen auch drei runde Hügel, von denen man sagte, daß sie Begräbnishügel seien. Das alles ist jetzt zum größeren Teil verschwunden, aber von dieser Stadtstelle haben sich noch etliche Sagen, besonders in Straußberg, erhalten. Eine alte 73jährige Frau erzählt darüber, wie sie von einem 83jährigen Schäfer in ihrer Jugend gehört, der es von seinem Großvater vernommen habe, daß im Blumental einst eine sehr schöne Stadt mit guter Nahrung gestanden habe, die durch ein Erdbeben zerstört worden sei. Sie selbst habe noch den Kirchhof und den Grabstein des Predigers gesehen, auf dem mit großen Buchstaben zu lesen gewesen: »Prediger Troschel, gebürtig aus Marienwerder«, doch könne sie sich der Zahlen des Geburts- und Todesjahrs desselben nicht mehr genau entsinnen. Der Schäfer, dessen Vater schon immer in diesem Irrgarten, in dem die schönsten Mallinekens (Himbeeren), weiße Johannisbeeren, Stachelbeeren, Haselnüsse gestanden, gehütet hatte, erzählte ihr einst, als er auf einem Eichenstumpf saß, auf diesem hätte sein Großvater alle Morgen einen Groschen gefunden (es war aber noch einer von den alten, von denen 24 auf einen Taler gingen), das hätte er aber niemand sagen dürfen, sonst hätte er ihn nicht mehr bekommen. Er tat daher das Geld stets heimlich in einen Sack und bewahrte den an einem sichern Ort. Einst mußte er ihn aber da fortnehmen, nachdem er neun Jahre lang alle Tage seinen Groschen erhalten hatte, und versteckte ihn deshalb in seinem Strohsack. Als nun seine Frau das Bett macht, findet sie den Sack und schilt auf ihren Mann los, sie habe so lange geglaubt einen ehrlichen Mann zu haben, und sehe nun, daß er ein Spitzbube sei. Da erzählte ihr der Mann, woher er das Geld habe, aber seitdem lag auch kein Groschen mehr auf dem Eichenstumpf.

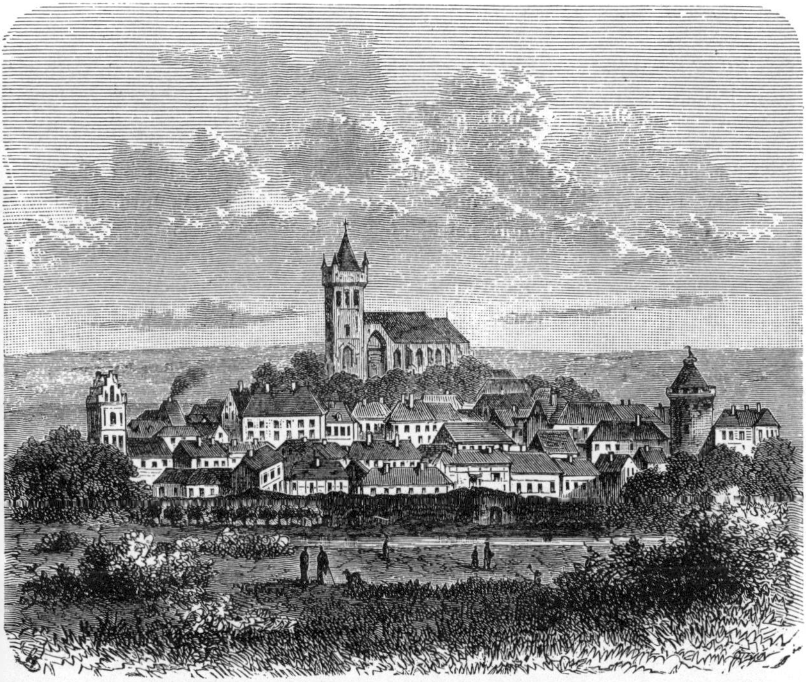

Müncheberg. Kupferstich 1881

Seltsam ist auch, was dem Vater des Schäfers dort mit seinem Hund begegnet; solange er den nämlich gehabt, ist der Hund, der den ganzen Tag über nichts fraß, mittags in ein kleines Loch auf der Stadtstelle gekrochen, und wenn er auch noch so dünn hineinging, kam er doch immer wohlgenährt heraus, und hatte sich oft so rund gefressen, daß ihm die Wampe bis auf die Erde hing. Der Schäfer behauptete aber steif und fest, »da mütten Lüüde in west sin, de den Hund föddert hebben!«
Einige sagen auch, auf der Stadtstelle zeige sich öfters eine weiße Frau, welche ein verwünschtes Fräulein sei, und auf dem Marktstein sei noch eine Menschen- und Pferdetrappe sichtbar, woran man sehen könnte, daß auch der Teufel dort sein Wesen getrieben. (185)

Der Name von Straußberg

Die Stadt Straußberg soll ihren Namen von dem Straußsee, an dem sie liegt, haben, und der heißt so, weil er ganz die Gestalt wie der Vogel gleichen Namens hat. Man möchte zwar meinen, daß die langen Beine fehlen, aber auch die sind da, wenn man nämlich die beiden alten Gräben ansieht, welche an der Stadt sind.
Wie nun auch der Name der Stadt entstanden sei, vom Vogel Strauß soll er, wie alle Straußberger sagen, bestimmt herstammen. Denn auch Angelus, der daher gebürtig war, erzählt in seinen märklichen Annalen beim Jahre 1254: »Etliche haltens dafür, daß Straußberg den nahmen habe von dem großen ungeheuren vogel Straus, und sagen, daß an dem ort der Stad, den man eine lange zeit biß nun hero den Buchhorst genennet, viel große gewaltige büchbäume gestanden, darin sich der vogel Straus gehalten habe.« (186)

Der Lindwurmknochen in Straußberg

In der kleinen Kapelle, die vor dem Landsberger Tor in Straußberg steht, ist ein gewaltiger Knochen zu sehen, der mit einer großen eisernen Kette angeschlossen ist. Von dem sagen einige, daß er von einem Riesen herstamme, andere aber erzählen, daß er einem Lindwurm gehört, der einst im dortigen Wald gehaust habe. (187)

Die drei vermauerten Tore zu Straußberg

Neben den drei Toren in Straußberg sah man sonst drei andere, welche zugemauert sind, und über diesen waren auch Türme. Einer der früheren Besitzer von Straußberg wurde nämlich einmal von dem Herrn, welchem Blumental gehörte, zu Gast geladen. Während er nun da war, schickt der Blumentaler seine Leute nach Straußberg und läßt es einnehmen; das erfährt jedoch der Straußberger noch zur rechten Zeit, macht sich auf und nimmt die Stadt wieder. Da ließ er denn am andern Tag die alten Tore zumauern und dicht neben diesen neue durchbrechen, weil, wie er sagte, kein ehrlicher Mann mehr durch die alten gehen könnte, seitdem Spitzbuben durch sie eingezogen wären. (188)

Die verschwundene Stadt bei Buckow

In dem Haussee, der dicht bei dem Städtchen Buckow liegt, in einer Gegend, die man wegen ihrer Schönheit wohl die märkische Schweiz zu nennen pflegt, soll vor alters eine Stadt versunken sein, doch sind alle Spuren davon verschwunden, nur am Johannistag kann man noch unten tief auf dem Grund den Kirchturm erblicken. (189)

Die beiden Becken in Tucheband

»Das Dorf Tucheband hat eine gemauerte Kirche und schönen gemauerten Turm, welches in der Wiesen nicht leicht funden wird. An der Kirche, auswärts gegen der Sonne Aufgang, sind zwei messingene Becken eingemauert; wenn die Sonne darauf scheint, geben sie einen Glanz ins Feld wie zwei Sterne; eins steht über das andere. Davon wird unterschieden erzählt, woher sie kämen. Etliche sagen, es wäre zweene Brüder aus dem Dorfe entsprossen, so Balbierer worden und sich in fremden Landen sehr versucht, daß sie in Ruhm kommen und das Dorf Ehr von ihnen gehabt, sie auch selbst hätten ihr Vaterland mit diesen Becken als mit Schildereien beehrtet ihrer Kunst wegen. Andere meinten, daß eine Junfer von K..ll hätt ein Gestifft (Stiftung) gemacht und dieselbe zum Denkmal dessen setzen lassen. Es scheint, daß sie so alt seien als das Kirchengebäude und stracks bei dem Bau hineingemacht sein, weil die beiden runden Löcher, darin sie stehen, stracks müssen also gemauert gewesen sein, wie die Mauer ist aufgeführt worden.
Es sind aber vor alters Wallfahrten dahin gewesen unter dem Papsttum.«
Diese beiden Becken haben sich nach mündlichen Nachrichten noch bis zum Jahr 1794, wo ein Bau an der Kirche notwendig wurde, dort befunden, sind aber seit der Zeit verschwunden. (190)

Der vergrabene Schatz in den Gesundbrunnenbergen

Der Vorfahr einer alten Eberswalder Sattlerfamilie war in der letzten Hälfte des 18. Jahrhunderts, da er in seinem Handwerk nicht volle Beschäftigung hatte, von der Stadt mit mancherlei betraut worden. So war er auch eines Tages damit beschäftigt, hinter dem Brunnen einen Graben aufzuräumen, als er plötzlich einen großen Behälter vor sich sah, der mit

Gold gefüllt und so schwer war, daß er ihn nicht heben konnte. Deshalb wollte er ihn nach und nach leeren und füllte, da es ihm an anderem Gerät mangelte, seine Mütze mit Goldstücken. Bei dieser Beschäftigung trifft ihn sein kleiner Sohn und spricht: »Vater, schenk mir auch einen Heller!« In demselben Augenblick versinkt der Behälter mit dem Geld, das Erdreich bricht von allen Seiten zusammen und der ehrbare Meister hat kaum Zeit, die Mütze mit dem Geld zu bergen. Dies Mißgeschick ging ihm natürlich sehr zu Herzen, und er begab sich sogleich zu dem als Wundermann bekannten alten Stadtschäfer, um ihm den Hergang zu erzählen. Der Schäfer meinte, daß er schon lange von dem verborgenen Schatz wisse und brachte das Verschwinden desselben damit in Verbindung, daß bei dem Auffinden hätte kein Wort gesprochen werden dürfen. In der nächsten Johannisnacht solle er mit mehreren zuverlässigen mit Spaten ausgerüsteten Leuten nach dem »Brunnen« kommen, wo er um elf Uhr abends sich auch einfinden werde. In jener Nacht gab nun der Schäfer folgende Anweisung: Er selbst wolle sich unter einer großen Linde aufstellen und die Leute sollten sich an die Stelle begeben, wo der Schatz seinerzeit gefunden und verschwunden war. Punkt zwölf Uhr werde er ein Zeichen geben, nach welchem das Graben beginnen sollte. Jedem einzelnen legte er noch ausdrücklich ans Herz, kein Wort bei der Arbeit zu sprechen, denn sonst sei alle Mühe vergebens. Mit dem Glockenschlag zwölf Uhr wurde mit dem Aufgraben begonnen und nach kurzer Zeit war der Schatz bloßgelegt. Da kamen beim Bergen desselben einige Vorstädter (Kuhlaer) hinzu, welche in der Johannisnacht heilkräftige Kräuter sammelten und fragten: »Woas moackt ju denn doa?« In demselben Augenblick verschwand der Schatz wie mit einem Zauberschlag, und das ihn umgebende Erdreich stürzte wiederum zusammen. Die Schatzgräber kamen sofort zu dem alten Schäfer, der noch immer Wache hielt, und erzählten ihm das Mißgeschick. Nun schien alles verloren, doch tröstete der Alte die Leute und erteilte ihnen einen neuen Rat. Wenn es gelänge, von der Witwe des Inspektors Rücker ein Buch mit bestimmtem Titel zu erlangen, so könne der Schatz dennoch geborgen werden, es möge dabei passieren, was da wolle. Am nächsten Morgen begibt sich der Sattlermeister zu der Frau Inspektorin und trägt ihr sein Anliegen vor. Doch Frau Rücker gab die betrübende Antwort, daß sie zu ihrem Leidwesen dem Wunsche nicht entsprechen könne, da sie das Buch auf Befehl ihres Mannes verbrannt habe. So blieb der Schatz ungehoben, wenigstens ist von einem Auffinden ni[...] etwas bekanntgeworden.

Von einem Schatzfund auf dem ehemaligen Adlerschen Weinberg, w[...]

Eberswalde mit Stadtpfarrkirche. Gezeichnet von J. Gottheil, in Stahl gestochen von J. Poppel um 1840

etzt die Häuser der Weinbergstraße stehen, erzählt der alte Küster Behing in seiner hinterlassenen handschriftlichen Chronik folgendes. Im ;ommer 1721 trug sich eine merkwürdige Begebenheit zu. Der damalige ;igentümer dieses Weinberges Gottfried Adler, Bürger und Riemer allıier, hatte um die Mittagszeit seinen Sohn Gottfried Adler von 14 Jahren welcher mein Schulkamerad, auch nachher hier Bürger und Riemermeiter geworden) daselbst zur Wache des Obstes und anderer Gartengeyächse wegen, weil der Vater selbst nach Hause gehen wollte, darin zuückgelassen. Der Knabe und Wächter legt sich am Berg gleich bei der Hütte, welche von einigen Brettern schlecht zusammengeschlagen war, in lie Sonne und schlägt mit einem kleinen Stock, wie Kinder gewohnt sind, ürnehmlich wenn sie ganz allein sind, etlichemal stark vor sich in den and. Als er eine etwas kleine Fahre durch das oftmalige Schlagen geıacht, hört er etwas klingen, als wenn man an einen Kessel schlägt; er teht auf, um zu sehen, was dieses Klingen, das ihm so sehr merkwürdig orkommt, wohl bedeuten möchte. Dabei wird er gewahr, daß aus dem ;erg eine Kette, die an einem eisernen Kasten etwa eine Elle breit und lang ängt, hervorsieht. Er ergreift diese Kette und versucht, ob er den Kasten herausziehen könne, kann ihn aber nicht von der Stelle bringen, spürt auch sogleich an sich, daß ihm die Zunge geradezu wie gelämt sei und er nicht reden kann. Indes eilt er nach Hause, um seinem Vater von allem, was vorgegangen, Nachricht zu geben, kann aber kein Wort sprechen; er zieht ihn so lange und weist mit Zeichen, bis er ihm endlich folgt. Dieser Fall breitet sich sogleich über die ganze Stadt aus. Der Vater geht in Begleitung vieler Neugierigen mit dem Sohn nach dem Weinberg; sobald sie zur Stelle kommen, kann der Knabe zwar wieder reden, aber der Kasten ist nicht da auch keine Spur mehr davon zu finden. In der folgenden Nacht haben einige dabei Gegenwärtige, wie zu vermuten ist, heimlicherweise an den Ort, den der Knabe bezeichnet hatte, ein großes Loch, mannstief, wie einen Keller ausgegraben. Ob sie dort etwas gefunden, ist niemals lautbar geworden. Diese Historie ist nachher, als der Adler jr. reifere Jahre erlangt, zum öfteren von ihm, aber auch allzeit mit einer ihn ankommenden Furcht erzählt worden. Und wo ich nicht irre, ist diese Geschichte ihrer ganzen Begebenheit nach noch in den Schriften im Rathaus aufbewahrt. Wenn es also wahr sein sollte, daß auf dem Kiehn Werder, der mit dem Weinberg verbunden, ein Kirchenschatz verborgen ist, dürfte der hier erzählte Umstand solchen sehr wahrscheinlich gemacht haben. (191)

Die Uckermark

De Schatzhund bim Dreksee

In de Blankenburgsch Heid licht en See. Al un jera secht to dän See »Dreksee«. So hit he freilich nich; he hit hochdüetsch »Dreiecksee«. Nich wiet va dissen See het sich vör olle Tiden wunnalich Jeschischt todrojen: Gürjen Feitsch füat ens et Obens, as et schumrig wäen wul, metten Fua Holt bi dän See vabi. Kümt doa en groten Kota bi em un löpt ümma bi em hea, un kikt em met si glögnig Ojen so recht pral an. As a so en tietlank bi em lopen had, un up so en etwas frien Platz an en Wech kam, rüpt he met ens: »Nim! Nim!« Feitsch naem si Pietsch un haut no dän Kota; de öwast schpringt em no en Kop, ritt em sien Hoet af un rüpt ümma werra: »Nim! Nim!« As Gürjen Feitsch ümma dülla no dän Kota schleit, löpt a wech va em un midden rup up dän frien Platz. Doa set he sich bien groten Kasten nerra un schricht ganz erbermlich: »Nim! Nim!«
Gürjen fengt an to grulen. He knapt si Pead an un füat wira. Kuem is a twintig Schrit vabi, doa höat a et unna in de Ead klingen, as wen luta Jelt uetschüt wät. He kikt sich üm no dän Kota un Kasten. De öwast vaschwunnen vör si sichtlich Ojen. Dän Kota häat a öwast noch recht jemmalich schrien:

> »Gürje, wiast du doch beakoem,
> Un hädst du dissen Schaz metnoem,
> Den küßt du dit int Fuestken lachen!
> Nu müd ik hia noch hunnat Joa
> Dät schöne blanke Jelt bewachen.«

Du müßt weten: Al hunnat Joa up dissen Dotum schteit de Kasten met Jelt e Schtun lank öwat Ead up dis Schtel, un ik müdden so lang bewachen, bis ena üm dissen Glockenschlach kümt un en to sich nimt. Schoed, dät du mi nich erlöest hest. Duech mi dän Jefallen, un kum no hunnat Joa uppen Johansdach werra hiahea, un moek di Sach bessa.
George Feitsch is nu a lang doet, un de arm Kota töewt noch uppen enna Glükskint, dät em erlösen sal. (192)

Wie Brodowin seinen Namen erhielt

Als das Kloster Chorin noch von Mönchen bewohnt war, mußten viele Dörfer dahin bestimmte Abgaben leisten, aus denen die Brüder ihre Bedürfnisse bestritten. So mußte namentlich Brodowin alljährlich Brot und Wein nach Chorin liefern, und davon hat es seinen Namen Brodowin erhalten. (193)

Der unsichtbare Bauer

Nur in der Johannisnacht, in der Stunde zwischen elf und zwölf Uhr, blüht das Kraut Reenefarre (Rainfarren), und wer diese Blüte bei sich trägt, der wird dadurch den übrigen Menschen unsichtbar. So ging es auch einmal einem Bauern in der Gegend von Brodowin; der fuhr nämlich gerade zu dieser Zeit mit seiner Frau nach der Stadt, um Bier zu holen, und stieg, da die Pferde im Sand nur langsam gehen konnten, vom Wagen, um ein Weilchen nebenher zu gehen. Auf einmal bemerkte seine Frau, daß er verschwunden ist, aber gleichwohl sieht sie, daß die Zügel wie vorher gehalten werden; sie ruft ihn daher, und er antwortet ganz verwundert, ob sie ihn denn nicht sehe, er sei ja dicht neben ihr am Wagen. Aber sie sah ihn nicht, und dabei war's doch, da ja Johannisnacht war, so helle, daß man hätte eine Stecknadel finden können. So ging's fort bis nach der Stadt, sie sprach mehrmals mit ihm, er antwortete auch, aber blieb immer noch unsichtbar. Als sie nun nach der Stadt kamen, hörte der Wirt und alles Hausgesinde wohl den Bauern reden, aber sie sahen ihn nicht, so daß dem Bauern ganz angst wurde, weil er nicht wußte, was er daraus machen solle. Da sagte ihm der Wirt, der ein kluger Mann war, er solle doch einmal die Schuhe ausziehen; das tat er auch, und augenblicklich war er wieder sichtbar, aber nun war an seiner Stelle der Wirt verschwunden. Nach einer kleinen Weile kam auch dieser wieder zum Vorschein und brachte dem Bauern seine Schuhe, und nun waren beide wieder sichtbar wie zuvor. Das war, wie der Wirt in späterer Zeit einmal erzählt hat, daher gekommen, daß der Bauer während des Gehens mit seinen Füßen die Blüten vom Rainfarren abgestreift hatte und diese ihm in die Schuhe gefallen waren; daher hatte ihm der Wirt geraten, er solle sie ausziehen, und hatte in seiner Kammer die Blüten herausgeschüttet, die er darauf zu seinem eigenen Nutzen, da ja der Bauer nichts davon wußte, aufbewahrt hat. (194)

Erntefest in der Uckermark. Lithographie 1881

Die Stadt im Plagesee

Vor langen Jahren ging einmal ein Bauer aus Brodowin nach Oderberg. Es war schon stockfinstere Nacht, und so kam er vom Weg ab und geriet in die Teufelsberge. Plötzlich gewahrt er eine Gestalt, die ihn mit unsichtbarer Hand immer weiter und weiter, bergauf und bergab führt. Auf einmal war er in einer großen schönen Stadt, die er zuvor noch nie gesehen. Und wie er sich an all der Pracht sattgesehen, wird er wieder hinausgeführt. Da sieht er sich verwundert um, und beim Schein des Mondes, der indes aufgegangen, erkennt er, daß er dicht vor dem großen Plagesee steht. Und nun hat er wohl erraten, wo er gewesen ist, in der untergegangenen Stadt im Plagesee. (195)

Der Pfannenstein

In dem großen Wald zwischen Oderberg und Brodowin lag früher ein mächtiger Stein, den nannte man den Pfannenstein. An dem trieb alle Morgen ein Hirt mit seiner Herde vorüber und fand regelmäßig neun Pfennig auf dem Stein liegen. Einmal aber war er krank und schickte darum einen anderen auf die Weide, der noch ein junger und übermütiger Bursche war, und sagte ihm, er solle sich auch die neun Pfennige holen. Als der nun mit der Herde an den Stein kam, sah er sich vergeblich nach dem Geld um. Er setzte sich darum mißmutig auf den Stein und verunreinigte ihn. Aber kaum hatte er sich hingesetzt, so bekam er von unsichtbarer Hand ein paar Maulschellen, so daß ihm Hören und Sehen verging und er nur eilte, so schnell als möglich fortzukommen. Seit der Zeit aber haben nie wieder neun Pfennige auf dem Stein gelegen. (196)

Der »Tote Mann«

Vor mehr als hundert Jahren kam ein jüdischer Handelsmann mit einem »Buttchen« auf dem Rücken von Parlow her die Straße entlang, die jetzt am Schützenhaus vorüber nach Joachimsthal führt. Bunte Seidentücher, welche die Mädchen gern tragen und andere schöne Sachen, die er in der Stadt und in Grimnitz verkaufen wollte, trug er bei sich. Im dichten Wald, etwa eine Viertelstunde vom Schützenhaus, begegneten ihm zwei junge Burschen von der Plantage; sie schlugen ihn nieder und durchwühlten seine Taschen und Kästen nach Geld; doch nur drei Pfennige fielen ihnen zur Beute. Daher raubten sie sein Warenpäckchen aus und nahmen vor allem die schönen bunten Seidentücher an sich, welche sie ihren Bräuten schenkten, die in Grimnitz dienten. Die putzten sich damit und stolzierten die Straße auf und ab. Dadurch kam aber die Sache heraus; die Burschen wurden zum Tod verurteilt und auf dem Galgenberg hinter dem Schützenhause gehängt. Doch an der Stelle, wo der arme »Buttchenträger« erschlagen worden war, häuften Vorübergehende, um die Stelle zu bezeichnen, Reisigzweige, besonders vom Wacholder, der dort wächst, und tief in die Rinde einer danebenstehenden hohen Kiefer schnitt man ein Kreuz. Jedermann kannte nun die Stelle, die man den Totschlag oder den »Toten Mann« nannte, und warf, wenn er des Weges kam, sein Zweiglein auf den Haufen. Bald war der Hügel groß, bald war er klein, und zuweilen zündete man ihn wohl an und ließ ihn niederbrennen. Bei solcher Gelegenheit kam auch die Kiefer mit dem Kreuz zu Schaden, und darum steht sie heute nicht mehr da. Im Lauf der Jahre hat mancher die alte Geschichte und den Brauch vergessen, und da auch die Zahl der Juden in Joachimsthal, wie es heißt, abgenommen hat, ist der Reisighaufen niedriger geworden. Zuweilen war er schon ganz fort, doch er entsteht immer wieder und ist bald klein, bald groß.

Andere erzählen, es handele sich um Schwedenkreuze, die einst an derselben Stelle standen. Dort erschlug, wie es heißt, im Dreißigjährigen Krieg ein schwedischer Offizier einen Magister aus Joachimsthal, den die schöne Tochter des Heidereuters gegen ihren Willen ehelichen sollte. Das Mädchen aber zog mit dem Offizier fort. Als aber nach Jahren an demselben Ort ein Treffen zwischen Kaiserlichen und Schweden stattfand, sah man nach dem Kampf am Waldesrand ein junges bleiches Weib sitzen; das hielt das blutüberströmte Haupt eines schwedischen Obristen im Schoß. Es war des Heidereuters Tochter, und neben dem Magister fand der Schwede sein Grab. Als aber die Holzkreuze, die man auf die beiden Gräber gesetzt hatte, zerfielen, häufte man Reisigzweige darüber. (197)

Der Otterstein

Unter dem Otterstein am Neuendorfer Weg bei Oderberg soll der Otterkönig seinen Palast haben. Das Krönlein könne man gewinnen, wenn zu heller Mittagssonne an gewissen Tagen ein schneeweißes Tuch beim Otterstein ausgebreitet werde, auf welches der Schlangenkönig sein goldnes

Krönchen legen muß. Wer dann schnell zugreift und hurtig entspringen kann, bis die Neuendorfer Glocke schlägt, dem könnte es damit glücken. Ein Ritter versuchte es, der saß schon mit dem Tuch und Krönlein wieder zu Pferde, als der Otterkönig den Raub gewahrt und laut klagend pfiff, worauf von allen Seiten Ottern wütend herbeizischten, die das Pferd und den Reiter so arg bedrängten, daß der Ritter das Krönlein fahren lassen mußte. Der Ritter ist darauf in Siechtum verfallen und auch bald gestorben. (198)

Der Pimpinellenberg

Vom Pimpinellenberg bei Oderberg in der Mark erzählt man sich folgende Begebenheit: Als während des Dreißigjährigen Krieges das furchtbare Sterben hierorts herrschte und Menschen zu Hunderten hinweggerafft wurden, da kam in die allgemeine Verzweiflung ein weißer Rabe von Norden her geflogen, der setzte sich auf diesen Berg und schrie, daß man es weithin hörte:

»Ist die Krankheit noch so schnell,
Heilt sie doch die Pimpinell!«

Mit dem Genuß der Pimpinellwurzel wurde dann dem Sterben hier Einhalt geboten. (199)

Der Oderberger Drak

Gewisse Familien besitzen einen Drak und mit ihm eine Quelle großen Wohlstandes. Der Drak muß aber wie ein kleines Kind sehr sorgfältig mit Grütze gefüttert werden und ist auch auf Familienangehörige übertragbar. Eine alte, bereits kränkliche Frau verheiratete ihre einzige Tochter, die in der letzten Zeit während der Kränklichkeit den Drak verpflegt hatte. Als diese vom mütterlichen Anwesen Abschied nahm, erhob sich im Keller ein lautes Winseln. Die Mutter sagt darauf zur Tochter: »Nimm ihn schon mit, ich bin zu alt und es wird noch mein Tod sein, wenn ich ihn behalte.« Darauf sagt die Tochter laut: »Na, dann will ich ihn nehmen!« und ein lauter Knall erfolgte und gleich einem feurigen Besen fuhr es zur Esse hinaus durch die Luft und in die Esse der neuen Wohnung der Tochter hinein. (200)

Kloster Chorin. Bleistiftzeichnung von Karl Friedrich Schinkel 1817

Das Kloster Chorin

Das Kloster Chorin hat nicht immer an der Stelle gestanden, wo man noch jetzt die schönen Ruinen desselben sieht, sondern es hat ehmals in der Nähe des großen Paarsteinschen Sees auf dem Rosmarinberg gestanden; warum man es aber von dort fortgebracht, weiß man nicht. Als nun das neue Kloster an dem Mariensee gebaut wurde, da haben sieben Baumeister lange Jahre daran gearbeitet, bis sie endlich das herrliche Werk vollendeten; es war aber auch eine sehr schwere Arbeit, da sie auch noch einen weiten unterirdischen Gang nach dem Kloster zu Angermünde, in dem die Choriner Mönche zu den dortigen Nonnen gingen, sowie einen von da nach Streifenberg bauten. So hat es denn lange Zeit gestanden in seiner Pracht, bis es endlich mit allen Gebäuden, die darum und daran sind, auf ewige Zeiten verwünscht worden ist. Von da an sind die Unterirdischen darin eingezogen, die kommen bald hier, bald da in ihrer grauen Kleidung und mit dreieckigem Hut zum Vorschein, aber nicht jeder kann sie sehen, sondern nur Sonntagskinder und andere Begabte. (201)

Der Bötticher bei den Unterirdischen

Öfter hat es schon des Nachts Leute in der Nähe des Klosters Chorin gerufen, daß sie dahin kommen sollen, aber nicht alle haben diese Stimme beachtet und sind darum auch nicht so glücklich gewesen, wie der Bötticher, der vor mehreren Jahren in einem der Tagelöhnerhäuser bei Chorin wohnte. Der hörte auch einmal in der Nacht die Stimme, die rief ganz laut seinen Namen, als wenn jemand in der Stube wäre, und gab ihm einen Ort im Kloster an, wo er sich einfinden solle, aber er tat, als höre er's nicht und drehte sich um. Da rief es zum zweiten und endlich zum dritten Mal; nun stand er auf, nahm all sein Handwerkszeug, Messer, Beil, Hammer und Reifen, wie es ihm die Stimme geheißen hatte, mit sich und ging nach dem bestimmten Ort. Hier fand er ein kleines Männchen, das grüßte ihn und war sehr freundlich, sagte ihm aber, er müsse sich die Augen verbinden lassen, denn anders könne er nicht mit ihm gehen, fügte auch hinzu, daß ihm kein Leid geschehen sollte. Da ließ es denn der Bötticher geschehen, und das Männlein führte ihn nun eine ganze Strecke, bis es ihm endlich die Binde abnahm und er sich in einem geräumigen Keller sah, wo er noch eine große Menge eben solcher Männlein wie seinen Begleiter erblickte, die mit verschiedenen Dingen beschäftigt waren, aber kein Wort sprachen. Jetzt hieß das graue Männchen den Bötticher um zwölf große Fässer, die dort standen, neue Bänder legen, er führte diese Arbeit zur Zufriedenheit aus und erhielt nun die Erlaubnis, von jedem der zwölf großen Goldhaufen, die bei den Fässern lagen, einen Teil für sich als Bezahlung zu nehmen. Darauf wurde ihm die Binde wieder vor die Augen gelegt, dasselbe graue Männlein führte ihn zurück, und er fand sich bald mit seinem Schatz allein an dem Ort, wohin ihn die Stimme zuerst gerufen hatte. (202)

Die stummen Frösche zu Chorin

In dem beim Kloster Chorin gelegenen kleinen Mariensee befindet sich zwar eine große Zahl von Fröschen, aber so viele ihrer auch darin sind, so läßt doch keiner irgend jemals sein Gequäk vernehmen. Das kommt, wie einige behaupten, daher, daß, als das ganze Kloster verwünscht worden, auch die Frösche mit verwünscht und zu ewigem Schweigen verdammt wurden. Andere behaupteten, einst, als noch Mönche in dem Kloster wohnten, hätten die Frösche mit gewaltigen Gequäk die Andacht gestört, so daß die frommen Brüder, als es gar kein Ende hätte nehmen wollen,

Chorin, Klosterruine. Lithographie 1881

endlich Gott gebeten, jene auf ewig verstummen zu machen, und das sei auch augenblicklich in Erfüllung gegangen. Seit dem Augenblick sind nun die Frösche stumm bis auf den heutigen Tag. (203)

Die versunkene Stadt im Paarstein

Südlich von Angermünde erstreckt sich von dem Dorf Herzsprung bis nach Brodowin und Pälitz ein großer See, der überall von mäßigen, aber meist steilen Höhen umgeben ist. In ihm soll eine große Stadt, und zwar durch die eigne Schuld der Bewohner untergegangen sein. Es fehlte ihnen nämlich schon lange an gutem Trinkwasser, und sie hatten auch schon viele Brunnen gegraben, aber immer nicht ihren Wunsch erreicht. Da kam einst ein Zauberer und grub ihnen einen schönen tiefen Brunnen, dessen

Wasser hell und klar war; aber er fügte zu seinem Geschenk zugleich die Warnung, daß sie den Brunnen jeden Abend sorgfältig verdecken sollten. Das taten sie denn auch Jahr aus, Jahr ein; aber einst, wie es kam, weiß man nicht, wurde es vergessen. Da fing die Flut in dem Brunnen plötzlich an emporzuwallen und stieg immer höher und höher und verschlang die Stadt samt allen Bewohnern; das Wasser trat aber weiter und weiter aus und bildete zuletzt den großen Paarsteinschen See. Einige erzählen auch, die Stadt hätte sich noch über den jetzigen See hinaus, und zwar bei Pälitz vorbei in die Heide hinein bis zum sogenannten venedischen Kirchhof erstreckt; auf dem Pälitzer Werder hat das Schloß gestanden, und man kann noch die Spuren des Gemäuers dort sehen; im Wasser erblickt man auch noch zuweilen bei hellem Wetter den Kirchturm und hört das Läuten der Glocken, die auch hin und wieder ans Tageslicht kommen, wo man sie dann wie die anderer Seen miteinander sprechen hört. (204)

Der Teufelsdamm im Paarstein

Ein Bauer in dem Dorf Paarstein, der viel jenseits des Sees zu tun hatte und dem der weite Weg um ihn herum beschwerlich war, machte einst einen Bund mit dem Teufel und versprach ihm seine Seele, wenn er ihm in einer Nacht quer durch den See einen Damm baute, doch müsse er bis zum ersten Hahnenruf fertig sein. Der Teufel war das auch zufrieden und ging frisch ans Werk, da schritt denn die Arbeit so rasch vorwärts, daß der Bauer voraussah, der Teufel würde noch lange vor der festgesetzten Frist fertig werden. Deshalb wurde ihm denn doch um seine Seele bange, und er sann auf eine List, durch die er den Teufel betrügen möchte. Er ging daher schnell in sein Haus und trat in den Hühnerstall, wo er die Hühner aufscheuchte, so daß der Hahn, der da glaubte, es sei bereits Morgen, zu krähen begann. Da war der Teufel geprellt, und kaum hörte er nur den Hahnenruf, so warf er die Steine wild durcheinander, und der Damm blieb nun unvollendet bis auf den heutigen Tag. (205)

Die Linde auf dem Kirchhof zu Angermünde

An der Nordseite der Hauptkirche zu Angermünde steht eine alte große Linde, die im Umfang unten am Stamm 21 Fuß hat und sonst ihren Wipfel hoch über das Kirchendach erhob, jetzt aber vom Blitz gespalten und von vielen Stürmen so mitgenommen ist, daß sie kaum noch 30 Fuß Höhe hat. Diese soll der Markgraf Johann I. gepflanzt haben, um auch von außen die Stelle des großen Schatzes zu bezeichnen, den er in einem an dieser Seite der Kirche befindlichen Gewölbe hatte einmauern lassen. Zum Hüter hatte er seinen getreuen Rat Johann von Buch eingesetzt, dem er befahl, ihn nur in der äußersten Not seinem Sohn, dem Markgrafen Otto mit dem Pfeile auszuhändigen. Als diese nun eintrat, der Markgraf nämlich in einer Fehde mit dem Erzbischof von Magdeburg gefangen wurde und dieser ein Lösegeld von 2000 Mark Silber forderte, wurde der Schatz gehoben und der Markgraf ausgelöst. Der große Kasten aber, in dem das Geld aufbewahrt gewesen, befindet sich noch an seiner alten Stelle in dem Gewölbe der Kirche, wo man ihn noch sehen kann. (206)

Der Rabe auf dem Mittelturm zu Prenzlau

Dem Erbauer und ersten Beherrscher der Stadt Prenzlau, namens Primislav, kam einst ein goldener Siegelring fort, und er argwöhnte, daß ihn ein Knappe gestohlen habe; dieser leugnete zwar die Tat, wurde aber dessenungeachtet, da alle Umstände gegen ihn sprachen, von der Spitze des Mittelturms, der jetzt mitten in der Stadt ist, früher aber an der Stadtmauer lag, herabgestürzt. Lange Zeit darauf jagte Primislav einmal in dem vor Prenzlau gelegenen Wald und ließ sich, um sein Mittagsmahl einzunehmen, mit seinen Begleitern gerade an einer Stelle nieder, wo man eben mit dem Fällen einer Eiche beschäftigt war. Der Baum fiel, und man entdeckte in seiner Spitze ein Krähennest, in welchem sich zum größten Erstaunen aller Anwesenden der vermißte Siegelring des Fürsten fand. Dieser kehrte tief ergriffen sogleich nach Prenzlau zurück und ließ aus dem Holz der gefällten Eiche das Bild einer Krähe anfertigen, das man noch jetzt auf dem Mittelturm der Stadt gewahrt. (207)

Die Riesen bei Prenzlau

Vor alten Zeiten haben sich einmal ein Paar Riesen in der Nähe von Prenzlau aufgehalten, und zwar hat der eine auf dem Klinkower Berg unfern der Stadt, der andere etwa eine und eine halbe Meile davon, in der Nähe des Dorfes Kleptow gewohnt. Diese beiden gerieten in Streit miteinander, und der Klinkower warf dem Kleptower mit einem großen Stein ein Auge

Die Marienkirche zu Prenzlau. Gezeichnet von J. Gottheil, in Stahl gestochen von J. Poppel und U. Kurz um 1840

aus. Dieser Stein liegt immer noch auf dem Kleptower Berg, und man sieht noch ganz deutlich die zehn Finger des Riesen, welche so, wie er den Stein angefaßt, sich in ihn abgedrückt haben. (208)

Die Strohbrücke

Unweit der mecklenburgischen Grenze liegen dicht bei Himmelpfort zwei kleine Seen, der Sidow und der Medersitz oder Moderwitz genannt, die nur durch die Strohbrücke voneinander getrennt sind. Diesen Namen soll sie daher erhalten haben, daß ein Mönch, der einst ein Frauenzimmer in ein großes Bund Stroh eingewickelt hatte und auf seinem Rücken ins Kloster tragen wollte, gerade an diesem Ort seinem Abt begegnete; da er aber seine Bürde nicht sorgfältig genug verhüllt hatte, so entdeckte jener an den hervorragenden Füßen das Weib. Was weiter aus ihm geworden, erzählt die Sage nicht. (209)

Bärens Kirchhof bei Grimnitz

In der Grimnitzer Forst liegt nicht weit von dem alten Jagdschloß in der Heide ein Platz, der heißt »Bärens Kirchhof« und soll seinen Namen von einem Förster Bärens haben, der dort begraben liegt. Es sollte im Grimnitzer Forst nämlich einmal eine große Schweinsjagd gehalten werden, und der damalige Heidereuter Bärens begab sich deshalb drei Tage vorher an den Ort, den der Kurfürst hatte umstellen lassen, um die Schweine zu körnen und zu beobachten. Wie er sich nun hier befand, hörte er nach zwölf Uhr nachts eine Stimme aus einem nahe gelegenen Bruch, welche fragte: »Ist der Stumpfschwanz (oder auch der Stroppschwanz) da, der den Förster Bärens zu Tode bringen soll?« Diese Stimme hörte er in der folgenden Nacht wieder und erzählte alles dem Kurfürsten, dem er doch zu gleicher Zeit seine Vermutung äußerte, daß es Hofbediente sein möchten, die ihn furchtsam machen wollten. Der Kurfürst befahl ihm darauf, niemandem etwas zu sagen, auch die folgende Nacht zu Hause zu bleiben; statt seiner mußte aber der Büchsenspanner des Kurfürsten an der gedachten Stelle wachen und die Schweine körnen, und dieser hörte dieselbe Stimme. Am folgenden Tag ging nun die Jagd vor sich, und der Heidereuter mußte zu Hause bleiben; als aber alles beendet war, ritt er hinaus und wurde wirklich unter den getöteten Sauen eines Stumpfschwanzes gewahr, den man eben auf einen Wagen zu laden im Begriff war. Da trat er hinzu und sagte: »Du sollst mir das Leben nehmen und bist eher tot als ich?», hielt auch, als die Bauern beschäftigt waren, die andre Wagenleiter vorzuschieben, das Schwein während der Zeit, damit es nicht herunterfalle; aber weiß der Himmel, wie's kam! Der Kopf des Schweines fiel plötzlich herunter und schlitzte dem Heidereuter mit seinen Hauern den Leib auf, so daß er in wenigen Augenblicken, nachdem er sich noch einige Mal vor Schmerz im Kreise herumgeschleppt hatte, seinen Geist aufgab. Darauf hat man ihn an dieser Stelle begraben und an jeden Punkt, wo er im letzten Todeskampf niedergesunken, einen Stein gesetzt, welche nun einen förmlichen Kreis bilden. Diese Stelle heißt bis auf den heutigen Tag Bärens Kirchhof, kein Mensch aber weiß zu sagen, zu welcher Zeit und unter welchem Kurfürsten dieser Bärens gelebt hat. (210)

Die versunkene Stadt im Werbellinsee

Vor alter Zeit hat dort, wo sich jetzt der Werbellinsee befindet, eine Stadt namens Werbelow gestanden, die ist untergegangen, und das soll so gekommen sein.

Mitten in der Stadt lag ein Schloß, das war rings mit Wasser umgeben, und nur eine einzige Zugbrücke führte hinüber; der Herr des Schlosses war aber ein böser Zauberer und ließ nur sehr selten einen Fremden zu sich ein. Da kam eines Tages auch eine alte Frau, die wollte ins Schloß hinein, und wie der Herr sie erblickte, rief er ihr zu, sie solle zurückgehn. Das tat sie auch, sagte aber zu gleicher Zeit: »Ich will zurückgehn, aber du sollst untergehn!« Und das hat sie wohl wahrgemacht, denn sie wußte noch stärkeren Zauber als der Herr selber. Nun befand sich zu dieser Zeit aber ein Fremder in der Stadt, der war ein gottesfürchtiger Mann, weshalb sie seinen Untergang nicht auch herbeiführen wollte; sie ging daher zu ihm und sagte, er solle eilig die Stadt verlassen, denn sie würde binnen kurzer Frist untergehen. Da packte er schnell seine Sachen zusammen und ging mit seinem Bedienten, den er bei sich hatte, davon. Als sie so eine Strecke fort waren und auf dem Berg ankamen, der unweit der Stadt lag, bemerkte er, daß sie in der Eile sein Felleisen mitzunehmen vergessen hätten. Da schickt er seinen Diener zurück, aber der kehrte nach kurzer Zeit zurück und sagte, die Stadt und das Schloß seinen spurlos verschwunden, und an ihrer Stelle sei ein großer See entstanden.

Im Werbellinsee, sagt man auch, müsse alle Jahr einer ertrinken, und zwar geschehen vorher allerhand Wahrzeichen, namentlich hört es sich dann oft so an, als wenn einer laut in die Hände klatsche, und da währt's denn immer nur kurze Zeit, so ertrinkt auch einer im See. (211)

Der Werbellinsee. Gezeichnet von Alb. Richter, Lithographie 1881

Neumark und Sternberger Land

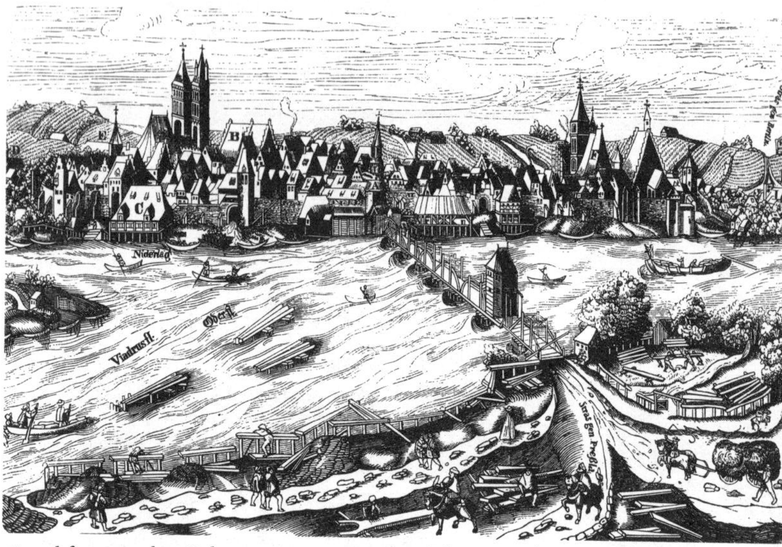

Frankfurt an der Oder um 1550. Kupferstich aus: Sebastian Münster, Cosmographia

Der Name von Krebsjauche

In der Nähe von Frankfurt liegt das Dorf Krebsjauche; hier trafen einma ein Fuchs und ein Krebs zusammen, die wetteten miteinander, wer am schnellsten laufen könnte. Da machten sich denn beide auf, und der Fuchs, der doch seiner Sache gewiß war, ging ganz langsam voraus, der Krebs aber kniff sich ganz leise und ohne daß es der Fuchs merkte, in die Haare der Rute des Fuchses und ließ sich auf solche Weise nachschleifen. Wie sie nun dicht am Ziel waren, kroch der Krebs tiefer in die Haare hinein und kniff den Fuchs mit den Scheren so an der Rute, daß dieser wütend mit ihm um sich schlug, wobei der Krebs den richtigen Augenblick wahrnahm losließ und so mit aller Macht ans Ziel geschleudert wurde. Da rief er vor Freude: »Krebs juchhe!« und als später an dieser Stelle ein Dorf gebaut wurde, nannte man es zum Andenken an die List des Krebses »Krebsjuchhe«, woraus dann der jetzige Name entstanden ist. (212)

Der Name von Küstrin

Als die Stadt Küstrin gebaut war, wußten die Ratsherrn nicht, wie man die Stadt benamen solle, und rieten lange hin und her; da machte endlich einer den Vorschlag, es solle sich der gesamte Rat vor das Haupttor der Stadt setzen, und nach dem die Stadt benennen, der zuerst in dies Tor hereinkommen würde. So geschah's denn auch, und der weise Rat setzte sich ans Tor und harrte; da kam auch bald ein Bauernmädchen des Weges, und als man sie fragte, wer sie sei, antwortete sie, sie sei Küsters Trin, das hat man denn zusammengezogen und der Stadt den Namen Küstrin gegeben. (213)

Die Bärenstaker

Die Einwohner der Stadt Mohrin werden häufig, wenn sie in anderen Orten der umliegenden Gegend erscheinen, Bärenstaker genannt. Das ist aber so gekommen: Einem Mann, der mit Aufladen von Erbsstroh beschäftigt war, fiel ein großes Bund vom Wagen, und da es gerade sehr windig war, nahm's der Wind auf und trieb's weit fort, bis nach Mohrin. Als das aber die Mohriner sahen, wurden sie in Angst und Schrecken versetzt, denn sie glaubten, es sei ein Bär, welcher daherkäme, und wußten gar nicht, was sie tun sollten. Doch waren einige unter ihnen, welche beherzter waren, die kamen mit Forken, Stangen und Knüppeln herzugelaufen, um das Ungeheuer zu töten; da erkannten sie denn ihren Irrtum, aber zum Spott nennt man sie nun bis auf den heutigen Tag die Bärenstaker. (214)

Der Mohriner See

In dem großen rings von steilen Ufern umgebenen Mohriner See, sagt man, liegt ein großer Krebs, der ist mit einer Kette an den Grund angeschlossen; reißt er sich aber einmal los, so muß die ganze Stadt untergehen. Oft genug hat man deshalb schon in Angst geschwebt, denn wenn der See heult, wie die Leute sagen, so tobt da unten der Krebs und will sich lösen. Im See muß auch alle Jahr einer ertrinken, und wenn das ja einmal in einem Jahr nicht zutrifft, so müssen sicherlich im nächsten Jahr zwei dafür büßen. Man sieht auch oft einen Schimmel aus dem Wasser hervorkommen, besonders während der Nacht, der geht ruhig neben dem Wanderer her, der noch spät des Weges kommt und begleitet ihn ein Stück. Am Marien-

Küstrin. Gezeichnet von J. Gottheil, in Stahl gestochen von J. Poppel und U. Kurz um 1860

tag aber zeigt sich eine weiße Gestalt, die lockt die Leute auf allerlei Weise herabzukommen, und wer sie einmal erblickt hat, der muß hinunter, mag er wollen oder nicht. (215)

Des Teufels Spieltisch

Ein großer Stein steht bei Mohrin, im Kreis Königsberg, auf dem Weg nach Guhden. Auf seiner Fläche sieht man einige Vertiefungen, als ob eine Hand sie eingedrückt hätte. Das soll lange Zeit der Spieltisch des Teufels gewesen sein, an dem er gesessen und Würfel gespielt hat. Aber schließlich wurde es ihm langweilig, weil er immer allein saß und spielte. Keinen andern konnte er überreden, mit ihm zu würfeln, denn alle fürchteten sich vor ihm und eilten davon, weil sie meinten, sie könnten Unglück im Spiel haben und ihre Seele und Seligkeit dabei verlieren. Da ist Satan eines Tages aufgesprungen und hat die Würfel mit solcher Gewalt auf den Stein geworfen, daß sie wie Glas zerbrachen, aber doch an verschiedenen Stellen eine sichtbare Vertiefung hinterließen. Seitdem kam er nie wieder. (216)

Die Teerbutte am Turm

Durch ein in der Nähe von Mohrin gelegenes Dorf fuhr einst ein Bauer mit seiner kranken Tochter, und gerade wie er mitten in Ort bei der Kirche ist, bricht ein Rad am Wagen, und so sieht er sich genötigt, liegenzubleiben. Vor Zorn und Unmut darüber rief er: »I so möge doch gleich der Teufel kommen und den Wagen fortbringen!« Allein kaum war auch nur das letzte Wort verhallt, so kam der Böse daher, nahm den Wagen auf und flog mit ihm durch die Luft davon. Da saß nun die arme Tochter des Bauern und wußte in ihrer Not nicht, was sie anfangen sollte; doch fiel ihr noch zuletzt ein gutes Mittel ein, sie fing nämlich aus Leibeskräften an zu beten, sich zu bekreuzigen und Gott anzurufen, so daß der Teufel endlich alle seine Macht über den Wagen und sie verlor und sie zuletzt sanft auf die Erde niedersetzte. Aus Zorn über die verlorene Beute nahm er aber die Teerbutte (Teerkübel) des Wagens und stülpte sie umgekehrt auf den Kirchturm des Dorfes; dort könnt ihr sie noch heute sehen, doch müßt ihr das Dorf erst suchen. (217)

Der Adamstanz bei Wirchow

Unweit des Dorfes Wirchow steht eine große Menge Steine beisammen, die sich ordentlich zu einem Kreise zusammengestellt zu haben scheinen. Es sind aber auch eigentlich gar keine Steine, sondern verwandelte Menschen, die zur Strafe zu Stein wurden. Es geschah nämlich einmal vor vielen hundert Jahren, daß mehrere Leute hier am heiligen Pfingsttag einen Tanz aufführten und dabei ganz nackt waren; aber kaum hatten sie den Tanz begonnen, so blieben sie auch stehen wie sie gerade standen, und so kann man sie noch sehen. In der Mitte stehen die beiden Bierschänken, außerhalb des Kreises die beiden Spielleute, und um jene herum sieht man die 14 Tänzer stehen. Das ist der Adamstanz oder der Steintanz, und so leicht wird's wohl keinem einfallen, ihn nachzutanzen. (218)

Die Ketzer-Dörfer und Ketzer-Berge in der Neumark

Als die Hussiten auf ihren Feldzügen in die Neumark kamen und hier wie überall große Verwüstungen anrichteten, zerstörten sie vor allem in der Umgegend von Königsberg eine große Menge von Dörfern, an deren

Stelle sie dagegen neue aufbauten. In diesen sollen sich noch vor etwa zweihundert Jahren in den Kellern einige Altäre gefunden haben, in denen sie nach Art der ersten Schriften während ihrer Verfolgung ihren Gottesdienst verrichteten, und man nennt diese Dörfer daher die Ketzerdörfer, und werden als solche besonders Wubieser, Zäkerick, Rüdenitz, Gabow genannt; ferner nennt man auch die Berge zwischen Wrechow und Zehden die Ketter- oder Ketzerberge, und mögen diese ihren Namen wohl aus einem ähnlichen Grund haben. (219)

Die Raben am Rathaus zu Königsberg

Im Herbst des Jahres 1588 sowie im März des folgenden Jahres erschienen an verschiedenen Tagen auf dem Rathaus und der Kirche zu Königsberg große Massen von Krähen, Dohlen und Raben, die in heftigen Kampf miteinander gerieten, worauf auch in einer folgenden Nacht ein unversehenes plötzliches Licht in allen Gassen, das aber bald wieder verschwand, gesehen wurde. Zum Andenken daran sind über der Tür des Rathauses zwei gegeneinandersitzende Dohlen oder Raben gemalt, die aber kaum noch zu sehen sind; auf dem untersten Rathausgiebel befand sich auch früher ein eiserner Rabe, der aber schon vor langen Jahren abgenommen ist.
Dieser Rabenkrieg war aber um so denkwürdiger, als er ein Vorzeichen des Kampfes war, der bald darauf 1589 zwischen dem Rat und der Bürgerschaft wegen eines Stückes Land unweit des Pimpinellenberges ausbrach; darüber entstand ein so gewaltiger Lärm in der Stadt, daß Kurfürst Johann Georg endlich die Stadt berennen ließ und über die Hauptunruhestifter schwere Strafen verhängte. Seitdem führt jenes Land den Namen des Streitlandes. (220)

Das schwarze Pferd

Es war im Jahr 1590, als sich in einer Nacht in der Stunde zwischen elf und zwölf Uhr in Königsberg ein schwarzes feuriges Pferd mit brennenden Augen zeigte, das lief in allen Gassen mit erschrecklichem Geräusch auf und nieder und sprang dergestalt, daß die Häuser gebebt und Feuer aus den Steinen gesprungen. Andern Morgens fand man das Bernekowsche innere Tor offen und das Pferd in dem Raum zwischen diesem und dem äußeren Tor liegen; sobald aber der Torwärter dazu kam, sprang es in die

Höhe und verschwand. Dieses Pferd ist vielleicht der Satan selber gewesen, denn am selben Tage abends gegen zehn Uhr brach in einem Haus der Stadt Feuer aus, welches er vielleicht angeblasen, um der Stadt eine große Feuersbrunst anzurichten. (221)

Die keusche Nonne

Im Jahr 1325 fielen die wilden Polen und Litauer in die Mark ein, und da geschah's, daß ein Bojar dieses Haufens eine schöne Jungfrau aus einem Kloster raubte und bald mit Bitten, bald mit Drohworten sie anging, ihm zu Willen zu sein, allein er konnte sie nicht erweichen. Deshalb unterstand er sich, Gewalt gegen sie zu brauchen, und wie sie nun einsah, daß sie würde unterliegen müssen, bat sie den Barbaren erst mit Tränen, dann mit Liebkosung, er wolle doch ihrer Ehre verschonen, dagegen wollte sie ihm eine Verehrung tun, davor er sich unter allen sterblichen Menschen wohl den glückseligsten in der ganzen Welt schätzen möchte. Jenem wurden von diesen Worten die Ohren so weit, daß er verwundert fragte, welch köstliche Verehrung das wäre, worauf sie ihm antwortete, es sei eine bewährte Kunst, wenn sie ihn die lehre, so könne er zeit seines Lebens mit keinen Waffen, Schwert, Spieß oder Pfeil an seinem Leib verwundet oder versehrt werden. Da versprach er, sie bei Ehren zu halten, wenn sie ihn diese Kunst lehren würde, und sie sagte jetzt: »Es sind nur wenige verborgene Zauberworte, die ich dafür spreche, und damit du an solcher Kunst nicht mögest zweifeln, sollst du sie an mir selbst zuerst versuchen.« Dies sprechend, kniete sie nieder, bekreuzte sich und betete den Vers aus dem 31. Psalm: *In manus tuas commendo spiritum meum.* Diese Worte verstand jener nicht, sondern meinte, es wären die starken unverständlichen Zauberwörter, worauf die ganze Kunst beruhte. Da sprach sie mit ausgestrecktem Hals, er sollte getrost zuhauen, so würde er die sicherste Probe der Kunst erhalten; dies tat er, hieb ihr das Haupt mit einem Streich herunter und sah nun erst, daß ihr die Ehre lieber als ihr Leben gewesen. (222)

Der Werwolf

Einige Menschen verstehen die Kunst, sich mittels eines Gürtels, den sie umschnallen, in einen Werwolf zu verwandeln, und so ist auch einmal einer in der Mark gewesen, von dem man noch an vielen Orten zu erzählen

weiß. Lange Zeit hatte keiner gewußt, daß er ein so gefährlicher Nachbar sei, aber endlich kam es folgendermaßen heraus.
Es lagen mehrere Knechte beisammen in den Koppeln, ihre Pferde zu hüten, und machten sich da ein Feuer an, bei dem immer einer wachen mußte. Als nun die Reihe an den Werwolf kam und er meinte, daß die andern alle fest schliefen, warf er schnell seinen Gürtel über, stürzte sich als Wolf auf die Pferde und verzehrte ein Fohlen mit Haut und Haaren. Das alles sah einer der Knechte, der sich nur schlafend gestellt hatte, mit an, sagte jedoch den andern kein Wort davon. Nicht lange danach kehrte der Werwolf zurück und die andern erwachten. Als sie nun bei dem Feuer lagen, da schauderte es den Werwolf so und er sagte: »Ich weiß nicht, wie mir heute so schuddrig ist!« – »Na«, sagte der Knecht, welcher nicht geschlafen hatte, »da soll einem wohl nicht schuddrig sein, wenn man ein ganzes Fohlen im Leib hat!« – »Dein Glück«, rief jener, »daß du mir das nicht vorher gesagt hast!« und mit diesen Worten streifte er seinen Gürtel über, wurde sogleich zum Wolf, sprang in den Wald, und nie haben ihn seine Gefährten wiedergesehen. (223)

Drei Friedeberger Bausagen

Im Fangturm am Neuen Tor ist Hexenasche eingemauert. In dem Turm sitzen seit alten Zeiten schwarze Männer, die nachts lärmen und Vorübergehende erschrecken und verfolgen.
Eine andere Sage berichtet: Das Mühlentor und das alte, nun schon längst abgetragene Landsberger Außentor waren früher zugemauert. Das soll folgenden Grund gehabt haben. Während der Markgraf Ludwig vom Falschen Waldemar bedrängt wurde, stellte sich auch Friedeberg auf Waldemars Seite. Als Ludwig aber seiner Gegner Herr wurde, da ließ er wie in andern ungetreuen Städten auch hier zum Zeichen des Schimpfes die Tore zumauern und in das Mauerwerk des Mühlentors aus andersfarbigen Steinen ein lateinisches W einfügen, damit noch in späten Zeiten die Schande erkannt werde, daß durch dieses Tor einst Waldemar seinen Einzug hielt.
Es ist noch eine dritte Sage bekannt: Die Mönche sollen sich von ihrem Kloster, Butschkes Hof, einen Gang unter der Erde gebaut haben, der schräg unter dem Markt weg nach einer kleinen Kapelle an der Ecke der Westum- und Richtstraße führte. Auf dem alten Klosterhof erscheint nachts, wenn alles schläft, eine schlohweiße Frau; man hört sie mit Geschirr und Gerät klappern und mit Wasser plätschern. (224)

Der Klostergang von Marienwalde

Als in Marienwalde noch die Mönche wohnten, führte ein unterirdischer Gang von der Kirche nach dem Dorf Klosterfelde. Schon längst aber wollte kein Mensch mehr das uralte, schaurige Gemäuer betreten, aus Furcht, in der Tiefe umzukommen. Da wurde einem Mann, der wegen schweren Verbrechens zum Tod verurteilt war, Gnade versprochen, wenn er sich entschlösse, den Gang zu erforschen. Der arme Sünder war froh, daß ihm noch ein Weg blieb, sein Leben zu retten, und er stieg mit einem Licht hinab in das dunkle Gewölbe. Als er schon eine lange Strecke in der Tiefe gewandert war, bemerkte er von ferne zwei Hunde, die mit großen feurigen Augen vor einer eisernen Tür Wache zu halten schienen. Er fürchtete, sie würden ihn verschlingen, behutsam näherte er sich ihnen; aber sie rührten sich nicht und ließen ihn ungehindert vorbeigehen. Als er an der eisernen Tür gepocht hatte und sich niemand meldete, drängte er mit aller Macht dagegen, und mit einem Krach sprang sie auf. Da gewahrte er zwei riesige Männer, die vor einem großen Haufen Gold saßen. Mit finstern, grimmigen Mienen fragten sie ihn, wie er sich erdreisten könne, diesen Ort zu betreten, und was er hier wolle; er müsse sogleich des Todes sterben. Der arme Sünder antwortete ihnen, er sei zum Tod verurteilt worden, und sein letztes Stündlein hätte geschlagen, wenn er nicht den Gang erforschen würde. Da schenkten ihm die beiden das Leben, fügten aber hinzu, nie dürfe er diesen Ort wieder betreten, das wäre sein sicherer Tod. Sie gaben ihm darauf goldene Abendmahlsgeräte, Kelch und Patene (Hostienteller), mit der Weisung, diese den Klosterleuten zu überbringen. »Wenn aber die Mönche«, versetzten sie, »nicht achtgeben, so werden ihnen die Geräte wieder gestohlen, und das Kloster wird bald von einem schweren Unheil heimgesucht werden.« Der Mann gelangte glücklich wieder aus dem Gang heraus, übergab den Mönchen den Schatz und richtete ihnen den Auftrag aus. Ihm wurde das Leben geschenkt. Die Geräte aber sind bald darauf doch gestohlen worden, und noch im selben Jahr äscherte eine Feuersbrunst einen großen Teil des Klosters ein. (225)

Folg altem Brauch

In unserer Gegend bestand früher die schöne Sitte, daß sonnabends der Bauer keinen Dung aufs Feld fuhr. Das geschah wohl, damit am Tag des Herrn die Fluren nicht voll häßlichen Gestanks wären. Streng folgte jeder

dem alten Brauch, und wer am Freitag schon aufgeladen hatte und dann doch nicht mehr zum Ausfahren kam, der lud noch am späten Abend die Fuhre wieder ab, auch wenn er am folgenden Morgen den Wagen nicht anderweit nötig gebrauchte.
Ein junger Bauer in Göhren spottete über den alten Glauben, und als der Sonnabend kam, da lud er seinen Wagen recht voll bis oben an, spannte seine beiden stattlichen Pferde vor und das junge dazu, und, »hüh!«, fuhr er lachend durchs Dorf. Am See aber scheute plötzlich das Fohlen, die Pferde wurden wild, rasten mit dem Wagen ins tiefe Wasser und ertranken alle drei. Das Zeichen ließen sich alle zur Warnung dienen, die ebenfalls mit dem alten Brauch brechen wollten, und erst in dieser neuen Zeit ist auch das anders geworden. (226)

Das Patengeschenk des Alten Fritz

Der Herr von Brand, der ein guter Freund vom Alten Fritz war, wollte gerade seinen Sohn taufen, als der König durch Lauchstädt kam. Dieser wurde daher gebeten, Gevatter zu sein, nahm auch die Patenstelle an und fragte: »Was soll ich denn Seinem Sohn für ein Patengeschenk machen?« »Ach, Majestät«, erwiderte der Herr von Brand, »hinter meinem Hof liegt ein alter Paddenpfuhl, wenn er den kriegen könnte!« – »Na, wenn's weiter nichts ist, den soll er haben«, erklärte der König. Nach dem Tauffest trat der Alte Fritz aus dem Schloß und wollte sich den Paddenpfuhl einmal ansehen. Als er die weite herrliche Seefläche vor sich schimmern sah, rief er aus: »Nie werde ich wieder etwas verschenken, bevor ich mir's angesehen habe.« Als nun aber seine Räte unwillig meinten, die Schenkung könne überhaupt keine Gültigkeit haben, entgegnete der Alte Fritz ruhig: »Ein König muß sein Wort halten, auch wenn er Schaden davon hat.« Und so verblieb der Hermsdorfer See, dessen Lauchstädter Ende der Paddenpfuhl heißt, den Herren von Brand. (227)

Von toten Reitern

Der alte Hauptmann von Brand war, wie erzählt wird, ein harter und strenger Mann. Als er starb, da wünschte er, daß man ihn auf dem Kirchhof begrabe und nicht im gemauerten Gewölbe. Aber die Söhne erfüllten seinen letzten Wunsch nicht. Nun ging eines Nachts – es war Monden-

Friedrich der Große in der Schlacht bei Kunersdorf. Kupferstich von Joh. Samuel Ringk

schein, und überall lag blanker Schnee – der Schulze von Wutzig nach Woldenberg. Plötzlich kam der tote Hauptmann zu Pferd auf ihn zugeritten, immer näher, und sah ihm scharf ins Auge. Aber sagen konnte er nichts; er ritt aufs Feld hin und verschwand. Der Schulze erzählte die wunderbare Begegnung dem Domherrn von Brand und bat ihn, er möchte doch den Leichnam aus dem Gewölbe bringen und ihn in ein Grab legen, sonst fände der Reiter keine Ruhe. Aber der Domherr tat das nicht, und seitdem mußten sich die Leute von Wutzig nachts immer vor dem toten Reiter fürchten.
Als dann der Sohn auch zu seinen Vätern versammelt wurde – er ist als Domherr im Dom zu Berlin gestorben –, da wurde er in dem Gewölbe im Tankower Park beigesetzt und konnte nun ebenfalls keine Ruhe finden. Allnächtlich um Mitternacht ritt er durch den Park und suchte jemanden, der ihm die Uhr aufzöge. 400 Taler wollte er dem geben. Aber es war so unheimlich unter den Bäumen und Büschen, selbst die Hunde hatten Angst, daß sich niemand das Geld zu verdienen getraute. (228)

Der Lubiather Pilz

Als Wolf, Fuchs und Bär noch in der Umgegend von Lubiath hausten, ritt ein polnischer Edelmann in seinen Wäldern zur Jagd. Gegen Sonnenuntergang stieß er auf einen gewaltigen Bären, den er so eifrig über Berg und Tal, durch Sumpf und Sand verfolgte, daß es darüber dunkel wurde und der Jäger die Richtung verlor. Drei Tage lang irrte er ohne Nahrung umher. Immer grimmiger plagte ihn der Hunger. Er betete zu allen seinen Göttern, aber keiner half ihm. Da entsann er sich des Christengottes, von dem ihm ein fahrender Händler erzählt hatte. In seiner Not betete er zum wahren Gott, und siehe, kaum war das Gebet verklungen, so sah er vor sich einen riesigen Pilz, dessen Stiel wohl 25 Fuß dick war. Er brach ein Stück los, aß es und fühlte sich wunderbar gestärkt. Nun ritt er vier Tage lang, bis er wieder zu den Seinen kam und erzählte ihnen von dem wunderbaren Erlebnis. Da wanderten viele Leute zu jenem Pilz und sättigten sich ebenfalls reichlich von seinem Fleisch, und weil er so groß war, beschlossen sie, an jenem gesegneten Ort zu bleiben, und nannten ihn Lubiath, d.h. Pilz. Sie bauten Häuser und wurden aus Dankbarkeit Christen, denn den ganzen Sommer hindurch bot ihnen das Gewächs Nahrung. Als der Winter kam, wollten sie sich mit Vorrat versorgen, hieben den Pilz ab und verteilten ihn unter sich. Drei Tage arbeitete man daran, ihn zu bergen. Die Geschichte von dem großen Pilz hatte sich herumgesprochen, und als man hörte, daß er gefällt würde eilten viele hin, auch ein Stück zu erhaschen. Der Schmied von Gottschimm, der Hammerlinger, soll 14 Fuhren Späne weggefahren und jahrelang mit Weib und Kind davon gelebt haben. Der abgehauene Pilz aber wuchs nicht wieder. (229)

Die Entstehung der Friedeberger Seen

Einst kam ein Gaukler nach Friedeberg und wettete mit den Bürgern, er wolle auf einem Seil über den See gehen und dabei einen Brei kochen. Der Hintersee, der Postmeister- und Obersee bildeten aber damals noch ein einziges langes und gleichmäßig breites Gewässer. Es wurde nun hoch über die ganze Fläche ein langes Seil gespannt, und der Gaukler ging in der Tat droben entlang und bereitete unterwegs seinen Brei. Aber beim Kochen lief der schöne Brei rechts und links über, fiel hinunter und verwandelte sich dort in festes Land. So wurde die Wasserfläche an einigen Stellen verengt und bildet seitdem drei Seen. (230)

Der Markgraf von Schwedt bei der Neuen Mühle

Nahe der pommerschen Grenze steht am Weg nach der Königsberger Neuen Mühle eine prachtvolle Buchenallee. Diese ist unter dem letzten Markgrafen von Schwedt gepflanzt worden; viele von den Bäumen hat der Markgraf höchsteigenhändig gesetzt. Von Schwedt aus seine großen Forsten inspizierend, ist er in dieser Allee sehr gern spazierengegangen.
Er besucht noch jetzt diesen seinen Lieblingsweg. Im Sommer zur Mittagszeit zwischen zwölf und ein Uhr kann man ihn dort bei hellem Sonnenschein zu sehen bekommen. Gravitätisch schreitet er einher. Er hat den Kopf mit dem Dreimaster etwas in den Nacken geworfen und drückt den Krückstock, den die Rechte in der Mitte gefaßt hält, von Zeit zu Zeit unter das Kinn.
Wer ihm begegnet, der mache schnell ehrerbietig Front. Dann nickt der hohe Herr einem freundlich zu, und man bekommt alsbald von oben her aus den Baumkronen, solange der Markgraf zu sehen ist, herrliche Musik zu hören. Denn oben, in Singvögel und Eichkätzchen verwandelt, begleiten ihren unten einherschreitenden Herrn alle die früheren Sänger und Musiker des ehemaligen »heiteren Hofes von Schwedt«.

Schwedt. Stahlstich um 1850

Wer unhöflich die Reverenz zu machen unterläßt, der hört über sich statt der Musik wüstes Schreien und häßliches Knarren und fühlt sich mit trokkenen Zweigen, Buchenkernen und allerlei Unrat beworfen, indes der Markgraf, ohne den Unachtsamen eines Blickes zu würdigen, weiterschreitet.
Immer Ehre dem, dem Ehre gebühret! (231)

Du winkst: ich gehe!

Nach der großen Niederlage im Westen der Neumark beim Mohriner See sammelten sich die Heiden zum nochmaligen Kampf gegen die Ordensritter im Osten des Landes bei dem See von Tankow, an welchem Orte sie bis dahin gewohnt gewesen waren das Fest der Sommersonnenwende zu feiern. Diese Stätte lauter Fröhlichkeit wurde, allem bisherigen Brauch entgegen, mit einemmal Schauplatz kriegerischen Getümmels.
Die Ritter des Christenheeres waren guten Mutes, als sie das Heer der Heiden erreichten. Denn Friedrich von Alvensleben erinnerte sie daran, daß einst Josua im Lande Kanaan die Heiden in der Schlacht am See Merom noch weit ärger auf das Haupt geschlagen habe, als es ihm in der ersten Schlacht bei Gideon und im Tal Ajalon gelungen war. So würde es auch ihnen, den neuen Gotteskämpfern, ergehen. Der Sieg am Berg von Mohrin sei der erste große Sieg in diesem Land gewesen. Jetzt noch die eine Schlacht hier am See: dann sei die Herrschaft gesichert.
Es geschah, wie sie geglaubt. Wohl waren die Heiden den Rittern an Zahl überlegen. Aber der Herr stritt auch hier für die Seinen. Viele Heiden sanken unter den Schlägen der Kreuzesschwerter in den Staub, eine noch größere Anzahl verschlang das Wasser des Sees.
Nun hatten aber die Heiden auch ihre gesamte Habe, dazu die Frauen und Kinder bei sich im Lager gehabt. Das Vieh und das andere Gut war dem Christenheer eine willkommene Beute. Aber was sollte mit den Weibern und Kindern geschehen? Die meisten Christen waren ja Ordensleute!
Die Meinungen gingen weit auseinander. Die alten Ritter vom Tempel sprachen für Schonung der Wehrlosen. Was Josua und die Kinder Israels den Leuten von Gideon und auch sonst schönen und willigen Gefangenen aus den Kanaanitern gewährt, das könne jetzt wieder geschehen: sie sollten den Christen zu Dienst weiter leben. Vielleicht bekehre sich auch mancher zum rechten Glauben. Dagegen sprachen die Johanniter, indem sie geltend machten: Der Heidenweiber wären zu viele. Diese würden in

der heranwachsenden Heidenjugend Trotz und Feindschaft stets rege erhalten und zudem manchem schwachen Christen gefährlich werden.
Gern hätte sich Friedrich von Alvensleben auf die Seite seiner alten Genossen vom Tempel gestellt. Aber da gab der Legat des Papstes den Ausschlag, indem er mit dem Zorn des heiligen Vaters drohte und auf das Wort der Schrift im Richterbuch hinwies: »Ihr sollt sie verbannen; sonst sollen sie euch zum Strick und ihre Götter zum Netz werden.«
So erging denn Weisung und Befehl, Kinder und Frauen im Heidenlager zu töten.
Als nun die christlichen Krieger halb unwillig, halb lüstern auf das Heidenlager zuschritten, kam ihnen aus dem Lager ein langer Zug von Jungfrauen entgegengewallt, alle mit schönen weißen Kleidern und festlichem Schmuck angetan und grüne Kränze in den Haaren. Voran schritt die Königstochter, eine liebliche Jungfrau mit schelmischen Augen und mit anmutigem Lächeln auf den rosigen Wangen. Holdselig klang ihre Stimme, als sie vor Friedrich von Alvensleben sich tief verbeugend zu reden begann:
»Herr, wir sind dein! Laß Frieden, laß Freude walten nach so vielem Leid und Weh. Vernimm meine Bitte und gewähre uns Gnade. Wäret ihr nicht gekommen und hättet uns die Väter und die Brüder genommen, so würden wir heute und hier das Sommerfest unsres Volkes feiern und hielten fröhliche Tänze. Ach, wir müssen vergessen, was geschehen, was nicht mehr zu ändern ist, daß unsre Väter und Brüder keine Feste mehr feiern können. Doch sei du nun unser Vater und laß, den Bund der Gnade zu bestätigen, hier deine jungen Krieger mit uns tanzen auf grünem Plan.«
Wie gern hätte Friedrich von Alvensleben solcher Bitte Gewähr geleistet! Schon hob er die Rechte, sie schützend und segnend auf das Haupt des schönen Königskindes zu legen: da schob sich ein dunkler Schatten zwischen beide. Finster blickend war der Legat des Papstes herzugetreten und fuhr ihn an:
»Für Ordensritter gibt es keinen Tanz als den der Schwerter! Wehe dir, lässest du diese Teufelin nicht eiligst zur Tiefe fahren!«
Da mußte Friedrich von Alvensleben sein Herz bezwingen, denn er mußte an die ihm und dem Orden vom Zorn des Papstes drohende Gefahr denken. Tränenden Auges winkte er das bittende Königskind von sich ab mit den herben Worten:

»Kind, meine Reiter im schwarzen Kleide
Sind keine Tänzer, kennen nicht Lust, nicht Freude!«

Ein furchtbarer Wehschrei der ganzen Mädchenschar durchzitterte alsbald die Luft. Und plötzlich wandelten sich bei der Königstochter Gestalt und Ansehen. Riesengroß hochaufgerichtet, blitzenden Auges, als sei's nicht eine Jungfrau von siebzehn Jahren, sondern Gott weiß was für ein Wunderwesen, stand sie da und schrie mit furchtbar kreischender Stimme auf den Legaten und auf Friedrich von Alvensleben zu:

»Du winkst. Jawohl, ich gehe.
Doch wo ich stehe,
Soll immer in Mannesjahren
Der Beste zur Tiefe fahren!«

Ob noch jung an Jahren, war sie in die Zauberkunst der Heiden bereits vollständig eingeweiht, diese Prinzeß. Sich wendend beschrieb sie mit der rechten Hand einen Kreis in der Luft und murmelte einige Worte in der Heidensprache.

Und siehe, plötzlich wirbelten die Wasser des naheliegenden Sees in großer Unruhe hoch auf. Wie weiße Rosse anzusehen eilten mächtige schäumende Wogen über das ebene Land und entführten die weißgekleidete Mädchenschar überschnell nach dem Heidenlager zurück. Der Boden zitterte bis zu der Stelle heran, wo die Ritter und Krieger sich befanden. Kaum konnten sie mit den Augen folgen, so schnell sank das ganze Heidenlager mit allem, was sich darin befand, in die Tiefe. Ein mächtiger Wassersturz vom See her deckte den Abgrund wieder zu, und wie gierig nach noch mehr Beute spülten lang sich hinziehende Wellen heran an die Füße der Männer und Rosse im Christenheer.

Solange die Gewässer noch tobten, schwebte die Königstochter, bald höhnisch winkend, bald grimmig drohend über dem Wogengekräusel. Zuletzt, als die Gewässer still wurden, sank auch diese den übrigen nach zur Tiefe.

Schaudernd hatten die Christen diesem entsetzlichen Schauspiel zugesehen. Die meisten jammerten in Ärger und ohnmächtiger Wut, daß die schon sicher geglaubte Beute ihnen enzogen wurde. Tränen tiefsten Mitleids hatte nur einer, Friedrich von Alvensleben, in dessen Haus und Familie es ja ohnehin schöne, von der Ahnfrau ererbte Sitte war, den Kleinen und Hilflosen freundlich und gefällig zu sein. Aus Achtung vor dem schrecklichen Verhängnis, welches hier den unschuldigen Rest des Wendenvolkes getroffen und aus Scheu vor der Drohung aus dem Mund der Prinzeß verbot Friedrich von Alvensleben seinen Templern und Johannitern, am See von Tankow Wohnung zu nehmen: »auf daß nicht böses Geschick spätere Christen hier treffe und die Zauberin mit einem der besten in Mannesjahren zu üblem Tanz abfahre«.

Solange er als Herrenmeister gebot, blieb's öde am Tankower See. Man überließ das Land dort den Schatten der Wenden, die in der Schlacht gefallen, ihrer Frauen und Kinder, welche durch Zaubermacht zur Tiefe gestürzt wurden. Und von der Zeit mag's herrühren, daß man sich ganz geheim in der Neumark erzählt, dort hielten in der Johannisnacht zur Zeit der Sommersonnenwende Geisterscharen ihre alten Feste und Tänze.

Spätere Ansiedler, die aus dem Reich neu ankamen, kümmerten sich nicht um die alten Geschichten. Das Land war offen und war gut. Und es ging den Leuten dort sehr gut, geht ihnen noch immer gut. Nur ein unheimliches Geschick lauert trotz allem und allen noch immer am See von Tankow und bricht unversehens herein.

Von Zeit zu Zeit, die Reihe der Jahre ist nicht bestimmt, fängt zur Sommerszeit einer der besten Männer aus denen, die am See ein freies Eigentum haben, an, unablässig nach dem See hinzustarren. Er wähnt eine weißgekleidete Jungfrau auf dem Wasser zu sehen, die ihm winkt. Unwiderstehlich zieht es ihn zu ihr hin, und zu ihrem Entsetzen bekommen seine Hausgenossen und Gefährten aus seinem Mund die halblaut gesprochenen Worte zu hören: »Du winkst: ich komme!«

Dann hilft kein Sorgen, kein Wachen: solche unglückliche Seele ist verloren! Eines Abends hört man bis Büssow hin ein entsetzliches Rauschen und Klatschen wie von wild rauschendem Wasser: »'s ist wieder in Mannesjahren der beste zur Tiefe gefahren.« (232)

Zielenzig und der Aukensee bei Gleißen

Friedrich von Alvensleben wollte die Herrschaft des Kreuzes Christi so weit ausbreiten, als ihm irgend möglich war. Er hatte im Norden der Warthe glücklich die Kreuze des Ordensgebietes der deutschen Ritter erreicht und bis dorthin die Heiden vernichtet. Nun zog er über die Ordensfeste Sonnenburg südwärts hinaus, und dem Lauf der Lenze und der Postum aufwärts folgend, eroberte er das Land Sternberg.

Nahe der Postumquelle stieß er plötzlich auf andere Feinde als diejenigen waren, welche er bisher im Wendenland bekämpft. Das waren keine gedrungenen, flachsköpfigen Leute, welche mit Keulen und mit kurzen Schwertern gegen seine Krieger fochten. Vielmehr waren es hagere Män-

ner mit dunklen Haaren und dunklen, funkelnden Augen, ihre Waffen krumme Säbel, Pfeil und Bogen. Ohnehin des vielen Streitens und Kriegens müde, sandte er, bevor sie miteinander handgemein wurden, Botschaft, zu fragen, wer sie wären. Die Boten brachten Nachricht zurück: »Jene Männer gehören zu einem großen Volk, welches bis weit nach Osten hin Wohnung hat. Sie lassen dir Freundschaft und gute Nachbarschaft entbieten, wollen dir die bis hierher gemachten Eroberungen ruhig gönnen. Doch auch du sollst sie nicht beunruhigen und ihre Herrschaft über die Bewohner des Landes, welches sie gleichfalls eben erobert, nicht stören.«
Solche Kunde war Friedrich von Alvensleben sehr willkommen. Er hatte sich bereits Sorgen gemacht, jene fremden Krieger möchten zu den Türken des Morgenlandes gehören, und mit diesen den Templern und Johannitern noch zu wohlbekannten Feinden aufs neue anzubinden, verspürte er keine Neigung. Wehmütig seufzte er nur: »Hüben wie drüben die Schwarzen über die Weißen!« Was mußte ihn auch alles daran erinnern, daß er nicht mehr den weißen Templermantel, sondern das schwarze Johannitergewand trug!
So sandte er denn dem Führer der fremden Reiter gleichfalls Botschaft zu Friedens- und Freundschaftsgruß, stieß seine Lanze auf dem Hügel, an welchem das Kreuzheer lagerte, in den Boden und rief seinen Leuten zu: »Hier ist das Ziel, hier endet sich's!« Dann gebot er, an eben dieser Stelle eine Grenzfeste und Warte zu errichten, bei der sich ein Städtlein für fleißige Handwerker und Ackerbauer erheben sollte, wie's Brauch in den Marken geworden war.
Doch solcher Bau wollte nicht zustandekommen. Soviel die Werkleute bei Tag auf dem Berg bauen und schichten mochten, über Nacht war alles verschwunden.
Ob auch die Priester den Boden weihten und segneten, ob auch das ganze Heer fastete und Prozessionen aufstellte: des Morgens war nichts von dem zu sehen, was tags zuvor geschafft worden war. Nach drei Wochen beschlossen die Ritter, von der unnützen Mühe abzulassen. Sie waren es überdrüssig, den Spott der Heiden ferner anzuhören, welche ihnen zuriefen: »Ne zelenje«, das ist »Keine Ansiedlung« und höhnend erzählten, sie hätten recht gut von vornherein gewußt, daß dieser Berg derartig von Quellen durchzogen sei, daß auf ihm Gebäude zu errichten und an seinen Seiten Äcker anzulegen nicht möglich wäre.
Indes nun die Bauleute zusammenräumen, geht ein Mönch aus dem Christenheer unten am Berg nach Osten spazieren und verirrt sich dabei in

Zielenzig. Gezeichnet von J. Gottheil, in Stahl gestochen von J. Poppel und U. Kurz um 1860

Rohr und Elsengestrüpp. Vergebens sucht er nach einem Ausgang. Er will, da es mit der zunehmenden Dunkelheit sehr kühl geworden, sein Gewand fester schnallen. Neues Unheil: die Zunge in der schon alten Gurtschnalle bricht aus und geht im Morast verloren. Noch tappt er eine Weile umher, dann sinkt er von Frost und Müdigkeit überwältigt zu Boden. Da, zu seinem Glück schlägt ein Hund an. Er rafft sich auf, dringt mit letzter Anspannung seiner Kräfte durch das dichte Gestrüpp, und dem Bellen des Hundes nachgehend erreicht er glücklich eine aus Zweigen und Moos gefertigte Hütte. In dieser saß bei flackerndem Feuer ein alter Heidenpriester, welcher ihn freundlich willkommen heißt, ihm gern das Gastrecht gewährt, ihm auch bereitwillig einen neuen Gurt mit fester Schnalle zum Festschürzen der Kleider gibt.
Sie essen und trinken miteinander und halten freundschaftliches Wechselgespräch. Jeder erzählt von seinem Volk, von den Göttern und von den Heiligen. Da klagt denn der Mönch, er und die Ritter hätten so gern auf dem Berg an der Grenze eine Christenstadt und ein Gotteshaus gehabt als ragende Warte in die Heidenwelt hinein. Aber hier am Ende des Landes scheine die Macht der Unterirdischen, der Heidengötter, zunächst noch

zu groß zu sein, daß ein christlich Werk dagegen nicht aufkommen könne. Das werde sich wohl erst ändern, wenn nicht bloß im eignen Land, sondern auch jenseits der Grenze der Unglaube abgetan sei.

Da lacht der alte Heidenpriester ihm ins Gesicht: »Das wird sich nie ändern! Hier geht's nicht nach eurem Willen, hier könnt ihr nur wohnen, wenn ihr werdet, wie wir waren.«

»Da sei Gott vor!« ruft der Mönch voll Entsetzen. Doch der Heidenpriester lacht weiter, steckt ihm die Zunge heraus und klopft sich mit dem Zeigefinger der rechten Hand vor die Stirn. Dem Mönch wurde klar, daß sein Gastgeber während des eifrigen Gesprächs und des wechselseitigen Zutrinkens des guten zuviel getan hatte. Schon will er, des eignen Ruhebedürfnisses eingedenk, jenen bitten, daß sie sich zum Schlafen niederlegen wollen. Da lallt ihm der Heide, vom Sitz aufspringend, mit schwerer Zunge zu: »Komm und sieh selbst.« Er schreitet zur Tür der Hütte hinaus. Von dem Mönch ist vor der plötzlich rege gewordenen Neugier alle Müdigkeit gewichen und rüstig folgt er seinem voraneilenden Gastgeber ins Dunkel. Welches Abenteuer wird es geben?

Sie schreiten lange kreuz und quer über Hügel, Talsenkungen, bald durch Sumpf und Moor. Endlich vernimmt der Mönch ein leises Rieseln wie von Wasser, das an Steinen herabplätschert. Indem steht sein Führer still und spricht ganz leise zu ihm:

»Was ich dir hier zeigen werde, ist ein großes Geheimnis, selbst meinem eigenen Volke ist dasselbe verborgen geblieben. Nur in meinem Geschlecht hat es sich vom Vater auf den Sohn fortgeerbt, was für unser Volk und das Land hier ringsum von großer Wichtigkeit war. Meine Vorfahren und ich selbst sind die Priester der großen Göttin, der Mutter des Lebens, gewesen, die da Macht hat über das alles Leben der Erde erhaltende Wasser. Der Berg, auf dem ihr eine Feste bauen und eine Ackerstadt gründen wolltet, ist der großen Göttin heilig. Er ist von oben bis unten von Quelladern durchzogen, und seine Wasserfülle hält nicht nur die eignen Abhänge desselben, sie hält auch weit umher das Land so feucht, daß es nur als Wiese und Elfenbruch den Menschen zu Gebote steht. Mein Volk, die Wenden, nahmen das so hin, wie es ihnen die große Göttin, die Mutter des Lebens, darbot und fanden Wohlgefallen daran, hier in dieser Gegend vereinzelt als Hirten und Jäger zu leben. Nur einen schwachen Abfluß, notwendig, daß nicht in Überfülle des Wassers der Boden sauer und unbrauchbar werde, hatte das Wasser des heiligen Berges. Wir stehen hier vor diesem. Aus einer Steinmauer, die meine Vorfahren und ich sorgfältig in Ordnung gehalten haben, jeden vom Wasserdruck gelockerten Stein sofort wieder befestigend, träufelt der Überfluß des Wassers aus dem Berg hier zu Tal. Hier opferten wir der großen Göttin und wachten unter Gebeten, daß alles blieb, wie es war. Sieh, das ist das Geheimnis des Berges, das ich dir anvertraue, damit du wohl belehrt den Deinigen sagest, was sie hier zu tun haben. Nämlich daß sie, nachdem sie die Erbschaft meines besiegten Volkes angetreten haben, hier auch leben, wie die Unsrigen gelebt, nicht zusammen in einer Stadt, sondern einzeln als Hirten und als Jäger. Ich habe keinen Sohn mehr, dem ich das alte Geheimnis übergeben könnte. Mein Sohn ist unter den Schwertstreichen eurer Reiter gefallen. So sei du mein Erbe. Zieh in meine Hütte, in welche der große Gott dich geleitete ohne deinen und meinen Willen. Diene hier der Gottesmutter, von welcher du mir erzählt hast, nach eurer Weise, wie ich ihr nach der meinen gedient habe, und gib das Geheimnis immer nur an einen andern Einsiedler weiter. Möge es euch wohlergehen, wie es unserm Volke hier lange Zeit wohlerging. Hüte dich, das Geheimnis andern mitzuteilen. Sie würden neugierig in großen Scharen herkommen und leicht könnte an dem vor dir stehenden Geschicht der Steine etwas gelockert werden. Das Wasser dahinter übt gewaltigen Druck. Bricht's einmal stärker auch nur kurze Zeit unbeobachtet durch, so ist es nie wieder zurückgekommen. Es entströmt dem Berg für immer und stürzt sich in die hinter uns befindliche Schlucht, bildet dort einen großen See und eilt unterhalb der Erde weiter nach Morgen zu einer andern Schlucht und von dieser aus gen Mitternacht in rasendem Lauf der Warthe zu. Dann aber wäre es nicht nur mit den Brüchen und Weiden hier herum vorbei, dann würde der Boden dort auf der Bergeshöhe so trocken, daß nicht einmal eure Weise, den Acker zu bestellen, von sonderlichem Nutzen wäre.«

Nachdem er so gesprochen, entzündete der alte Heide einen Fichtenzweig, und beim Schein der Flamme sah der Mönch eine gewaltige Steingrotte am Bergesabhang vor sich, aus welcher ein schwaches Rinnsal herniederträufelte. Der Heide streute etwas in das zu ihren Füßen vorbeifließende Wasser und murmelte Gebetsworte. Unwillkürlich betete der Mönch mit ihm. Das Geheimnis, dessen Hüter er werden sollte, bedrückte ihm die Seele. Die wunderliche Art seines Gastgebers, der erst so geheimnisvoll tat und dann so offenherzig war, machte ihn verwirrt. Die Unruhe seiner Seele zu beschwichtigen, schlug er in dem Augenblick, wo der Heide den Fichtenzweig zur Erde warf und dieser ins Wasser sinkend erlosch, mit einem Stoßgebetlein zur heiligen Jungfrau ein mächtiges Kreuz vor sich auf die Steinwand zu. Da war's ihm, als zitterte der Boden und als fingen die Steine an, sich knirschend zu schieben. Ein scharfer

Wasserstrahl schoß ihm angenehm kühlend an die glühende Stirn. Aber schon hatte ihn sein Gastfreund an der Hand ergriffen und geleitete ihn in völligem Schweigen rasch zuschreitend durchs Dunkel zur Hütte zurück. Dort angelangt, sprach er:

»Jetzt ruhe noch ein wenig. Mit Tagesanbruch geleite ich dich so weit, daß du euer Lager wiederfindest. Nach drei Tagen kehre wieder. Du wirst mich nicht mehr lebend finden. Begrabe mich unterhalb der geweihten Grotte, daß das heilige Naß über den Rasen meiner hügellosen Grabstätte hinabströmt, und warte weiter des von mir bisher gepflegten Dienstes.«

In herzlichem Abschied trennten sich beide am andern Morgen, nachdem der alte Heidenpriester seinen Gast noch so weit geleitet, daß dieser die Richtung nach dem Christenlager nicht mehr verfehlen konnte.

Schon während sie noch miteinander daherschritten, fiel dem Mönch auf, daß der Erdboden weit feuchter als am Nachmittag des vorhergehenden Tages war. Nachdem sie sich getrennt hatten und er allein weiterschritt, geriet er bald bis an die Knöchel ins Wasser an Stellen, über welche er gestern trocknen Fußes geschritten war. Noch eine kurze Strecke, da mußte er schon bis an die Knie im Wasser waten. Und was war das?

Plötzlich vernimmt er hinter sich einen markerschütternden Schrei, und sich umblickend sieht er seinen Gastgeber, welcher mit zwei Speeren bewaffnet durch das hochaufspritzende Wasser auf ihn zugelaufen kommt. Unwillkürlich bleibt er stehen. Da schlagen aus dem Mund des fast atemlosen Verfolgers die abgerissenen Worte an des Mönches Ohr: »Fremder, meine Zunge, das Geheimnis; Fremder, meine Zunge: du mußt sterben!« Und ein Speer, von des rasenden Alten Hand geschleudert, saust über seinen Kopf hin.

Jetzt erfaßt den Mönch namenlose Angst, und er flieht so schnell es geht durch das immer höher steigende Wasser vor seinem Verfolger, der den zweiten Speer hochhaltend auf ihn zustrebt. Da kommt ihm der Gedanke: der Alte hat zweimal das Wort »Zunge« gerufen. Sollte er ihm zürnen, daß er ohne Dank mit dem Gurt davongegangen sei, den jener ihm als Ersatz für seinen eignen gegeben, in welchem die Schnallenzunge ausgebrochen war? Hastig löst er den Gürtel. Doch bei der hierdurch veranlaßten Zögerung ist sein Verfolger so nahe, daß er ihn fast mit dem Speere erreicht und denselben zückt, ihn niederzustechen. Da schleudert der Mönch mit der Wut und Kraft der Verzweiflung dem alten Heiden den Gürtel ins Gesicht. Er hat, ohne solches zu wollen, jenen so getroffen, daß er seines Verfolgers ledig ist. Die aus solcher Nähe heftig geschleuderte Schnalle und deren Zunge ist dem Heidenpriester ins rechte Auge gefahren. Mit furcht-

barem Weheruf sinkt derselbe rücklings ins Wasser und ist darin verschwunden, indes die seinem Fall folgenden Wogenkreise den jetzt ungefährlichen Speer auf den Mönch zu tragen. Der Mönch ergreift den Speer, ihn für das Weiterfliehen im Wasser als willkommene Stütze zu benutzen. Da rauscht's plötzlich nochmals hinter ihm. Er glaubt, sein Verfolger tauche wieder auf, und hebt kampfbereit seinerseits die Waffe. Doch aufs neue und aufs höchste erstaunt über solch Wunderwerk läßt er sie schnell sinken: dort, wo der Heidenpriester versank, hebt sich aus dem Wasser eine riesengroße graue Wildgans. Sie schlägt drohend mit ihren ungeheuren Flügeln, kreischt ganz ähnlich wie der Todesschrei des niedersinkenden Heidenpriesters erklungen, zu dreien Malen. Dann wendet sie sich und entflattert dorthin, wo nach des Mönches Erinnerung das Tal mit der Steingrotte gelegen, bei welchem er mit seinem Gastgeber in der Nacht gewesen und wohin ihn jener hatte bannen wollen.
Mühsam arbeitete sich der Mönch, auf den Speer gestützt, durch das immer höher schwellende Wasser hindurch, bis ihm die Christen, welche von der Bergeshöhe herab voll Staunen auf diese plötzliche Überflutung blickten, wahrnahmen und ihm auf einem schnell aus Balken und Brettern zusammengefügten Floß entgegenfahrend Hilfe brachten. Sobald er ins Lager gelangt war, ließ er sich sofort vor den Herrenmeister führen und berichtete dem, was ihm in der Nacht und eben noch am Morgen widerfahren war.
Friedrich von Alvensleben erkannte in alledem sofort die gnädige Fügung des Himmels. Er ordnete an, daß das Heer nicht abziehen sollte, bis die Bauleute eine Burg auf dem Hügel errichtet hätten, und sprach froh: »So ist doch hier das Ziel und endet sich's!«
»O Zelenje!« klagten und jammerten freilich die Heiden, als sich neben der Burg eine Ansiedlung der Christen erhob, in deren Mitte der Mönch, welcher hier so viel Wundersames erfahren und erlebt hatte, nach dem Willen des Herrenmeisters sowohl wie des Landesbischofs von Lebus ein Heiligtum der wahrhaftigen Mutter des Lebens, nämlich der allerheiligsten Jungfrau, die der Welt den Fürsten des Lebens geschenkt, errichtet und fortan als Priester bediente.
Als die Abhänge des Berges sich unter den fleißigen Händen der Christen in Äcker und Gärten verwandelten, zogen sich die wenigen noch übriggebliebenen Heiden nach dem Gestade des neuen Sees ins Rohr und Elsbruch zurück. Die Christen lenkten nicht gern ihr Schritte dorthin. Der See lag so düster da, und häufig war auf ihm eine riesengroße Wildgans zu sehen, welche unter lautem Geschrei gegen die Neusiedlung, d.i. gegen

Zielenzig, hin drohend mit den Flügeln schlug. Nicht lange, so gesellten sich zu der einen großen Wildgans noch viele andere Wildgänse, deren düstere Gestalten und unheimliches Kreischen und Toben den See erst recht jedermann verleidete, zumal nachdem einige, die auf dem See fischen wollten, mit ihrem Kahn von plötzlichen Wirbelwinden erfaßt und in die Tiefe gezogen wurden. Man raunte sich im Volk zu: die wilden Gänse seien die Seelen jener Heiden, welche beim Entstehen der christlichen Stadt Zielenzig zum neuen See entwichen seien und dort, heidnisch weiter lebend, hartnäckig sich gegen den wahren Glauben abgeschlossen hätten. In Unruhe und Zorn friedlos sterbend müßten sie, zu Wildgänsen verzaubert, den Tag des letzten Gerichtes erwarten, geschart um den letzten Heidenpriester, welcher frevelntlich einen Priester des wahren Gottes hatte verführen wollen. Auch meinte man, dort in der düsteren Seeschlucht, die nur zu oft ein Opfer forderte, sei für das Sternberger Land der Eingang zur Hölle.

Es ist wahr: der Aukensee, jetzt Ankensee genannt, mit seiner unergründlichen Tiefe, der Kälte seines Wassers, der engen Schlucht und dem kleinen vom Zielenziger Berg her zu ihm strömenden Wässerchen, hat etwas außergewöhnlich Unheimliches an sich. Man schauert unwillkürlich zusammen, tritt man an dieses dunkle, unter kurzen Windstößen dann und wann plötzlich wie aufkochende und dann wieder regungslose Gewässer.

Und doch müssen wir dankbar zu ihm niederblicken. Denn wäre nicht vor dem Kreuz des Mönchs die rohe Steinwand der heidnischen Opferstätte zusammengestürzt, wäre der Aukensee nicht entstanden: wie hätte sich wohl das friedliche, gewerbfleißige Städtchen Zielenzig erheben können? Daß der See entstanden, brachte der Christenheit in der Mark vielen Segen.

Allein es hat auch seine Not mit der Stadt und dem umliegenden Land. Des Heidenpriesters Warnung an den Mönch hat nur zu sehr in der Folgezeit ihre Bestätigung gefunden. Nicht bloß nach dem See ist viel Wasser entwichen. Auch alle anderen Gewässer, die von Wandern her auf der dem See entgegengesetzten Seite des Berges bei Zielenzig vorbeiströmende Postum voran, eilen von der Sternberger Höhe abwärts in unglaublich raschem Lauf der Oder und Warthe zu. Große Mühe kostet es, Mühlwehre zu errichten und instand zu halten, größere als irgend sonst wo in der Mark, und Rieselanlagen zu machen gelang bisher auf der Höhe nicht. Wie sehr nötig aber wären dort solche! Der Acker, schöner, schwerer Boden, fast gleich dem des Odertals, in feuchten Sommern überaus ertragreich, leidet nur zu oft und zu sehr unter der Dürre, da ihm so gut wie jede nachhaltige Innenfeuchtigkeit fehlt. Und Wiesen? Meilenweit, bis hin nach Sonnenburg, müssen solche mühsam aufgesucht werden. Ein Glück, daß die Männer und Frauen im Sternberger Land mit einer Arbeitslust, wie sie kaum in der Welt wieder anzutreffen, gleich geboren werden und in solcher beständig bleiben bis ins Altenteil hinein. Wo's so steht, kommt schon jeder zu seinem Ziel, und von allem kann's heißen: Gut endet's sich! (233)

Die kupferne Pfanne im Schloß Sternberg

In der Walpurgisnacht hört man im Städtchen Sternberg lautes Hundegebell und dumpfes Glockenläuten, wie aus der Tiefe heraufkommend. Das sind die Geister, die den großen Schatz bewachen, welcher einst von der zerstörten Burg übriggeblieben ist. Das war um das Jahr 1500, als Markgraf Joachim I. mit dem Markgrafen der Lausitz und dem Herzog von Glogau gegen den Raubrittersitz in Sternberg zu Felde zog. Schrecklich hatten die »edlen Ritter« unter Führung des Balthasar von Winning in und um Sternberg gehaust und ein hübsches Mädchen, das sie geraubt und geschändet hatten, das aber glücklich entkommen war, erzählte die grausigsten Dinge von dem Menschenfleisch, das ihm täglich vorgesetzt wurde, von dem großen Messer, mit dem Männer und Frauen abgeschlachtet wurden und von der riesengroßen kupfernen Pfanne, die bis an den Rand mit dem geraubten Gold und Silber angefüllt war. Die Burg wurde bis auf den Grund niedergebrannt, nachdem die erst kurz zuvor erfundenen »Donnerbüchsen« die Mauern zerstört hatten. Alle Raubritter wurden zum Tod durch den Strang verurteilt, nur die Winnings durften am Leben bleiben, mußten sich aber auf dem flachen Land ansiedeln.
Die große Kupferpfanne hat man bei der Eroberung der Burg auch gesehen, aber zwei große Schlangen haben darauf gelegen; und eine verzauberte Jungfrau, die ein großes Schlüsselbund in der Hand hielt, hat den Schatz bewacht, daß niemand sich heranwagte. Dann ist die Pfanne nebst ihrer Bewachung unter den Trümmern der Burg begraben worden. Dort ruht der Schatz noch heute, und der Geisterruf in der Walpurgisnacht erweckt immer aufs neue bei den Sternbergern das Verlangen, ihn zu heben. (234)

Die Altmark

Ursprung der Stadt Stendal

Die Stadt Stendal soll vordem nur ein kleines Dorf gewesen sein, weshalb auch bis auf den heutigen Tag ein Teil derselben den Namen des alten Dorfes führt, und soll der berühmte Kaiser Heinrich der Finkler (der Vogler) es zuerst zu einer Stadt erhoben haben. Er hat auch öfter hier seine Wohnung gehabt, und zeigt man in dem alten Dorf unfern der St. Jakobskirche noch ein Haus, das ihm zugehörig gewesen, und hinten an demselben ein altes Gemäuer sowie der an dem Vorderhause angebrachte Adler sind noch vor hundert Jahren sichtbar gewesen, und erzählt man noch bis auf den heutigen Tag, daß dies Haus ehedem eine Freistatt war, so daß sogar einer hat Vater und Mutter totschlagen können und, wenn er nur diese Zufluchtstätte erreicht, aller Strafe frei und ledig gewesen. Jetzt zeichnet sich das Haus vor den andern nicht weiter aus, außer daß an dem breiten Giebel zum Andenken ein schwarzer Mohrenkopf eingemauert ist. (235)

Der Aufruhr zu Stendal

Dicht am Rathaus zu Stendal steht die gewaltige Bildsäule des Roland, von dem man sich mancherlei Sagen erzählt. So wird berichtet, daß er verheiratet, und der, welcher zu Buch steht, seine Frau sei. Andere sagen auch, wenn er es um Mitternacht zwölfe schlagen höre, so drehe er sich dreimal um.

Wegen dieses Rolands wäre es fast einmal zwischen dem Rat und den Bürgern zu blutigem Streit gekommen. Das kam so:

In Stendal erschien ein Bildhauer, der meinte, der Roland sei für das große Rathaus nicht ansehnlich genug, ging daher zum versammelten Rat und bot sich an, er wolle ihn länger machen. Die Ratsherren meinten aber, sie wollten ihn nicht *länger* haben, worüber sich jener gekränkt fühlte, bei den Bürgern umherging und das Gerücht aussprengte, der Rat wolle den Roland nicht länger *haben*. Dadurch brachte er denn natürlich die gesamte Bürgerschaft in Aufruhr, sie kamen wild dahergestürmt, belagerten das

Die Altmark. Kupferstich aus Johann Christoph Bekmann, Historische Beschreibung der Chur und Mark Brandenburg. Berlin 1753

Rathaus und schrien unaufhörlich, sie wollten den Roland noch länger *haben*. Da klärte denn der Rat das Mißverständnis auf, und alles ging lachend und zufrieden, daß der Roland bleiben sollte, nach Hause. (236)

Der Fisch in der Marienkirche zu Stendal

Vor langen Jahren, die Chronisten sagen 1425, ist das Wasser der Elbe einmal so hoch gewachsen, daß man die Dämme vor dem Andrang des Wassers gar nicht mehr schützen konnte, und da hat sich's denn zugetragen, daß der Fluß bei dem Dorf Hemerten durchgebrochen ist und das Land weithin überschwemmt hat. Ja sogar bis nach Stendal, obwohl dies eine Meile von dort entfernt liegt, ist das Wasser vorgedrungen und ist so hoch gestiegen, daß Markt und Straßen davon erfüllt wurden. Da ist's denn auch in die Marienkirche gekommen, und gleichsam als sollten noch die späteren Geschlechter ein Wahrzeichen dieser Schreckenszeit haben, ist ein Fisch, den die Flut in die Kirche geführt, dort, wie einige sagen, gefangen worden, wie andere erzählen, an einem spitzen Haken hängengeblieben, und als sich nun das Wasser verlief, gefunden worden. Zum Andenken an diese wunderbare Begebenheit hat man ihn nochmals in Eisen nachgebildet und ihn in solcher Höhe vom Boden an einem Pfeiler unfern des Altars befestigt, wie sie das Wasser erreicht hat. Die Höhlung, wo er gesessen, ist jetzt noch etwa drei Fuß vom Boden zu sehen, der eiserne Fisch hängt aber höher, damit die Kinder nicht mehr ihr Spiel mit ihm treiben. (237)

Der Quadersteig in St. Marien zu Stendal

Die St. Marienkirche zu Stendal zeichnet sich durch ihr wunderschönes Geläute aus, sie hat nämlich acht Glocken, von denen die älteste vom Jahr 1440 ist. Nun lebte damals, als die Kirche erbaut wurde und zum ersten Mal zum Gottesdienst geläutet wurde, dort eine reiche Jungfrau, die aber ebenso frommen als heiteren Gemütes war. Diese besuchte jeden Tag die Kirche; allein eines Tages sah sie, wie eine Leiche in die Kirche gebracht und in dem Gang nach der Mitternachtsseite der Kirche zu unter Grabgebeten und Sterbegesängen in die darunter befindliche Gruft hinabgelassen wurde. Da dachte die Jungfrau, es sei doch sonderbar, daß die Toten, die gar nicht mehr hören und sehen könnten, in die Kirche kommen sollten, und sie beschloß eine Stiftung zu machen, daß wenigstens auf dem Weg,

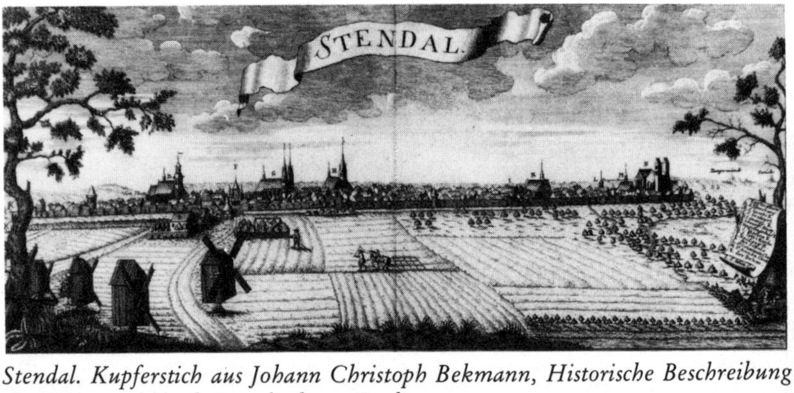

Stendal. Kupferstich aus Johann Christoph Bekmann, Historische Beschreibung der Chur und Mark Brandenburg. Berlin 1753

den sie von ihrem Haus aus bis zu ihrem Kirchstuhl zu durchwandern habe, d. h. vom kleinen Altar bis zum Taufstein unter der Orgel, niemand mehr begraben werden solle. Sie erbat sich also die Erlaubnis, den genannten Gang der Kirche mit schönen Quadern auf ihre Kosten pflastern zu lassen, mit der Bedingung, daß dort kein breiterer Stein – und darunter verstand sie die Leichensteine für reiche Leute, denn die Armen wurden sowieso hier nicht begraben – die einzelnen Quadersteine verdrängen solle. Auf diese Bedingung ging man auch ein, und als sie selbst kurze Zeit darauf als blühende Jungfrau und glückliche Braut starb, ist sie auf dem gemeinsamen Friedhof begraben worden, und bis diese Stunde ruht kein Totengebein unter dem Quadersteig der Marienkirche. (238)

Jungfer Lorenz

In Tangermünde sind einmal sehr reiche Leute gewesen, die haben ein einziges Kind gehabt, ein Mädchen, und haben Lorenz geheißen. Wie es nun einmal an einem Frühlingstag so recht schönes Wetter war, da ist die Kleine ganz allein hinausgegangen in den Wald, um Kräuter zu suchen. Aber da der Wald sehr groß war, hat sie sich verlaufen und konnte nimmer wieder herausfinden, und wie sie so dachte, daß sie hier würde verschmachten müssen, setzte sich sich hin und fing bitterlich zu weinen an. Sie hatte aber nicht lange gesessen, so kam ein großer Hirsch mit gewaltigem Geweih auf sie zu, nahm sie auf seinen Rücken und führte sie unversehrt nach der Stadt. Dort ist er dann bis an sein Lebensende gepflegt worden, und als er tot war, hat man sein Geweih in der Nicolaikirche aufgehängt und auf demselben zum Andenken an die wunderbare Errettung das Bild der Jungfer Lorenz, aus Holz geschnitzt, angebracht. Der Wald aber, in dem dies geschehen, ist jetzt verschwunden, jedoch führen die an seiner Stelle gelegenen Äcker noch den Namen des Lorenzfeldes.
Das Geweih mit dem Bild hat lange Jahre in der Nicolaikirche gehangen, denn man erzählte, daß Jungfer Lorenz verordnet habe, es solle darin bleiben, solange noch ein Stein auf dem anderen sitze. Deshalb nahm man es auch, sobald in der Kirche gebaut wurde, nicht heraus, da es jedesmal einen gewaltigen Lärm erregte, wenn es angerührt wurde, und ließ es auch in der Kirche, als sie zu einem Lazarett umgewandelt wurde. Seit dem Jahr 1831 jedoch ist es nach der Stephanskirche gebracht worden, wo es nun ruhig in der Nähe des Altars hängt. (239)

Kaiser Karl zu Tangermünde

Kaiser Karl IV. hielt sich gern zu Tangermünde auf und baute auch das hoch an der Elbe gelegene Schloß. Hier hat er allerhand Kurzweil getrieben und erzählte man sich noch vor vielen Jahren von dem Rehagen, den er dort eingerichtet, sowie von dem fahlen Pferd, der Speise, die nichts kostet und niemand schadet, und anderem mehr. Daher hat man auch noch einen Trinkreim aus dieser Zeit, der also lautet:

Kaiser Karolus sin bestet Peerd
dat was ene falige Stute,
dat ene ooge was nist wert,
dat annere was reen ute,
reen ute, reen ute, reen ute,
nu wisch he sik de Schnute. (240)

Die Glocken zu Großen-Möhringen

Nordöstlich von Großen-Möhringen bei Stendal liegt in den Wiesen eine wüste Dorfstätte namens Kobla, und man kann dort noch die Reste des alten Gemäuers der Kirche sehen. In dieser Gegend hütete einmal der Schweinehirt sein Vieh und fand eine Sau seiner Herde in einem tiefen Kessel liegend, in welchem sie Junge geworfen hatte. Als er nun diese herausnahm, erkannte er, daß es eine schöne Glocke war, in welcher sie lag, und das Gerücht davon verbreitete sich schnell in der ganzen Gegend und kam auch nach Stendal. Da machte nun die dortige Domgemeine Ansprüche darauf geltend und schickte einen eigens dazu verfertigten Wagen mit zehn Pferden bespannt, aber sie konnten sie nicht von der Stelle rücken. Ein Bauer aus Großen-Möhringen spannte nun seine acht Pferde davor, und jagte triumphierend damit zum Dorf; aber es entstand darüber bald ein lebhafter Streit mit der Domgemeinde, denn sie behauptete, der Schall dieser Glocke sei so stark, daß sie davon getäuscht würde und vermeine, es läute in St. Nicolai; gleichwohl ist Großen-Möhringen eine starke Meile von der Stadt entfernt, aber die Galmlöcher nach Stendal zu mußten doch deshalb fast ganz zugemauert werden und sind es auch jetzt noch geblieben. Als aber die Glocke einige Zeit dort gehangen hatte, zeigte sich, daß sie für den Turm zu schwer sei, denn er bekam einen großen Riß, und da ist sie denn nach Magdeburg gekommen.

Rathaus in Tangermünde. Gezeichnet von J. Gottheil, in Stahl gestochen von J. Poppel und U. Kurz um 1840

Andere erzählen auch, die Glocke sei nicht in der Kobla, wie jene wüste Feldmark nach dem Dorf genannt wird, sondern auf dem Dollberg bei Burgstall gefunden worden, weshalb man, wenn sie geläutet wurde, auch deutlich hören können, daß sie gerufen:

»Doll in, Doll uut,
Oll Säu wool (wühlte) uut.«

Dicht vor Großen-Möhringen steht auch am Weg nach Stendal bei der Windmühle ein steinernes Kreuz, welches zum Andenken an den Mord, den ein Glockengießer dort beging, gesetzt ist. Dieser wollte nämlich an der genannten Stelle eine Glocke gießen, und da ihm der Guß nicht recht vonstattenging, meinte er, es müsse noch etwas an den Zutaten fehlen, lief daher eiligst nach Stendal um noch solche zu holen, und ließ den Lehrburschen allein zurück. Der aber konnte dem Gelüst nicht widerstehen und vollzog den Guß, ehe der Meister zurückgekehrt war, und es gelang ihm das Werk auch so gut, daß er voll Freude jenem entgegenlief, ihm die Nachricht zu bringen. Der wurde aber sehr zornig und erschlug den Burschen in rasendem Neid. Da hat man denn zum Andenken das steinerne Kreuz aufgerichtet. (241)

Die Schlacht an der Deetzer Warte und das Pumpelgrab

Etwa auf der Hälfte des Weges von Stendal nach Gardelegen liegt bei dem Dorf Deetz ein alter viereckiger Turm und dabei von alten Zeiten her ein Krug, welchen man die Deetzer Warte nennt. Von hier aus erstrecken sich nach Norden zu zwei nebeneinanderlaufende hohe Erdwälle mit tiefen Gräben wohl eine Achtelmeile, und auch südwärts finden sich noch Spuren von solchen nach der Gegend von Käthen zu. Hier soll einst eine große Schlacht mit den Wenden stattgefunden haben, weshalb die Länder da herum noch die Kriegländer geheißen werden, und die Wenden sollen in jenen Gräben ihre Zuflucht gesucht haben.
Andere erzählen, diese Schlacht hat sich in dem Krieg abgespielt, den Willebrand, Erzbischof von Magdeburg, mit dem Markgrafen Otto mit dem Pfeile geführt. In diesem hat sich der Erzbischof mit den Harzgrafen unter der Anführung des Busso von Erxleben verbunden, ist in die alte Mark eingefallen und hat die Kühe fortgetrieben. Die von Stendal wurden dessen aber inne, fielen aus und trafen die Feinde bei der Deetzischen Warte, und blieben in einem harten Kampf, in dem Busso von Erxleben und Wer-

ner Kalbe, Bürgermeister zu Stendal, fielen, Sieger, bekamen auch den Raub wieder. Die Schlacht ist aber so blutig gewesen, daß die Erde davon noch lange gerötet blieb, und die alten Bauern noch lange von dem Herrn von Falckenstein, der auch wohl dabei gewesen sein mag, und von Busso von Erxleben sangen. Die Warte aber sowohl als den Landgraben sollen die von Stendal von dem Sieger wegen der ihm erwiesenen Treue zum Geschenk erhalten haben, weshalb der Magistrat zu Stendal noch die Gerichte dort hat.
Endlich wird noch erzählt, es sei hier eine große Schlacht mit den Schweden gewesen, und man zeigt auch noch unweit des Weges, der von der Warte nach Klinke führt, einen gewaltigen Stein, welcher »dat Pumpelgraft« heißt, um den mehrere andere auf dem beackerten Feld herumliegen, andere sind auch schon fortgeführt. Die Schweden sollen auch jene Schanzen aufgeführt haben, und einer ihrer Führer, dessen Name Pumpel gewesen, in jener Schlacht gefallen sein und unter dem Stein begraben liegen. (242)

Der Ursprung von Gardelegen

Die Stadt Gardelegen ist anfänglich ein kleiner Flecken gewesen und hat aus wenigen Häusern bestanden, die zerstreut auf dem Feld lagen, und zwar nicht an der jetzigen Stelle, sondern weiter nördlich dem Dorf Lüffingen zu, in der Gegend, wo ehedem das alte Schloß stand, welches, da die Wenden lange Zeit davorgelegen und es nicht gewinnen konnten, den Namen Isernschnibbe erhalten hat. Als aber die neue Stadt gebaut war, hat man diese Stelle Olden Gardelef genannt, und ein großes steinernes Kreuz mit einer Inschrift an derselben aufgerichtet, wohin man ehedem alljährlich am Sonntag Exaudi eine feierliche Prozession unternahm.
Der Ort, wo jetzt die Stadt liegt, ist aber vor Zeiten ein großer Sumpf und dichtes Gebüsch gewesen, durch welches die Milde und Lausebeck flossen, und darin haben Buschklepper und Räuber ihr Schlupfwinkel gehabt, die dem Land großen Schaden zufügten. Wie nun die alten Gardeleger kühne Männer waren und sich besonders den Räubern furchtbar machten, so geschah es einst, daß sie einen dieser Räuber fingen und von ihm die Nachricht erhielten, wo jene ihr Raubnest hätten. Zugleich erfuhren sie, daß es ein bequemer und gar guter Ort wäre, eine Stadt dahin zu bauen. Da hat man sich denn aufgemacht, den Ort untersucht und alles angezeigter-

maßen gefunden, und so den Entschluß gefaßt, dort eine neue Stadt anzulegen.
An der Stelle des jetzigen Marktes hat man dann den Anfang gemacht und von da herunter nach dem alten Gardelef zuerst die Stendalsche Straße gebaut. Darauf hat man vom Markt an die Straße, die nach St. Nicolas Kirche führt, dann die lange Magdeburgische Straße und die Burgstraße, auch die Rittergasse gebaut, welche so tief gelegen, daß man, um nicht im Kot steckenzubleiben, große Steine dahin geworfen, auf denen man vom einen zum andern hat springen müssen. Die Sandstraße ist zuletzt gebaut worden und hat ihren Namen daher bekommen, daß man den auch hier sehr sumpfigen Grund mit Sand erhöhte. Natürlich ist dies erst im Lauf mehrerer Jahre geschehen und die Stadt erst allmählich zu einer solchen geworden.
Andere erzählen noch, vor dem Soltischen Tor an der oben angegebenen Stelle habe sich jener Räuber aufgehalten und dort seine Höhle gehabt. Da taten sich die Dörfer Sassendorf und Neseritz mit Gardelegen zusammen und entdeckten endlich seinen Aufenthalt mittels der dahingehenden Pferdespuren; dort belagerten sie ihn so eng, daß er sich endlich entschloß, sich ihnen zu ergeben, wobei er jedoch die Bedingung machte, daß man ihn nicht auf eine schmähliche Weise zu Tode bringen möchte, wohingegen er fortan einen besseren Lebenswandel zu führen versprach. Das ist ihm denn auch bewilligt worden, doch hat er zu Ehren des Hl. Georg eine Kapelle vor dem Salzwedeler Tor bauen müssen, die noch steht. An diesem Ort ist daher noch in späterer Zeit das Volk alljährlich einmal zusammengekommen, und man hat zum Andenken an die Befreiung von gedachtem Räuber eine Beisteuer für die Armen gesammelt, woraus endlich das Hospital zu St. Georg entstanden. (243)

Mordstellen

Die Sitte, solche Stellen, an denen Selbstmörder oder Ermordete begraben liegen, durch Steine zu kennzeichnen oder mit Zweigen zu bedecken, ist weit verbreitet.
Wenn man den Weg von Schwiesau nach Lockstedt verfolgt, so gelangt man zu einer solchen Mordstelle. Dort wurde vor vielen Jahren ein Handwerksbursche ermordet. Die Mörder wurden bald gefaßt, es waren zwei junge Männer, von denen der eine sich im Stendaler Gefängnis selbst entleibte, während der andere, der Schlossergeselle Suhr, dem Beil des

Henkers verfiel. Die Mordstelle kennzeichnet ein Stein, auf dem die Tat verzeichnet steht. Ein frommer Aberglaube schmückt mit grünen Zweigen ab und zu den Stein.
Zwischen den Dörfern Grüningen und Glienicke, an der Chaussee von Brandenburg nach Ziesar, bemerkt man auf der rechten Seite einen Hügel, auf dem sich ein Haufen Steine befindet, sie von den vorbeiwandernden Dorfbewohnern dorthin gelegt wurden. Das Volk nennt diese Stelle den »Totschlag«. Die Leute erzählen sich, daß hier vor langer Zeit ein Handwerksbursche ermordet wurde.
In der Nähe der Stadt Belzig geht durch einen Kiefernwald in verschiedenen Krümmungen der sogenannte »Siebenbrüderweg«, an dem sich sieben einzelne Häufchen Zweige in kurzer Entfernung von 80–100 Schritten vorfinden. Die Sage erzählt, sieben Brüder seien einst vom Jahrmarkt des nahen Städtchens nach ihrem Heimatdorf durch den Wald zurückgekehrt. Angetrunken und ermüdet, hätten sie sich im Wald gelagert und seien eingeschlafen. Am andern Tag fanden vorübergehende Leute die sieben Brüder im Schnee erstarrt und tot infolge der großen Kälte. Jede Stelle, an der man eine Leiche fand, wurde durch ein Häufchen Zweige gekennzeichnet. Diese wurden immer wieder erneuert, so daß die Sage von den sieben unglücklichen Brüdern nicht in Vergessenheit gerät. (244)

Der Naberskrooch

An der nördlichen Spitze des Drömling, der noch vor hundert Jahren ein so dichtes und unwegsames Elsbruch war, daß man ihn meistens nur im Sommer durchschreiten konnte, liegt ein Dorf, welches Neu-Ferchau heißt, von den Leuten aller umliegenden Orte der Naberskrooch genannt wird. Warum es diesen zweiten Namen erhalten hat, weiß man nicht mehr recht, allein es werden doch verschiedene Gründe dafür angegeben.
Einige erzählen so: Vor Zeiten war das Dorf Neu-Ferchau noch nicht so groß wie jetzt und erstreckte sich etwa auf die halbe Länge, da baute sich in nur ganz geringer Entfernung davon ein Krüger an, der hieß Naber, und danach nannte man seinen Krug Naberskrooch; allmählich erweiterte sich nun das Dorf bis zu diesem Ort und seitdem hat es jenen Namen erhalten. Daß aber der Krüger wirklich Naber geheißen, kann man daraus ersehen, daß ein Mann des Namens noch bis auf den heutigen Tag im Dorf ist; zwar heißt dieser eigentlich Hannover, allein so schlechthin nennt man ihn doch meistens Naber. Andere sagen, der Krüger habe nicht Naber mit Vaters-

namen geheißen, sondern weil er so dicht beim alten Dorf gewohnt, habe man ihn gemeinhin den Naber oder Nachbar genannt, und wenn man zu ihm hat gehen wollen, gesagt: »Wi willen na Nabers Krooch gan.« Daher sei denn der Name entstanden.
Andere erzählen wieder anders: Ein Postbote namens Naber nämlich nahm seinen Weg von Gardelegen nach dem Hannoverschen gewöhnlich hier entlang, als das Dorf Neu-Ferchau noch gar nicht da war; nun war dieser ein etwas geiziger Mensch und trank statt Bier lieber Wasser, daher ließ er denn alle Krüge auf seinem Weg links liegen, verweilte jedoch stets bei einer Quelle, die an der Stelle lag, wo später das Dorf gebaut wurde, und trank sich hier recht satt. Daher ist denn Neu-Ferchau spottweis später Naberskrooch genannt worden.
Endlich erzählt man, daß die Frachtfuhrleute, die gewöhnlich bei ihrer Reise von Magdeburg nach Hamburg hier eingekehrt seien, dem Dorf jenen Namen ebenfalls spöttischerweise gegeben hätten, wie sie überhaupt verschiedenen Orten der Umgebung solche Bezeichnungen beigelegt; so haben sie das Dorf Lubitz, wo sie gewöhnlich die Pferde auszuspannen pflegten, Sorgen, und einen Teil der Straße zwischen Neu-Ferchau und Quarnebeck den schwarzen Damm genannt, und dergleichen mehr.
Nach diesem Naberskrooch kommen nun, wie man sich im ganzen westlichen Teil der Altmark erzählt, die Toten, denn hier müssen sie ihren letzten Sechser verzehren, welchen man ihnen zu dem Behuf mit in den Sarg gibt; besonders aber müssen diejenigen, welche im Hans-Jochen-Winkel wohnen, notwendig dahin und werden nicht eher ins Himmelreich eingelassen, bevor sie da gewesen sind; darum sagt man auch oft, wenn einer schon lange verstorben ist: »De is all lange in Naberskrooch«, oder, sobald einer verschieden ist, heißt es: »Nu is he all hen na Naberskrooch«, und man erzählt sich zugleich, daß die Toten hier einander besuchen. (245)

Der Mittelpunkt der Welt

In Poppau, einem Dorf nördlich vom Flecken Klötze, ist der Mittelpunkt der Welt; die Kette, womit das ausgemessen wurde, liegt schon seit langen Jahren in einem kleinen Teich am Ausgang des Dorfes nach Grieben zu unter einem Stein, der wunderbar kantig und spitzig gestaltet ist und über das Wasser hervorragt. Vor einigen Jahren wollte man nahe am Teich ein Haus bauen und dämmte ihn daher an der einen Seite zu, da hat denn einer der Bauern ein Stück der Kette gefunden, das war von Eisen und hatte

Ringe, etwa so groß wie die einer Halfterkette. In der Nähe des Dorfes liegt auch ein Stein, wenn der den Hahn krähen hört, dreht er sich dreimal um. (246)

Das Grab des Riesenkönigs und die Röverkule

In der Nähe des jetzigen Fleckens und ehemaligen Klosters Diesdorf liegt nach dem Dorf Wadekath zu eine große Anzahl von Hünengräbern, die sich in gerader Linie vom Lüneburgischen herunter bis ins Magdeburgische erstrecken sollen. In einem liegt der Riesenkönig begraben, mancher hat deshalb schon dort gesucht, bis jetzt hat ihn aber keiner gefunden. Nur einige Schritte von einem dieser Gräber liegt eine große trichterförmige Vertiefung, welche mit einem Wall und Graben umgeben ist und die kleene Röverkule heißt. Hier haben vor langen Jahren Räuber gewohnt und, um vor Verfolgungen sicher zu sein, dieses Loch mit einem großen Deckel aus Holz und Flechtwerk zugedeckt. Wenn ihnen nun gemeldet wurde, daß jemand vorüberzog, brachen sie plötzlich hervor, plünderten die Reisenden aus und zogen sich dann schnell in ihren Schlupfwinkel zurück. Etwas weiter davon, nicht fern vom hannoverschen Ort Wittingen, liegt eine gleiche Vertiefung, welche die große Röverkule heißt und zu ähnlichen Zwecken gedient hat. (247)

Die Nachzehrer

In der Gegend von Diesdorf glauben noch viele Leute an Nachzehrer. Oft geschieht es nämlich, daß wenn sich erst ein Todesfall in einer Familie ereignet hat, bald mehrere Glieder derselben nachsterben. Das kommt daher, daß man jenem ersten Toten nicht den Zehrpfennig in den Mund gegeben oder seinen Namen nicht aus dem Hemd geschnitten oder dem ähnliche andere Versehen gemacht hat. So geschah es auch einmal, daß viele Leute aus einer Familie schnell hintereinander starben; da entschloß man sich denn, den, welcher zuerst gestorben und offenbar der Nachzehrer war, auszugraben. Man fand nun, daß er bereits all seine Kleider aufgezehrt hatte, und weil es kein anderes Mittel gegen das Nachzehren gibt, als dem Toten das Genick abzustechen, trat der Mutigste hinzu, nahm einen Spaten und tat es. Da hat man deutlich gehört, daß der Nachzehrer noch ordentlich wie ein kleines Ferkel gequiekt hat. (248)

Jean Kale, der letzte Wendenkönig

In der Nähe des Dorfes Seeben, etwa eine Meile von Salzwedel, liegt im Forst ein Hünenbett, das in länglich viereckiger Gestalt aufgeworfen ist und auf der westlichen Seite einen Aufgang hat. Früher lag es auf einem freien Platz, aber jetzt ist es mit jungen Fichten bewachsen. Diese Stelle nennt man in der ganzen Gegend Zamkal oder den groten Hansen sin graft. Es lebte nämlich vor uralter Zeit hier ein Riese oder, wie andere sagen, der letzte Wendenkönig, der hieß Jean Kale. Er führte mit den Bewohnern der Umgegend einen gewaltigen Krieg, in dem er endlich getötet und an der obigen Stelle begraben wurde.
Andere erzählen auch: Jean Kale lag einst mit der Stadt Salzwedel in Streit und war eben im Begriff, von seinem Wohnsitz bei Seeben aus einen gewaltigen Granitblock dahin zu schleudern, als ein Strick seiner Schleuder riß und der Stein deshalb in das Cheinesche Moor fiel. Da hat er bis zu diesem Jahr gelegen, wo er zersprengt und zum Bau der neuen Chaussee benutzt wurde. (249)

Die Freistatt in der Kirche von Perwers

Die Heiligegeist-Kirche in der Vorstadt Perwers bei Salzwedel ist vor Zeiten ein Freihaus oder sichere Zuflucht gewesen, und haben die Flüchtigen sich hernach in den zwischen den Strebepfeilern der Kirche oberhalb angebauten Hüttchen aufgehalten. (250)

Arendsee

An der Stelle, wo jetzt der See und Ort des Namens Arendsee liegt, stand vor alters ein großes Schloß.
Da sank eines Tages das Erdreich mit gewaltigem Brausen ein und ein See entstand auf der Stelle. Eine Frau aber, die das zuerst bemerkte, sagte zu ihrem Ehemann, der Arend hieß, »Arend seh (oder siehe)«, und als nun nachher die Stadt erbaut wurde, hat man dieser den Namen danach gegeben.
Der See ist aber gewaltig tief und deshalb ist an seinem Wasser weder Vermehrung noch Verminderung zu spüren; es ist auch die größte Vermessenheit von der Welt, seine Tiefe messen zu wollen, und mancher, der es

versuchen wollte, hat schon eine warnende Stimme, die aus dem Grund herauftönte, gehört, mancher aber auch, der nicht hören wollte, hat es mit dem Tod büßen müssen. Aus vielen Zeichen ist klar, daß er sich weithin unter der Erde erstrecken müsse, denn wenn man nach Salzwedel fährt, hört es sich oft an, als wenn es über ein Gewölbe ginge, und der Bernstein, den die Fischer oft daraus hervorbringen, beweist, daß er mit der Ostsee in Verbindung steht.

Der See spült auch immer noch ganze Stücke Land vom Ufer ab, so daß man die Stadt und besonders das alte Fräuleinstift, das hart am See liegt, durch Flechtwerk und Dämme zu schützen sucht. Und das ist eine gute Vorsorge, denn es sind etwa anderthalb hundert Jahre, da erhob sich am Katharinentag ein gewaltiger Sturm und Erdbeben und riß ein großes Stück Land, auf dem 23 Kohlgärten lagen, und danach einen Hügel nach dem andern fort, bis es endlich an eine Windmühle kam; die fing an, gewaltig zu wanken und zu prasseln, so daß sich der Müller und eine Magd, welche darin waren, kaum noch retten konnten. Der Müller hat aber erzählt, daß er drei Nächte zuvor zweimal nacheinander eine Stimme gehört, die gerufen: »Müller heraus, nur bald fort«, und er gleichwohl, als er hinausgekommen, niemand gesehen habe. Danach hat man denn im Städtchen den Entschluß gefaßt, diesen Tag alljährlich mit Fasten und Gebet zu begehen, welches eine Zeitlang gewährt, später aber eingegangen. (251)

Die verwüsteten Städte

Dat Dörp Schorstett is vör Öllers (vor Alters) ene Statt west, darum heet et ook Schorstett, dichte vört Dörp is ook noch en grooten Wall, de schinbarlich wies't, dattet ene Statt west is. – So is ook Grooten-Ballerstett vör ollen Tiijen ene Statt west un hett en Roland hatt, de najehend (hernach) na Book an de Aal (Elbe) kamen is. Beide sin in sware (schwere) Kriechstiijen (Kriegszeiten), einige seggen innen Dörtichjarschen Kriech, verwöst waren. (252)

Die Streithufe

In fröere (frühern) Tiijen hett to Schorstett mar (mehr) Acker hüürt (gehört) as zund, de is aawer as de Ollen dat immer vertellt (erzählt) hebben un düsse Wiis afkamen.

De Graevenitzschen hebben schon ummer giirn miir Acker hebn müjen, un da isset denn jrad recht to passe kamen, dat in Graevenitz en Schulte was, de sick nich watt an Recht edder Unrecht kiirte (kehrte). De hett denn Jir vannen Graevenitzschen Acker in siine Schoo daan, un hett, as de Schorstettschen kamen sinn, ören Acker to plojen (pflügen), sick up düssen Acker stellt un hett secht, dat dat Graevenitzsch Acker wär. Dunn as de Schorstettschen secht hebben, he sülle dat bewiisen, hett he secht »Ick swäre dat dat miin Acker is, wo ick hier up stah«, un dunn hebben de Schorstettschen nist doon künnen, un so is all de Acker, den de Graevenitzschen hebben wulden, afkamen; man ein von de Schorstettschen, dee was vor Soldat west un was sonnen rechten flaemschen Kiirl, de hett sinne Messfork (Mistforke) herkreejen un hett secht »weck mi an miinen Acker kümmt, den stech ick mett düsse Messfork medden dorch«. Un wiil de Graevenitzschen wust hebben, watt he voorn Kiirl was, hebben se emm siinen Acker tofreeden laten, un de Hof, wo de up wante, hett siinen Acker noch bett up düssen Dach. De Acker aawer, de so afswaren is, heet noch hüütendaachs de Striithoow, un up ein Deel davan liggt dat groote Hünenbedde bii Graevenitz in de Dannen, darum heeten de ook de Striithoowsdannen.
Datt datt aawer wahr is, dat is noch janz schiinbarlich to seen, denn de Gramn (Graben), de aennerwaerts den Schorstettschen un Graevenitzschen Acker afscheit (scheidet), geit an düsse Stell af un twäär (quer) dörchen Graevenitzschen Acker. (253)

Das lebendig eingemauerte Kind

Zwischen Berge und Kannenberg durchbrach die Elbe öfter den Damm und verheerte die ganze Gegend durch furchtbare Überschwemmungen. Nichts schien davor zu schützen, obgleich der Damm stets noch stärker befestigt wurde. Bei einer solchen Überschwemmung kam eine Mutter, die sehr abergläubisch war, auf den unseligen Gedanken, daß sie sich und alle andern Bewohner vor dem Wasser schützen und ihr Leben retten könnte, wenn sie ihr Kind opfern würde. Dasselbe müsse lebendig eingemauert werden, dann würde die Elbe den Damm nicht wieder zerreißen. Also gab sie ihr halbjähriges Kind hin, und mehrere Männer übernahmen es, um es einzumauern. Einer von diesen Männern fragte das Kind: »Was ist süßer als Zucker?« Das Kind antwortete: »Mutters Brust!« (mundartlich ausgedrückt). Der Mann fragte wieder: »Was ist härter als Stein?« Das

Kind antwortete: »Mutters Herz!« Da fragte der Mann nicht weiter, und das Kind wurde eingemauert. Seitdem hat auch die Elbe den Deich nicht wieder durchbrochen.
Die Mutter aber nahm sich ihre Tat später doch zu Herzen und aus Reue und Verzweiflung darüber sprang sie selber in die Fluten und ertrank. An dem Weg von Berge nach Kannenberg soll immer noch ein Loch zu finden gewesen sein, das den Ort bezeichnet, an dem das Kind liegen soll. Wenn der Wind heulend durch das Schilf streicht und mit den plätschernden Wellen spielt, dann vernimmt man das Klagen der armen Mutter, die ihr Kind sucht. Manches Pferd ist schon scheu geworden, wenn plötzlich an dieser Stelle ein nebelartiges Schattenbild sich erhob. (254)

Die goldene Laus bei Bismark

Außerhalb der Stadt Bismark ist eine wüste Kirche gelegen gewesen, neben welcher ein schöner Kirchhof sich befindet, so zum heiligen Kreuze, auch Maria Himmelskönigin genannt worden. Im Jahr 1350 ist zu derselben eine Wallfahrt entstanden, indem man daselbst ein Kreuz gehabt und vorgegeben, daß bei demselben viel Zeichen geschähen, wäre also häufig zugelaufen und geopfert worden, daß sich auch die Leute untereinander über dem Opfer erschlagen hätten, worüber auch die Wallfahrt wieder gefallen. Ein Weg geht noch auf den Kirchhof zu, welcher noch jetzt die heilige Straße genannt wird, vermutlich daher, weil unter dem Papsttum die Prozession oder Wallfahrt durch diesen Weg nach der Kirche zu angestellt worden. Zu dieser mußte früher selbst der Bischof von Halberstadt hierherkommen. Es geschahen aber fortwährend in der Kirche viele Wunder. Das Merkwürdige in derselben war aber eine große Laus, welche oben auf dem Turm über dem Gewölbe der Kirche an einer goldenen Kette festgehalten wurde. Diese Laus verzehrte täglich ein Pfund Fleisch und ist so groß gewesen, daß man sie unten in der Kirche hat ganz deutlich sehen können, wenn sie, wie das an den Wallfahrtstagen geschehen, oben vom Gewölbe her gezeigt worden ist. Eine Abbildung dieser Laus hat man unten an der Turmmauer gesehen, die Kirche freilich ist jetzt längst zerstört, aber ihre Trümmer sieht man noch auf dem Feld unweit Bismark auf der Seite nach Stendal zu. Sie heißen jetzt die goldne Laus oder auch die verwünschte Laus. (255)

Die beste Religion

In der Altmark, nicht weit von Salzwedel, liegt das Kloster Diesdorf, welches eins der ältesten Klöster ist und schon im Jahr 1161 bei Lebzeiten Markgraf Albrechts des Bären gestiftet wurde. Nun sind um das Jahr 1540 zwei Klosterjungfrauen und Schwestern hier gewesen, Elisabeth und Ursula von Ritzbüttel, die sich nicht entschließen konnten, das Papsttum zu verlassen, aber sich endlich doch beredeten, daß, wenn eine von ihnen sterben und Bericht der anderen tun würde, welches die beste Religion sei, so wolle die andere sich dann zu dieser halten. Und als hierauf Elisabeth mit Tod abging, so hat sich ein Geist in ihrer Gestalt bei der Ursula eingefunden und auf Befragen, ob sie selig worden sei, geantwortet: »Kuhm, kuhm«, d. h. kaum, kaum, worauf denn die Ursula sich fest vorgenommen hat, die Religion zu verändern. Wie sie aber hat zur Kirche gehen wollen, um ihr Glaubensbekenntnis öffentlich abzulegen, und bis in die sogenannte Kluft und in den etwas finstern Eingang aus dem Kloster zur Kirche gekommen, ist sie von einer kalten Hand mit einer derben Maulschelle bewillkommnet worden, worauf diese aber versetzt hat: »Ich lasse mich nicht irren«, dann ging sie fort und nahm die evangelische Religion an. (256)

Tetzel verliert seinen Ablaßkasten

Da Tetzel, der Ablaßkrämer, mit seinem Kasten im deutschen Land herumzog, kam er auch nach der Altmark und in ein Dorf bei Salzwedel, das Flechtingen heißt, und schlug seinen Kram auf, predigte von den Sündenstrafen, dem Fegefeuer und der Höllenpein und rühmte die Kraft des Ablasses. Nun saß zu Flechtingen ein Edelmann, Herr Bernard von Schenk genannt, der hörte auch andächtig zu und nahm sich's absonderlich zu Herzen, daß einer nicht nur für begangene, sondern auch für vorhabende und zukünftige Sünden, sie bestehen aus welcher Tat sie wollen, sich Ablaß kaufen könne aus dem Fegefeuer und bleibe sündenlos noch drei Tage nach der aschgrauen Ewigkeit. Das alles malte der Ablaßprediger mit feurigen und beredten Worten aus, und der Ritter trat auch hinzu und kaufte sich einen recht schönen Brief auf Pergament gedruckt, und Tetzel mußte seinen, des Ritters Namen und das Datum hineinschreiben, auch ein Siegel wurde nicht vergessen, und die nachbarlichen Edeln kauften auch, und der Kasten wurde schier voll Ortstaler und Goldgülden, und Tetzel zog mit seinem Kasten wohlgemut von dannen. Wie er nun so durch den Flechtinger Forst zog, siehe, da harrete seiner schon, ihm vorausgeeilt, Herr Bernard von Schenk und sagte: »Pfaff, tue mir die Freundschaft und gib mir – meinen Segen.« – »O frommer Sohn, den sollst du haben!« unterbrach ihn Tetzel und hob die Hände zum Segnen. »Nein, deinen Kasten, den Segen laß ich dir!« erwiderte der Ritter. Des erschrak Tetzel mächtig und sprach: »Solch ein edler Ritter wird nicht so ehrlos sein, das Gut der Kirche anzutasten, das sie zu frommen Werken und zur Wiederherstellung gebrechlicher Gotteshäuser gar notwendig braucht. Kirchenraub ist ja der sträflichste Raub und neben dem Vater- und Muttermord die größte und schwerste Sünde!«

Da zog Herr Bernard von Schenk den kurz zuvor erst gekauften Ablaßbrief hervor, hielt ihn Tetzeln vor Augen und sagte: »Mag es eine Sünde sein, hier ist mein Ablaß dafür, von Euch selbst, ehrwürdiger Vater, mir erteilt, daher zieht mit Gott und laßt den Kasten mit mir ziehen und empfangt auch meinen Segen. So Ihr es wollt, könnt Ihr auch den Heiligen Vater zu Rom von mir grüßen.« Da nun Tetzel nur ein schwaches Geleit bei sich hatte, dem Ritter aber mehrere männliche Reisige gefolgt waren, so mußte er mit kummervollem Blick auf den geldvollen Kasten von diesem Abschied nehmen und seines Weges ziehen. Herr Bernard von Schenk aber nahm das Geld und zeigte sich als ein echter und rechter Schenk, er schenkte es zum Bau einer Kirche, die dem Dorf Flechtingen damals noch fehlte. Den großen und dicken Ablaßkasten aber schenkte er in die Kirche zu Wittenberg, wo er noch steht und gezeigt wird. Tetzel aber ließ sich einen anderen Kasten machen, das wird der sein, der später nach Goslar gekommen ist, wo er sich noch befindet. Es gibt der Ablaß- und Tetzelkästen auch sonst noch welche hier und da, aber das Geldlein ist herausgetan. (257)

Die Stadt Salzwedel

Die Stadt Salzwedel ist eine der ältesten Städte in der Altmark. Der Name soll von dem lateinischen Wort Sol, die Sonne, herkommen, und von dem deutschen Wort Welle, welches so viel bedeutet als Haus, wie man z.B. noch spricht: Wellenwand. Der Sage nach ist sie schon von Julius Cäsar, der zu Ehren der sieben Planeten in Deutschland sieben Städte errichtete, dem vierten Planeten, als der Sonne zu Ehren erbaut, und sie soll daher auch ihren gedachten Namen: Sonnenstadt, erhalten haben. Von der Zeit soll sie auch noch einen Sonnentempel, den indes einige dem Drusus zuschreiben, und darin ein Bildnis der Sonne gehabt haben, welches alles Karl der Große später zerstört hat. (258)

Das Stadtholz bei Salzwedel

Die Stadt Salzwedel besitzt ein ansehnliches Gehölz, welches einen Flächeninhalt von mehr als 9000 Morgen hat. Vor Zeiten war es noch bedeutend größer und ist erst durch folgende Begebenheit kleiner geworden: Es hatte nämlich vor vielen hundert Jahren ein Markgraf seinen Fürstensitz in Salzwedel; der hatte eine Liebschaft mit der Frau des Freischulzen in Briez, welches Dorf nahe an dem Stadtholz liegt. Als er nun eines Tages bei dieser Frau zu Besuch war, da kam, ihm sehr ungelegen, der Schulz nach Hause. Der Markgraf daher, um ihn loszuwerden, versprach ihm einen solchen Strich von dem Stadtholz abzutreten, als er in einer Viertelstunde umgehen werde. Das ließ sich der Schulz nicht zweimal sagen, und er eilte flugs in das Stadtholz, schritt auch seine Viertelstunde lang rüstig zu. Als er aber nach Verlauf derselben zurückkehrte, kam er dem Markgrafen noch zu früh, und dieser versprach ihm daher noch einen solchen Strich, als er in einer zweiten Viertelstunde umgehen werde. Auch dieses ließ der Schulz sich gefallen, und es kam auf solche Weise ein großer und schöner Teil von dem Stadtholz auf ewige Zeiten fort und an die Erben des Schulzen zu Briez, die ihn noch jetzt besitzen. (259)

Salzwedel. Kupferstich aus Johann Christoph Bekmann, Historische Beschreibung der Chur und Mark Brandenburg. Berlin 1753

Der Kaiserbesuch in Osterburg

Hochmut kommt vor dem Fall. Als der Kaiser Lothar, der zweite dieses Namens, einst in der Altmark war und mehrere Städte besuchte, da wollte auch die Stadt Osterburg einer solchen Ehre teilhaftig werden, um nicht gegen die anderen Städte zurückzustehen. Sie ließ daher den Kaiser um einen Besuch bitten. Dem genügte dieser Herr, und er kam mit großem Gefolge und vielen Menschen in die Stadt. Aber das kam den guten Leuten teuer zu stehen. Denn bei den Festlichkeiten, die sie zur Ehre des Kaisers anstellten, gerieten die Bürger mit den kaiserlichen Bedienten in einen Streit, der so arg wurde, daß die meisten Einwohner von Osterburg erschlagen und die Stadt selbst mit der darin befindlichen Burg zertrümmert wurde. (260)

Die rote Erde bei Krumke

Unweit der Stadt Osterburg liegt das Dorf Krumke, welches dem Herrn von Kahlden zugehört. In der Nähe dieses Dorfes, da wo jetzt die Krumkesche Schäferei liegt, wurde vor langen Jahren eine große und mörderische Schlacht geschlagen, in der Huder von Stade und Albrecht von Askanien sich um die Altmark stritten. Es sind dabei so viele Menschen ums Leben gekommen, daß die Erde rundumher ganz rot geworden, und ein Bach, der dort fließt, voll Blut gewesen ist. Zum Wahrzeichen ist noch jetzt die Erde dort rot, als wenn das Blut der Erschlagenen noch immer nicht daraus zu vertilgen wäre. Das Bächlein, welches früher Clia hieß, wird seitdem die rote Furt genannt.

Nach einer anderen Sage hat an dieser Stelle eine mörderische Schlacht zwischen den Städten Seehausen und Osterburg stattgefunden. Der Anführer der Einwohner von Osterburg ist in derselben auf einem Ochsen geritten. Auf diesen Umstand beziehen sich die zwei letzten Verse des folgenden alten Liedes, welches die sieben Städte der Altmark charakterisiert:

De Stendaler drinken gerne Win,
De Gardeleger wullen Junker sin,
De Tangermünder hebben den Mot,
De Soltwedler hebben det Got,
De Seehuser det sind Ebentür,

De Werbner geben den Weiten där,
De Osterborger wollden sich reken,
Und deden den Bullen vör den Bären steken.

Über diese zwei letzten Verse hat man indes auch noch eine andere Sage. Vor langen Jahren nämlich sah der Turmwärter zu Osterburg eines Tages einen großen Haufen Tiere auf die Stadt zukommen. Er hielt sie für Bären, und er eilte voller Schrecken vom Turm herunter in die Stadt und verkündete den Bürgern, daß eine Menge Bären im Anzug auf die Stadt wären. Da kam denn die gesamte Bürgerschaft zusammen, mit Spießen, Stangen, Mistforken und was man sonst in der Eile an Waffen hatte aufgreifen können. Die zogen dem schrecklichen Feind entgegen. Als sie ihn aber erreicht hatten, da sahen sie, daß es eine Herde Ochsen waren, die friedlich der Stadt zugetrieben wurden.

Zur Auslegung der übrigen vorstehenden Verse mag folgende Auskunft nicht uninteressant sein. In und bei Stendal wurde im Mittelalter viel Weinbau getrieben, den zuerst die unter Albrecht dem Bären (regierte von 1142 bis 1170) eingewanderten Rheinländer, denen das Bier nicht mundete, eingeführt hatten. Dieser Weinbau war so ausgebreitet, daß Stendal seine Weine selbst nach Pommern, Schweden, Preußen und Livland ausführte. Gardelegen dagegen war in früheren Zeiten durch seine Bierbrauereien berühmt, deren hier zu einer Zeit an dreihundert waren, und von denen namentlich ein unter dem Namen Garlei berühmtes köstliches Bier gebraut wurde. Durch dieses Bierbrauen kam nach Gardelegen ein großer Reichtum, und die Gardeleger wurden hochmütig, als wenn sie Junker wären. Die Stadt Tangermünde zeichnete sich in mehreren Fehden des Mittelalters durch ihren Mut aus, besonders in dem Kampf für den falschen Waldemar, an dem sie, trotz der Achtserklärung Kaiser Karl IV., als letzte der Brandenburgischen Städte in unerschütterlicher Anhänglichkeit festhielt. Die Stadt Salzwedel nun gehörte zu den vorzüglichsten Städten des Hansebundes, und es floß lange Zeit in ihr der größte Reichtum unter den altmärkischen Städten zusammen. Von den Seehausern sollen ehedem mehrere große Seereisen gemacht haben, um die Insel der Glückseligen aufzusuchen, die sie aber nicht gefunden haben sollen. Die Stadt Werben, in der Wische, einer sehr fruchtbaren Gegend, gelegen, trieb früher einen bedeutenden Handel mit Weizen, der dort zur Schifffahrt aufgespeichert, und erst, wenn er sehr teuer geworden, losgeschlagen wurde. (261)

Der Name Schulenburg

In der Altmark blüht das Geschlecht der Grafen und Herren von der Schulenburg. Dieser Name ist auf folgende Weise entstanden. Die Vorfahren derer von der Schulenburg hatten in der Herrschaft Apenburg in der Nähe des Dorfes Stapenbeck eine Burg, deren Ruinen zum Teil noch in der sogenannten Holzwiese an der Jentze zu sehen sind. Die Burg diente ihnen zum Auflauern gegen ihre Feinde, mit denen sie in Fehde lebten und erhielt davon den Namen: die Schulenburg, indem »schulen« in der alten deutschen Sprache soviel als »lauern« heißt. Von der Burg bekamen nun auch nachher die Besitzer den Namen der Herren von der Schulenburg. (262)

Der Name Gans von Putlitz

Das Geschlecht derer Gans von und zu Putlitz war früher auch in der Altmark ansässig. Der Name dieses edlen Geschlechts ist auf folgende Weise entstanden: Im 12. Jahrhundert lebte ein junger Graf Gerhard von Mansfeld; dieser war mit in der mörderischen Schlacht am Welpholze im Jahre 1115, und weil er fast der einzige war, der von einer großen Menge tapferer Ritter in dieser Schlacht sein Leben behielt und in die Gefangenschaft des Kaisers Lothar geriet, so veranlaßte ihn das, in seinem Unmut zu sagen: »Hier stehe ich wie eine verflogene Gans!« Davon behielt er den Namen, den er später, als ihm der Kaiser die Burg Podlyst oder Putlitz in der Prignitz schenkte, mit dem Namen dieser Burg vereinigt führte. Eine fliegende Gans ist das Wappen dieses Geschlechts. (263)

Der wunderbare Ring in der Familie von Alvensleben

In der Mark Brandenburg blüht schon seit vielen Jahrhunderten ein altes hohes Geschlecht, das der Grafen und Freiherren von Alvensleben. Besonders ist es in der Altmark zu Hause, wo es in Erxleben, zu Kalbe an der Milde, in der Gegend von Gardelegen und an mehreren anderen Orten bedeutende Güter hat. Das Schloß zu Kalbe war lange Zeit der Hauptsitz der Familie; Herr Albrecht von Alvensleben und seine Söhne Gebhardt und Albrecht hatten es im Jahr 1324 von den Gebrüdern Johann und Heinrich von Kröcher angekauft. In diesem Schloß befindet sich auch

Joachim von Alvensleben (1514–1588) mit seinen beiden ersten Frauen Anna von Bartensleben (links) und Kunigunde von Münchhausen (rechts)

noch die Hälfte eines wunderbaren Ringes, der auf folgende Weise in den Besitz der Familie gekommen ist:
Auf dem Schloß zu Kalbe lebte vor langen Jahren eine Frau von Alvensleben, eine sehr fromme und mildtätige Frau. Diese wurde einstens bei nachtschlafender Zeit, als das Haus und ihre Schlafkammer wohl verschlossen waren, von einer Magd geweckt, die mit einer Laterne vor ihrem Bett stand und sie inständigst bat, aufzustehen und ihrer Frau beizustehen, die in Kindesnöten sei. Die Frau von Alvensleben weigerte sich dessen anfangs; als die Magd ihr aber so viele gute Worte gab, willigte sie endlich ein, stand auf, kleidete sich an und ging mit der Magd. Unterwegs sprach diese mit ihr und ermahnte sie, wenn sie in das Haus komme, so solle sie ja nichts essen oder trinken, auch sonst nichts annehmen, was man ihr anbieten werde. Darauf führte die Magd sie an einen Ort, wo die Frau von Alvensleben vorher in ihrem Leben noch niemals gewesen war, und den sie auch nachher keinem Menschen hat beschreiben können. Dort fand sie eine Frau, die in Kindesnöten war und daneben stand deren Mann. Mann und Frau waren ganz kleine Leute, so wie auch die Magd war. Die Frau von Alvensleben leistete der kleinen Frau ihren Beistand, worauf das

Erxleben im 16. Jahrh., Rekonstruktion. Federzeichnung von Anco Wigboldus

Männlein ihr eine Schüssel mit gemünztem Gold darreichte und sie sehr bat, diese anzunehmen. Die gebärende Frau sprach aber ebenfalls zu ihr, sie solle das Gold nicht annehmen, denn wofern sie durch Geiz sich blenden lasse, werde ihr Mann durch Gottes Verhängnis ihr vielen Schaden zufügen. Daher nahm sie von dem Gold nichts an, sondern ließ sich von derselben Magd zum Schloß und in ihr Schlafzimmer zurückgeleiten, ohne daß ihr das geringste Leid widerfahren wäre.

Über eine Zeit kam die Magd um Mitternacht, als alles schlief und alle Türen im Haus verschlossen waren, wieder mit einer Laterne vor das Bett der Frau von Alvensleben und weckte diese. Sie trug zwei Schüsseln übereinandergestülpt. In der untersten lag ein goldener Ring; den gab sie der Frau von Alvensleben, nebst vielen Grüßen von ihrem Herrn, den sie aber nicht nannte, und hinzufügend: ihr Herr verehre ihr hiermit ein Kleinod, einen güldenen Ring, zur Danksagung für erzeigten Dienst; den solle sie wohl bewahren, denn solange der Ring ganz und ungeteilet auf dem Haus Kalbe und bei dem Geschlecht derer von Alvensleben bleiben werde, solle dieses blühen und Glück und Wohlfahrt haben; werde aber der Ring von Händen kommen oder zerteilt werden, so würde es auch demselben Ge-

schlecht unglücklich und nicht wohl ergehen. – Damit verschwand die Magd.
Der Ring wurde lange auf dem Haus Kalbe verwahrt und brachte sichtlich Heil und Glück dem immer mehr blühenden Geschlecht von Alvensleben. Einst waren aber zwei Brüder, die sich bei der Erbteilung um den Ring nicht vertragen konnten. Jeder wollte ihn für sich allein behalten, und als ihn nun keiner missen wollte, verlangte zuletzt der eine, daß er geteilt werden solle. Darauf mußte denn der Ring in zwei Teile geteilt werden. Aber der Stamm dessen, der die Teilung am heftigsten begehrt hatte, verkümmerte bald und ging rasch gänzlich zugrunde, so daß die Wahrsagung der Magd sich an ihm bewährte. Der andere Stamm, der auf dem Haus Kalbe blieb, verwahrt dort noch bis auf den heutigen Tag die ihm zugeteilte Hälfte des Ringes, und er ist deshalb auch noch in einem blühenden Zustand. Andere behaupten hingegen, der Ring sei niemals geteilt worden und befinde sich noch unversehrt in der Kapelle beim Haus zu Kalbe. Er hat die Form eines ordentlichen Traurings, ist nicht sonderlich stark und ohne alles Abzeichen. (264)

Der alte Ziethen

Es weiß es noch ein jeder preußische Soldat, daß der alte Ziethen ein großer Hexenmeister war. Er hat das oft bewiesen, und darum konnte ihm auch keiner so recht was anhaben. Daß er einmal in Schlesien bei Ottmachau mit seinem Regiment mitten durch die Österreicher ritt, ohne daß auch nur einem Preußen ein Haar gekrümmt wurde, soll ihm zwar, wie viele meinen, nur allein dadurch geglückt sein, daß er seine Husaren die Dolmans umkehren ließ. Allein die Wahrheit ist, daß er die Österreicher behext hatte. Das beste Stückchen aber, das er gemacht hat, ist folgendes: Einst traf er mit einer großen Armee von Österreichern und Russen zusammen. Er hatte zwar auch ein ziemlich großes Heer bei sich; aber der Feinde waren zehnmal so viele. Seine Soldaten mochten daher mit Säbel, Bajonett und Kolb soviel dreinschlagen wie sie wollten und konnten, und er mochte trommeln und blasen und stürmen lassen, es konnte alles nichts helfen; als es gegen Abend kam, da mußte er zur Retirade blasen, und sein ganzes Heer zog sich zurück. Das ging aber in guter Ordnung, denn der alte Ziethen sagte den Leuten, sie sollten nur ganz ruhig sein, und er wollte ihnen dafür stehen, daß sie nichts zu befürchten hätten, wenn sie sich nur alle hübsch beisammenhielten; und sie wußten, was der Ziethen ihnen versprach, darauf konnten sie sich verlassen. So kamen sie nun über einen Berg, und wie sie den hinter sich hatten, und sie unten ins Tal gekommen waren, ging eben die Sonne unter. Da kommandierte der Alte: »Halt, und rühre keiner ein Glied!« Sie standen alle, Mann für Mann, wie eine Mauer, und der alte General schlug ein Kreuz und murmelte einige Worte in seinen Bart. Die konnte kein Mensch verstehen, aber in demselben Augenblick war die ganze Armee in einen großen Wald von allerlei Bäumen verwandelt. Der alte Ziethen selbst kletterte auf einen Eichbaum und lachte im stillen darüber, was nun kommen werde, und wie der Feind sich werde anführen lassen. Es dauerte auch nicht lange, da kam der Feind in voller Hast vom Berg heruntergestürzt: Panduren, Kroaten, Kosaken und allerlei Gesindel, die meinten, die Preußen nur so auffressen zu können. Wie staunten die aber, als sie keinen Feind mehr sahen und sich auf einmal in einem großen, dichten Wald befanden. Sie fluchten und tobten und jagten wütend voran, um jenseits des Waldes ihr Mütchen desto sicherer kühlen zu können. Dabei hieben sie denn in ihrer tollen Lust nach manchem Zweig, der ihnen im Weg hing.

Wie sie nun aber durch waren, da stieg Ziethen von seiner Eiche herunter, kreuzte sich wieder und sagte einen andern Spruch. Da waren mit einem Male die Bäume verschwunden, und die Soldaten standen wieder mit Sack und Pack. Mancher hatte zwar von den Hieben in die Zweige ein Stück von seiner Nase verloren oder seinen Zopf, oder es taten ihm die Rippen weh. Aber schwerer beschädigt war keiner, und den Kopf hatten sie alle behalten, und darum machten sie aus den kleinen Verlusten auch nicht viel. Sie konnten auch nicht einmal recht zur Besinnung kommen. Denn der Alte kommandierte geschwind: »Nun haben wir die Kerls! Nun vorwärts, Marsch!« Und nun ging's in vollem Jagen wie ein Donnerwetter dem Feind in den Rücken, daß er mit Mann und Maus umkam oder gefangen wurde. Der Alte Fritz wollte sich nachher totlachen über den Witz, den der Ziethen gemacht hatte. (265)

Spreewald und Lausitz

Der Wendenkönig

Wo der Wendenkönig geboren ist und bei wem er in der Jugend bis zu seinem 15. Jahr gelebt hat, vermag niemand zu sagen. Man erzählt, daß er eines Abends in der Tracht eines Hirten in ein einzeln gelegenes Gehöft getreten sei. Das Gehöft wurde von einer Witwe und ihren Töchtern bewohnt. Es befanden sich alle Hausgenossen, da es Winter war, in der Stube am Ofen, als man den Hofhund außergewöhnlich stark bellen hörte. Man vernahm von weitem den festen Schritt eines Wanderers auf dem hartgefrorenen Boden; als sich aber die Schritte des Fremden dem Haus genähert hatten, verstummte der Hund plötzlich. Bald darauf trat der Fremde in das Zimmer und die Witwe bewillkommnete ihn. Sie bot ihm an, er möge die Nacht in ihrem Haus bleiben, der Fremde nahm das Anerbieten an. Am andern Morgen betrat die Witwe ihren Hof; sie ging wie gewöhnlich zuerst zu ihrem Hund und liebkoste ihn, allein diesmal gab derselbe keinen Laut von sich, und bald merkte sie zu ihrem Schrecken, daß er stumm sei. Kurze Zeit darauf betrat auch der Fremde den Hof. Als er das Vieh besah und ein krankes Stück darunter bemerkte, versprach er, es zu heilen. Zu diesem Zweck blieb er einige Tage auf dem Gehöft der Witwe; da er die Heilung glücklich vollbracht hatte, sprach man bald im ganzen Dorf von dem Fremden; man brachte ihm viel krankes Vieh, er aber heilte alles. Es traf sich nun, daß einmal Tanz in der Schenke war. Der Fremde nahm daran teil. Bald kam es zum Streit, da die jungen Burschen des Ortes sich über den neuen Tänzer ärgerten, und vom Streit zur Schlägerei. Die Burschen wollten nämlich den Fremden hinauswerfen. Der aber zeigte bei der Schlägerei eine furchtbare Kraft, immer zwei und zwei der Burschen erfaßte er und warf sie zur Tür hinaus, so daß er zuletzt mit den Tänzerinnen allein in der Schenke blieb. Da war es denn nur natürlich, daß er wegen seiner ungeheuren Kraft in hohe Achtung kam. Kurze Zeit nach diesem Vorgang verließ er das Dorf und blieb einige Jahre in der Fremde. Es war nun aber, als ob mit der Abwesenheit des Fremden aller Segen vom Dorf gewichen sei, viel Krankheiten trafen Menschen und Vieh, und niemand war da, der helfen konnte. Da begann man sich wieder nach dem Fremden zu sehnen und man sprach fortan nur noch von dem Kral. Niemand aber wußte oder konnte erfahren, wo derselbe weile. Eines Tages trug es sich

Im Spreewald. Lithographie 1881

zu, daß der Fremde wieder erschien; wo nun hinfort in dem Dorf oder in der Nachbarschaft eine Krankheit ausbrach, holte man sofort den Kral und der heilte denn auch Menschen und Tiere. Er bekam für jede Heilung ein Stück Geld und es gelang ihm bald, eine tüchtige Summe zu ersparen. Der Fremde heilte nicht nur Krankheiten, sondern er machte sich auch dadurch bei den Leuten beliebt, daß er ihnen zum Tanz, besonders beim Erntefest, aufspielte. So wuchs sein Ansehen, und infolgedessen kam es dahin, daß man auch Streitigkeiten von dem Kral schlichten ließ. Nun hatte er vollauf zu tun, und bald bildete sich ein Kreis von Männern und Jungen um ihn, die ihn auf seinen Streifereien, die oft acht bis vierzehn Tage währten, zu begleiten pflegten.

Einst fühlte sich ein Bauer durch den Schiedsspruch des Krals gekränkt, er und seine Freunde lauerten deshalb dem Gefolge desselben auf, als dieser zufällig nicht bei seinen Getreuen war, und schlugen diese in die Flucht. Als der Kral das erfuhr, wurde er sehr zornig; er drohte, er werde sich eine Burg bauen und fortan das Land als König beherrschen. Schnell sammelte er seine Anhänger, deren Zahl stets gewachsen war, um sich und zog mit ihnen dem Bauern und dessen Freunden entgegen. Als diese, welche beim Mittagessen waren, das Geschrei ihrer Feinde vernahmen, ergriffen sie schnell ihre Waffen und zogen dem Heer des Krals entgegen. Bald war ein hitziges Treffen entbrannt, die feindliche Schar richtete ihre Geschosse besonders auf den Fremden, welcher Holzstiefel und einen blauen Leinwandkittel trug; allein alle Pfeile prallten an ihm machtlos ab, und bald erkannte man, daß der Fremde unverwundbar sei. Durch seine Tapferkeit fiel das Treffen zu seinen Gunsten aus, und bald waren die Anhänger des Feindes, welche nicht gefallen waren, gefesselt. Die Gefangenen mußten das Heer des Königs begleiten und ihm in Burg ein Schloß bauen. Die Burg wurde mitten auf dem Burgberg errichtet. Hier nun lebte der Kral viele Jahre in ruhiger Ausübung der Herrschaft, zog oft einige Wochen im Land herum, heilte Krankheiten und schlichtete Streitigkeiten, dafür erhielt er reiche Geschenke und sammelte so einen großen Schatz.

Einst versammelte er seine Getreuen um sich und sprach zu ihnen: »Es sind nun bald die fünfzig Jahre um, welche ich bei euch zubringen wollte, bald werde ich euch verlassen, und niemand wird erfahren, wohin ich mich wende.«

Darauf ermahnte er sie, daß sie friedlich beieinander wohnen möchten. Kurze Zeit darauf vergrub er seinen Schatz, damit niemand in seinen Besitz gelangen könne, und nachdem er dies getan, ist er eines Tages verschwunden; niemand weiß wohin.

Man erzählt, daß seine Seele im Grab keine Ruhe gefunden habe, deshalb sieht man auf dem Burgberg öfter Flammen lohen.

Diese Sage wird nun in Branitz folgendermaßen erzählt: Der Wendenkönig, von dem man nicht genau weiß, wo er seine Burg oder sein Schloß gehabt hat, denn er war überall im Wendenlande zu Hause, hatte im Beginn seiner Regierung viel mit den Deutschen zu kämpfen, und er hat sie stets besiegt. Das hatte aber seine gute Ursache. Der König selbst war nämlich unverwundbar, so daß ihm kein Geschoß etwas anzuhaben vermochte. Ging es nun in das Feld gegen die Deutschen, so führte er das Heer der Wenden an, da dieses aber nicht groß genug war, um allein den Kampf gegen die Deutschen aufnehmen zu können, so schuf der König sich auf folgende Weise Krieger. Er besaß zwei zauberkräftige Säcke: in dem einen befand sich Hafer, in dem anderen Häcksel; sobald er nun den Hafersack schüttelte und die Körner herausfielen, verwandelten sie sich in Reiter, schüttelte er aber den Häckselsack, so verwandelte sich der herausfallende Häcksel in Fußsoldaten. Diesen Reitern und Fußsoldaten aber konnte kein Geschoß und kein Schwerthieb etwas anhaben. Waren nun die deutschen Heere in Sicht, so bestieg der König sein Roß und erhob sich mit seinem Hauptmann in die Luft, um die Stellung der Feinde zu erspähen. Den Wendenkönig aber und seinen Hauptmann sah niemand aus dem Heer der Feinde in der Luft, es schien den Deutschen nur, als zögen ein paar Raben über ihren Häuptern dahin; hin und wieder sah auch wohl einer der Deutschen einen Blitz am Himmel aufleuchten; das waren aber die Hufe von dem Roß des Wendenkönigs, die in der Sonne blitzten.
Hatte der Wendenkönig nun die Stellung der Deutschen erspäht, so stellte er sein Heer so auf, daß die Reiter und Fußsoldaten, welche aus dem Hafer und Häcksel entstanden waren, dem Heer der Deutschen entgegenzuziehen hatten. Die Deutschen vermochten dann nicht, diese zu überwältigen, weil kein Geschoß ihnen schaden konnte. Der König selbst aber legte sich mit seinen Wenden in den Hinterhalt und fiel, wenn der Kampf entbrannt war, den Deutschen in den Rücken, welche er auf diese Weise stets besiegte. Als nun die Deutschen merkten, daß sie den Wendenkönig nicht besiegen konnten, standen sie von den Kriegen ab, und der König konnte nun lange Zeit in Ruhe und Frieden über seine Wenden herrschen. Als es endlich zum Sterben kam, gebot der König den Wenden, sie sollten, wenn er tot sei, mit der Haut seines Leibes eine Trommel überziehen. Das geschah, und sooft nun ein Kampf zwischen Wenden und Deutschen entbrannt war und die Trommel gerührt wurde, erfaßte die Deutschen ein solches Ent-

setzen, daß sie davonliefen. Als aber einst die Trommel zu stark geschlagen wurde, zersprang das Fell; fortan war es mit den Siegen der Wenden vorbei, denn sie erlagen jetzt den Deutschen und wurden von diesen unterworfen. (266)

Der Bilbil

Der Bilbil ist ein Vogel von der Größe eines Falken. Man erzählt, daß er den Schloßberg des Kral in Burg umkreist, im Schloß selbst aber am liebsten sich in der Nähe des Königs aufgehalten habe. Wie der König selbst über die Menschen herrschte, so waren dem Bilbil die Vögel untertan. Wurde der Bilbil von jemand außerhalb des Schlosses gesehen, so trat in dessen Geschicken plötzlich eine Wendung ein; ging es ihm bisher gut, so wurde er fortan unglücklich, war er aber in Not, so wurde ihm Hilfe. (267)

Die rote Heide bei Frankfurt

Nicht weit von Frankfurt ist einst eine furchtbare Schlacht zwischen den Wenden und Deutschen geschlagen worden, welche so blutig gewesen ist, daß noch heute dort die Heide rot gefärbt ist von dem vergossenen Wendenblut. Um Mitternacht erwachen die dort erschlagenen Wenden und weinen und klagen um das Schicksal ihres Volkes; wenn aber der Hahn kräht, so kehren sie wieder in ihre Ruhestätten zurück. (268)

Die Panuschka

Zwischen den Dörfern Jamlitz und Blasdorf erhebt sich in der Heide die Panuschka, ein Hügel, welcher die ganze Gegend beherrscht. Mit diesem Hügel hat es eine eigene Bewandtnis, ist doch in alten Zeiten auf ihm der eigentliche Sitz des Wendenkönigs gewesen. Der Gipfel des Hügels hat des Königs Schloß getragen, und von der Höhe des Schlosses hat eine rote Lederbrücke nach dem Gipfel eines Berges bei Fehrow geführt.
Niemand hat das Schloß zu sehen vermocht, denn blaue Flammen haben es stets umloht.
Rings um den Hügel ist ein großer See gewesen, welchen niemand befahren durfte; wer das unternahm, fand im Wasser seinen Tod.

In dieser von Flammen umlohten Burg lebte der König der Wenden, ihm waren die Geschicke aller Völker bekannt, so daß er seinen Wenden die weisesten Ratschläge zu geben vermochte.
Auf dem Festland ließ er sich nur in den Zeiten der tiefsten Not sehen und stand dann den bedrängten Wenden tatkräftig zur Seite. Wenn er das Schloß verließ, so bestieg er einen roten Kahn, um an das Festland zu gelangen. Dann erhob sich der See und die Wellen stürmten wie rasend gegen sein Schifflein, allein mit einem roten Stab zerteilte er die Wogen und gelangte glücklich an das Ufer, wo die Wenden seiner harrten. Dann verwandelte der König sich in einen Jüngling und trat so unter die Wenden, dem Stab gab er die Gestalt eines Raben, und der begleiteter ihn stets. Dem Wendenkönig war bekannt, daß das Wendenvolk untergehen würde und daß mit diesem Untergang der Verlust seiner Herrschaft verknüpft sei. Da er an diesem Geschick nichts ändern konnte, so beschloß er, das Verderben auch der Feinde herbeizuführen. Als nun eines Tages die Heere der Feinde und der Wenden kampfgerüstet einander gegenüberstanden, ließ er ein furchtbares Unwetter aufsteigen. Die Wolken entluden sich, statt des Regens aber strömte Sand in solcher Fülle hernieder, daß in kurzer Zeit beide Heere verschüttet waren. Der Wendenkönig stürzte sich darauf in den See und verwandelte sich in einen weißen Karpfen, sein Schloß aber versank unter Donner und Blitz.
Indes den Wendenkönig bedrohte auch so ein verderbliches Geschick. Der ungeheure See begann auszutrocknen, nur Reste davon, wie der Schwieloch-, der Schwan- und der Raduschsee nebst einigen kleinen Wasserstrichen und Bächen sind davon noch übriggeblieben. In einem dieser Bäche, in der Bilaw, hält sich der König in der Gestalt eines weißen Karpfen noch heute auf. Aber auch die Ufer dieses Baches wachsen immer mehr zusammen. Dann aber, wenn die Ufer im Begriff sind, sich zu schließen, ist das Ende aller Leiden für die Wenden und ihren König gekommen. Dann wird der Wendenkönig aus der Bilaw hervorkommen, seine frühere Gestalt annehmen, die noch lebenden Wenden um sich sammeln und ein Reich stiften, das die ganze Erde umfassen wird. (269)

Der Nachtjäger

Der Nachtjäger treibt sein Wesen oft abends auf der Grenze zwischen Ströbitz und Sylow. Er reitet auf einem schwarzen feurig-funkelnden Roß vom Acker her dem Wald zu. Zumeist reitet er nach der Stelle hin, wo die

Bäume so dicht stehen, daß man nicht zwischen ihnen hindurchgehen kann. Wenn der Nachtjäger daherkommt, so beugen sich die Bäume nieder, daß er über sie hinwegreiten kann. Dann sieht man die Hufe seines Rosses blitzen. Es weichen auch die Bäume vor ihm zur Seite, so daß er ungehindert in den Wald reiten kann, in dem er dann verschwindet. (270)

Der halbe Hirsch

Von Lübben kehrte ein Mann eines Abends nach den Spreewald-Kaupen, in welchen er wohnte, zurück, als er plötzlich den Nachtjäger hoch oben jagen hörte. Es war ein Gebelle, ein Gepfeife und ein Hollageschrei, daß der Mann sich fürchtete. Er dachte aber, du willst auch mitpfeifen und mitbellen, dann wird dir schon die Furcht vergehen, und er pfiff und bellte aus Leibeskräften. So trieb er es bis zu seiner Wohnung. Als er an die Türklinke faßte, um in sein Haus zu gehen, rief eine Stimme von oben: »Hast du jetzt mitgejagt, so kannst du auch mitessen«, und ein halber Hirsch fiel auf die Erde. Der Mann warf seine Tür zu, nahm aber den halben Hirsch nicht auf; am andern Morgen war dieser verschwunden. (271)

Der Sichelmann

In früheren Zeiten erschien mittags um zwölf Uhr ein scheußlicher Mann von eigentümlicher Gestalt auf dem Feld. Er war furchtbar anzusehen, hatte feurig-funkelnde Augen, ein Pferde- und ein Kuhbein, an den Fingern lange Krallen und in der Hand führte er eine große Sichel. Wenn er nun mittags in der Stunde von zwölf bis eins jemand auf dem Feld antraf, so hatte dieser eine lange Unterredung mit ihm zu bestehen, und wenn er die ihm vorgelegten Fragen nicht richtig beantworten konnte, so schnitt ihm der Sichelmann den Kopf ab. (272)

Pumphut rächt sich

Pumphut, welcher Müller und Zimmermann war, trat einst als Knappe bei einem Müller in Arbeit, wurde aber so schlecht behandelt, daß er beschloß, sich zu rächen. Er bewirkte durch Zauberei, daß eine Walze, welche der Müller für seine Mühle anfertigen ließ, drei Fuß zu kurz war. (273)

Pumphut angelt

Pumphut angelte einmal an einem See; es war aber verboten, dort Fische zu fangen. Als die Leute des nächsten Dorfes sein Tun und Treiben bemerkten, verboten sie ihm das, und als er nicht auf das Verbot hörte, wollten ihn die Bauern gefangennehmen. Allein Pumphut ging, als die Bauern sich ihm näherten, über das Wasser, als wäre er auf dem festen Land. Kaum war er auf diese Weise auf die andere Seite des Sees gelangt, so begann er von neuem zu angeln. Da wurden die Bauern wütend und beschlossen, ihn niederzuschießen. Einer von ihren besten Schützen wurde geholt, er mußte sein Gewehr laden, auf ihn anlegen und schießen; allein sobald der Schuß krachte, hob Pumphut nur sein Bein in die Höhe und die Kugel ging darunter weg. Da glaubten die Bauern, Blei werde ihm nichts schaden, sie wollten es deshalb mit einer silbernen Kugel versuchen. Gesagt, getan. Allein auch diese Kugel vermochte ihm nichts anzuhaben, denn Pumphut fing sie mit seinem Hut auf. Darauf rief er den Bauern spöttisch zu: »Schießt nur mehr, ich kann die Dinger gut gebrauchen.« Nun sahen die Bauern wohl, sie würden Pumphut nichts anhaben können; deshalb luden sie ihn ein, zu ihnen zu kommen. Pumphut nahm auch die Einladung an. Die Bauern gaben ihm nun reichlich zu essen und baten ihn, er möge sie doch auch seine Kunststücke lehren, er aber tat das nicht, aß sich satt und darauf zog er weiter (274)

Pumphut als Müller

Pumphut pflegte früher als ein armer Müllergesell herumzuwandern, zuweilen mit einem Begleiter, zuweilen ohne einen solchen, und wo er Arbeit fand, da blieb er. Aber gut mußte man ihn aufnehmen, und Geld und gutes Essen verschmähte er nicht. So kam er auch in der Sommerzeit, als sich kein Lüftchen regte, zu einem Windmüller. Der hatte viel Korn dastehen, konnte aber nicht mahlen, weil kein Wind war. Pumphut erbot sich, bei ihm als Knappe zu bleiben. Der Müller überließ ihm auch die Mühle. In der Nacht ließ Pumphut einen tüchtigen Wind wehen und mahlte so darauflos, daß am andern Morgen nur noch ein Sack Korn übrig war. Das gefiel dem Müller gar wohl. Er bewirtete Pumphut reichlich und gab ihm willig den Lohn, den er verdient hatte. Darauf zog Pumphut zufrieden weiter. (275)

Pumphuts Tod

So gut es Pumphut in seinem Leben gegangen ist, weil er furchtbar stark war und vieles wußte, so schrecklich ist doch sein Tod gewesen. Einst wanderte er mit einem Müllergesellen durch das Land. Als sie an einem großen Baum vorüberkamen, schoß von diesem eine große, mächtige Schlange herab, gerade auf Pumphut zu. Da half kein Wehren. Grausig ist es anzusehen gewesen, wie Pumphut mit der Schlange gerungen hat. Der Schlange ist ein Kopf nach dem andern aus dem Hals herausgewachsen, bis es an die hundert waren. Pumphut ist schließlich von der Schlange lebendig verzehrt worden. (276)

Die Fika

Die Fika ist eine Frau gewesen, welche gern Tabak geraucht hat. Sie hatte immer etwas Sonderbares an sich und deshalb mied man sie. Ihren Tod hat sie in einer der Branitzer Lachen gefunden. Fortan wagte sich niemand mehr an die Lache, wo die Fika ertrunken war. Nun geschah es aber doch einmal, daß ein Hirt es versah und seinen Grauschimmel in der Nähe der Lache weidete. Auch er hatte früher gehört, daß es mit der Fika nicht recht richtig gewesen sei. Da er aber von ihr, seit sie gestorben war, nichts mehr vernommen hatte, so glaubte er nicht daran, sondern rief in seinem Übermut: »Fika, willst du nicht eine Pfeife Tabak rauchen?« Es rührte sich nach diesen Worten zwar nichts in der Lache, als er sich aber nach seinem Schimmel umsah, war dieser verschwunden. Nun machte er sich auf und suchte überall nach seinem Pferd. Endlich fand er den Schimmel in der Nähe der Lache. Sofort bestieg er ihn, um nach Hause zu reiten. Kaum aber saß er auf dem Pferd, so wurde dieses immer größer und größer, so daß er nicht mehr herabsteigen konnte. Da merkte er zu seinem Schrekken, daß es ein Gespenst war, auf dem er ritt. Also hatte die Fika sich für seinen Übermut gerächt. (277)

Die Murawa

Die Murawa kommt des Nachts zu den Leuten. Sie besucht besonders junge Leute und drückt und ängstigt sie so, daß der von ihr Befallene nichts sagen kann, schwer atmet und ein Gefühl hat, als ob jemand auf ihm läge.

Zu einem Knecht kam auch die Murawa jede Nacht. Er wollte deshalb nicht länger in seiner Kammer schlafen, sondern legte sich in der Stube auf die Bank. Aber auch hier legte sich die Murawa auf ihn, ja einmal warf sie ihn sogar von der Bank. Der Knecht sah zuletzt ganz abgemagert und kränklich aus, so daß ihn die Leute fragten, was ihm denn fehle. Anfangs wollte er nichts sagen, als aber die Besuche der Murawa immer häufiger wurden, gestand er, daß seine verstorbene Mutter jede Nacht zu ihm komme und ihm keine Ruhe lasse. Diese aber hatte ihm, weil sie nicht hatte sterben können, auf dem Totenbett bekannt, daß sie im Dorf mehrfach Feuer angelegt habe. Als der Knecht solches ausgesagt hatte, ließ ihn die Murawa fortan in Ruhe. (278)

Die Ludki

Die Wenden stammen von den Ludkis ab, diese aber sind ganz kleine Menschen gewesen, nicht länger als ein Finger. Die Ludki mähten das Korn nicht ab, wenn es herangereift war, sondern stachen die Ähren mit einem Pfriemen vom Halm los. Die Ähren selbst droschen sie in einem Backofen. Da die Ludki so klein waren, konnten sich im Backofen immer ihrer neun an die Arbeit machen.
Dies alles ist lange her, aber man sagt, es wird eine Zeit kommen, in welcher die Wenden wieder so klein wie ein Finger werden. (279)

Die Koboldschmiede in Senftenberg

In Senftenberg befindet sich eine Schmiede, welche man die Koboldschmiede nennt. Sie hat ihren Namen daher, weil in derselben früher Ludki ihr Wesen getrieben haben. Wenn nämlich der Schmied eine Arbeit angefangen und sie am Abend unvollendet hatte liegen lassen, so war sie stets am nächsten Morgen fertig. Der Schmied wollte gern wissen, wer seine nächtlichen Helfer wären. Deshalb stellte er sich in einer Nacht hinter die Tür, die zur Schmiede führte, auf und lugte durch das Fenster. Da sah er zwölf Ludki, welche sich an die Arbeit machten und so darauflosschlugen, daß das Werk in kurzer Zeit fertig war. Die Ludki waren nackt: das dauerte den Schmied. Er ließ deshalb zwölf Anzüge fertigen und sie den Ludkis hinlegen. Am andern Morgen fand er die Anzüge unberührt liegen, die Ludki aber haben sich in der Schmiede nie wieder gezeigt. (280)

Die Ludki wollen helfen

Einst pflügten zwei Bauern ihren Acker mit Ochsen. Als es Mittag geworden war, hatten sie großen Hunger bekommen. Sie hatten jedoch auf das Feld nichts zu essen mitgenommen; so konnten sie ihren Hunger nicht stillen. Da sprachen sie, als sie am Endes ihres Ackers bei einem wasserlosen Graben angekommen waren: »Wenn doch die Ludki kämen und uns einen Kuchen brächten.« Darauf pflügten sie weiter. Als sie wieder zur Stelle kamen, sahen sei einen Kuchen und dabei lag ein Messer; dazu hörten sie eine leise, schwache Stimme, welche sprach: »Eßt, aber den Kuchen laßt ganz.« Erst wußten die Bauern nicht, wie sie das anfangen sollten, endlich aber fiel ihnen das Richtige ein: sie schnitten von dem Kuchen die Mitte heraus und aßen sich daran satt, den Rand aber ließen sie ganz. Darauf pflügten sie weiter; als sie wieder an die Stelle kamen, war alles verschwunden. (281)

Der Bau der Madlower Kirche

Als die Madlower ihre Kirche bauen wollten, ließ der Missionar die Steine an den Wiesenteich fahren, wo die Kirche erbaut werden sollte. Allein in jeder Nacht wurden die Steine, welche bei Tage herangeschafft waren, stets von den Ludki auf einem Wagen mit Ochsen bespannt an die Stelle gefahren, wo die Kirche jetzt steht. Es blieb dem Missionar nichts übrig, als sich dem Willen der Ludki zu fügen und an der betreffenden Stelle den Neubau zu beginnen, der dann auch ohne Störung ausgeführt werden konnte. (282)

Die Stadtmühle von Cottbus

Vor vielen Jahren ist es in der Stadtmühle in Cottbus nicht recht richtig gewesen, in jedem Jahr sind nämlich zwei Gesellen in der Mühle gestorben. Das traf aber jedes Mal dann ein, wenn man das Mühlenrad hatte singen hören. Eines Tages fiel dem Mühlenbesitzer, bei welchem kein Geselle mehr bleiben wollte, etwas Gutes ein. Er befahl nämlich, man solle, sobald man das Mühlenrad wieder würde singen hören, zwei lebende Tiere in das Rad werfen. Das geschah; darauf ist kein Geselle mehr in der Mühle gestorben. Aber ganz richtig war es auch später noch nicht darin. Denn als in

Die Oberkirche in Cottbus. Gezeichnet von C. Patzschke, Lithographie von Loeillot 1848

einer Nacht vom Sonnabend zum Sonntag mehrere Arbeiter in der Mühle arbeiteten und einige von ihnen aus einem Haus in der Nähe Kardenstäbe holen wollten, sahen sie bei der Mühle eine große, schwarze Gestalt. Die Männer verfolgten diese Gestalt, sie aber sprang vor ihren Augen in das Wasser und verschwand darin. (283)

Die zwei Nixen von Guben

In Guben ist bei der Dreikreuzergasse die sogenannte Wormslache, welche früher sehr groß und sehr tief gewesen ist. In dieser Lache haben viel Unglücksfälle stattgefunden; das ist daher gekommen, daß zwei Nixe darin gehaust haben. Diese Nixe waren Brüder. Da geschah es einmal, daß sie in einen Streit gerieten, welcher damit endete, daß der eine der beiden Brüder sich entschloß, ganz und gar seine Wohnung im Wasser zu verlassen. Er kam auf die Oberwelt und verdingte sich bei einem Eigentümer als Knecht. Unter seinen Händen gedieh alles vortrefflich; mit ihm war der Segen in das Haus eingezogen, und obgleich er ein Nix war, merkte man dem Knecht nichts an, außer daß sein Rock stets einen nassen Saum hatte. Nach einigen Jahren ergriff jedoch den Nix die Sehnsucht nach dem Bruder in der Tiefe, er wollte wieder zu ihm und sich mit ihm aussöhnen. Als der Entschluß bei ihm fest stand, äußerte er seinem Herrn diese Absicht; er forderte ihn auf, mit noch mehreren seiner Hausbewohner an den Rand der wenige Schritte entfernten Lache zu kommen.
Das geschah. Da nahm der Nix von allen Anwesenden Abschied und sagte: »Ich gehe jetzt zu meinem Bruder, um mich mit ihm zu versöhnen. Kommt die Versöhnung zustande, so werden weiße Blasen an die Oberfläche des Wassers steigen, ist das aber nicht der Fall, so werdet ihr rote Blasen erblicken.« Darauf stieg der Nix vor den Augen der Anwesenden in die Tiefe nieder. Nach einiger Zeit erblickte man einige rote Blasen auf der Lache, ein Zeichen, daß die Versöhnung nicht stattgefunden hatte. Von der Zeit an hat sich kein Unglücksfall mehr in der Lache zugetragen, wie das sonst jährlich geschehen ist. (284)

Die Katze in der Mühle

Es war einmal ein Windmüller, bei dem waren alle Müllergesellen, wenn sie nur eine Nacht auf dem Windbock zubrachten, den andern Morgen tot. Als sich das stets wiederholte, nahm der Müller keine Gesellen mehr an und besorgte seine Mühle allein.
Einst kam ein hübscher Müllergesell zu ihm und fragte nach Arbeit. Da sprach der Meister: »Ich wollte Euch gern hier behalten, aber in meiner Mühle ist es nicht recht richtig, dort sind alle Gesellen umgekommen, wenn sie auch nur eine Nacht oben blieben.« Lachend sagte der Gesell: »Ich will bei Euch bleiben und mit dem Spuk schon fertig werden.«

Der Gesell machte sich an die Arbeit; der Müller sah, daß er sehr brauchbar sei. Darauf entfernte er sich. Als es abends neun Uhr war, trug der Müller dem Gesellen das Abendessen hinauf. Er freute sich, den Gesellen so munter zu finden, blieb noch eine Weile bei ihm und ging dann in seine Wohnung, um zu schlafen. Der Gesell setzte sich hin und las in einem Buch. Als der Wächter im Dorf elf blies, suchte er sich ein Beil hervor, das legte er neben sich, dann machte er einen Kreis um den Stuhl, auf welchem er saß und sprach etliche Zaubersprüche dabei.

Es mochte ungefähr zwölf Uhr sein, als plötzlich ein Gepolter in der Mühle entstand: zwei bunte Katzen sprangen auf den Mehlkasten. Dort spielten sie eine ganze Weile. Der Müllergesell suchte sie an sich zu locken, indem er »Mieze, Mieze« rief, aber die Katzen kamen nicht. Er rief jedoch wieder: »Mieze, Mieze.« Endlich näherte sich eine von den Katzen dem Kreis. Der Gesell griff heimlich nach seinem Beil. Plötzlich erfaßte er eine Pfote der Katze und zog das Tier bis in den Kreis hinein. Schnell schlug er mit dem Beil zu und traf die Katze so, daß er ihr eine Pfote abhieb, welche in den Kreis fiel. Er steckte die abgehauene Pfote in die Rocktasche. Sogleich verschwanden die Katzen. Darauf legte er sich ruhig zu Bett. Am andern Morgen stand er schon sehr früh auf und ging ins Dorf, um bei dem Müller Kaffee zu trinken. Der Müller freute sich, als er den Gesellen kommen sah. Er fragte ihn, was er wolle. Der Gesell sagte: »Essen, denn ich bin sehr hungrig.« Darauf erzählte er dem Müller sein Abenteuer. Der Müller sagte, er wolle das Essen bestellen, was er auch tat, aber das Essen kam nicht. Als der Gesell nach einiger Zeit wieder davon sprach, sagte der Müller, er müsse noch etwas warten, seine Frau sei in der Nacht krank geworden, er wolle ihm das Frühstück selbst bereiten. Darauf langte der Müllergesell in die Rocktasche und brachte eine Menschenhand mit einem blanken Ring zum Vorschein. Erstaunt besah sich der Müller diese und rief: »Das ist ja die Hand meiner Frau.« Er lief eilig mit dem Gesellen zum Bett seiner Frau, und es fand sich, daß ihr die Hand abgehauen war. Die Frau bekannte jetzt, daß sie und die Pfarrerin Hexen seien. Beide hätten, erzählte sie, allnächtlich in der Mühle ihr Wesen getrieben. (285)

Die Pest

Wenn sich die Pest einem Dorf nähert, so muß man mit dem Henkel eines kupfernen Kessels, welcher aus einem ausgestorbenen Hause stammt, einen Kreis um das Dorf ziehen. Diesen Kreis kann die Pest nicht über-

schreiten; es sei denn, daß sie mit Gewalt hinübergezogen wird. Daß dem so ist, haben auch die Leute in einem Dorf bei Cottbus erfahren.
Die Pest wütete im Land, die Bauern des Dorfes aber hatten sich vor ihr durch den Kreis, welchen sie um das Dorf gezogen hatten, gesichert. Eines Tages fuhr aus diesem Dorf der Müller nach seiner auswärts gelegenen Mühle. Bei seiner Rückfahrt sah er am Weg eine weißgekleidete Frau liegen, welche ihn dringend bat, er möchte sie doch mit auf den Wagen nehmen, sie wolle auch nach dem Dorf. Der Müller ging auf die Bitte der Frau ein. Unterwegs erkundigte sie sich nach allen Bewohnern seines Hauses. Der Müller nannte die Namen aller, bis auf einen, welchen er zufällig vergaß. So waren sie bis an den Ring gekommen, welcher um das Dorf gezogen war. In demselben Augenblicke fiel die Frau vom Wagen. Der Mann half ihr wieder auf den Wagen, sie fiel aber noch einmal herunter.
Jetzt wollte der Müller die Frau liegen lassen, sie aber bat und klagte so, daß er sie seinem Wagen, welchen die Pferde einige Schritte weitergezogen hatten, an der Hand nachschleppte. Darauf half er der Frau wieder auf den Wagen und kam mit ihr glücklich zu Hause an. Als er auf seinem Hof stillhielt, bemerkte er, daß die Frau verschwunden war. Der Müller aber hatte noch immer kein Arges von allem diesen Vorgängen. Er setzte sich mit seiner Familie zu Tisch. Plötzlich hörte er, wie sich die Tür öffnete und die weißgekleidete Frau in das Zimmer trat. Er sah, wie sie unter ihrer Schürze eine hölzerne Kelle hervornahm und damit den auf den Kopf schlug, dessen Namen er zu nennen vergessen hatte. Der Geschlagene fing plötzlich an, über Kopfschmerz zu klagen. Das aber waren die ersten Anzeichen der Pest. Da merkte der Müller, was er für ein Unheil angerichtet, daß er die weißgekleidete Frau in das Dorf gebracht hatte.
Nun war die Pest im Dorf und bald starben fast alle seine Bewohner. (286)

Tu du es!

Bei einem Gutsherrn in Cottbus konnten es die Dienstmädchen nicht aushalten. Jede Nacht erschien etwas an ihrem Bett. Davor entsetzten sie sich so, daß sie stets nach wenigen Tagen den Dienst aufgaben. Einst trat ein Mädchen in den Dienst, das fest entschlossen war, denselben nicht aufzugeben, es geschehe, was da wolle. Als es Abend wurde, legte sich das Mädchen zu Bett. In der Nacht trat ein Mütterchen an ihr Bett und sprach: »Blau Flämmchen, Hanka, geh in den Keller.« Da erfaßte das Mädchen dennoch ein Grauen und es kroch unter die Decke. In den folgenden

Nächten hatte es dieselbe Erscheinung. Endlich entschloß sich die Magd, zum Pfarrer zu gehen und ihm das Begebnis mitzuteilen. Der Pfarrer riet ihr, sie solle dem Mütterchen folgen, stets aber, wenn es von ihr etwas verlange, antworten: »Tu du es.« In der folgenden Nacht, als das Mädchen sich wieder zu Bett gelegt hatte, erschien das Mütterchen wieder und sprach: »Blau Flämmchen, Hanka, geh in den Keller.« Das Mädchen erwiderte: »Tu du es.« Darauf ging das Mütterchen voran, Hanka aber folgte. Als sie an die Kammertür kamen, fanden sie diese verschlossen. Da sprach das Mütterchen: »Hanka, schließ auf.« Diese aber antwortete: »Tu du es.« Da hauchte das Mütterchen in das Schloß hinein; sofort sprang die Tür auf. Darauf trat das Mütterchen in den Keller, das Mädchen folgte ihm. In einer Ecke des Kellers spielte ein blaues Flämmchen über der Erde. Das alte Mütterchen ergriff eine Schippe und sprach zu dem Mädchen: »Grabe nach.« Das Mädchen aber erwiderte: »Tu du es.« Darauf grub das Mütterchen nach. Bald stieß es auf einen Topf mit Gold. Den hob das Mütterchen aus der Erde und trug ihn dem Mädchen auf die Kammer. Das Mädchen legte sich zu Bett und schlief ruhig ein, als ob nichts geschehen wäre. Am andern Morgen glaubte es geträumt zu haben, allein vor seinem Bett stand richtig ein Topf mit Gold. So war das Mädchen sehr reich geworden. Nachträglich stellte sich heraus, daß einst eine alte sehr geizige Frau das Geld vergraben hatte. Sie hatte aber im Grab keine Ruhe gefunden, bis ihr vergrabener Schatz wieder ans Licht kam. (287)

Das versunkene Dorf

In dem Ziegelteich bei Teupitz ist eine tiefe Stelle, die auch dann nicht wasserleer ist, wenn der Teich abgelassen wird. Abgelassen aber wird der Teich des Fischens wegen jährlich einmal. Geschieht dies, so müssen einige Arbeiter in der Nacht vor dem Tag, an welchem gefischt werden soll, in das Wasser steigen und die tiefe Stelle möglichst auszuschöpfen versuchen. Man erzählt, es habe an der Stelle, wo jetzt der Teich ist, früher ein Dorf namens Teuplitz gestanden. Das Dorf soll versunken sein. Dort, wo das Wasser jetzt am tiefsten ist, soll die Kirche gewesen sein.
Es muß etwas Wahres an dieser Erzählung sein, wie folgender Vorgang beweist. Einst saß eine Frau mit ihrem Kind am Rand des Teiches. Die Frau hatte gestrickt. Sie hatte bei der Arbeit nicht auf das Knäuel achtgegeben. Da kollerte es in den Teich hinein, und zwar gerade da, wo das Wasser am tiefsten ist. Als die Frau den Verlust ihres Knäuels gewahr

Hochzeitszug im Spreewald. Lithographie 1881

wurde, fing sie an, das Knäuel an dem Faden in ihren Händen wieder an sich zu ziehen. Sie merkte bald, daß etwas Schweres an ihm hing, zog aber ruhig weiter. Da kam plötzlich ein Kirchturm, um den sich der Faden geschlungen hatte, an die Oberfläche des Wassers. Sobald das Kind den Turm erblickte, stieß es einen Fluch aus. Alsbald versank der Turm und eine Welle zog Frau und Kind in die Tiefe des Teiches hinab. (288)

Der Drache

Die Mädchen und Burschen, welche an der Spinnte teilnahmen, bemerkten oft abends einen vorüberziehenden Drachen. Einmal als man in der Spinnte den Drachen sah, steckte ein junger Bauer seinen Kopf zum Fenster hinaus und rief demselben zu, er möchte ihm doch etwas bringen. Sogleich überschüttete ihn der Drache mit Kot. Der Bauer reinigte sich so gut er konnte. Am andern Morgen hatte sich das, was von Kot an ihm haftengeblieben war, in Gold verwandelt. (289)

Der Vertrag mit dem Drachen

Ein Bauer hatte einen Drachen, dessen er sich mit der Zeit gern entledigt hätte. Er hatte mit dem Drachen den Vertrag geschlossen, daß dieser ihm alles bringen müsse, was er verlange: könne er das nicht, so müsse der Drache das Gehöft verlassen. Der Drache hielt den Vertrag, denn er brachte dem Bauern alles, was dieser verlangte. Da fiel dem Bauern eines Tages etwas Kluges ein. Er nahm nämlich einen Stiefel, schnitt davon die Sohlen los und band ihn an den Balken. Darauf forderte er den Drachen auf, er solle den Stiefel mit Gold füllen. Der Drache machte sich an die Arbeit. Da aber dem Stiefel der Boden fehlte, so gelang ihm das nicht. Also mußte er, weil er den Vertrag nicht gehalten hatte, das Gehöft verlassen. (290)

Die Schlangen

Nicht weit vom Schloßberg stand in Burg früher eine alte hohle Weide, die sogenannte Malks-Weide. In der Weide hat lange Zeit eine Schlangenkönigin gewohnt und jedes Jahr am 18. oder 21. März eine große Versammlung von Schlangen abgehalten. Zu den Versammlungen sind jedesmal eine ungeheure Menge von Schlangen aus allen Gegenden herbeigekommen. Der ganze Weg von der Mühle bis zum Schloßberg war dann mit Schlangen wie besät. Die Versammlungen fanden gewöhnlich bei Nacht statt. Daß dies alles wirklich so war, hat auch ein Mann erfahren, welcher in der Nähe des Schloßberges wohnte. Er wollte einmal in einer der betreffenden Nächte in die Mühle gehen, um dort zu mahlen. Plötzlich sah er eine überaus große Menge von Schlangen vor sich, mitten aber unter all den Schlangen die Königin mit einer goldenen Krone auf dem Haupt. Die Krone war besetzt mit funkelnden Edelsteinen. Der Mann wollte seinen Weg fortsetzen, aber er wurde ein paarmal von den Schlangen gebissen. Es war ihm nicht möglich, weiter vorzudringen, so groß war die Menge der Schlangen; deshalb kehrte er nach Hause zurück. Nur auf weitem Umweg gelang es ihm, in der Nacht die Mühle zu erreichen. (291)

Die Schlangenkrone

In einem Dorf bei Cottbus lebten einmal Bauersleute, welche ein eigenes Haus bewohnten. Wenn sie auf das Feld gingen, so ließen sie ihr kleines Kind gewöhnlich zu Hause, schlossen es ein und setzten ihm, damit es etwas zu essen habe, einen Napf Milchhirse zur Seite. So saß das Kind auch wieder eines Tages allein in seiner Stube. Da kam eine große, schöne Schlange aus der Ecke hervor, spielte mit dem Kind und fraß ihm seine Hirse aus. Das Kind wurde ungeduldig und fing endlich an zu schreien. In dem Augenblick öffnete die Mutter, welche zeitiger vom Feld heimgekehrt war, die Tür. Sofort verschwand die Schlange, die Mutter hörte nur noch etwas in der Ecke rascheln. Das Kind zeigte immer mit dem Löffel nach der Stubenecke, aber die Mutter wußte nicht weshalb; sie merkte nur, daß hier nicht alles richtig sei. Am folgenden Tag kehrte die Mutter noch zeitiger als gewöhnlich vom Feld zurück. Da sie etwas in der Stube sich bewegen hörte, so trat sie leise an das Fenster, um zu sehen und zu lauschen. Da sah sie, wie eine große, schöne Schlange zuerst mit ihrem Kind spielte, dann aber ihm die Milchhirse auffraß. Ihr Kind wurde zuletzt ungeduldig und schlug nach der Schlange. Die Schlange ließ sich alles ruhig gefallen. Zuletzt fing das Kind an zu schreien. Da öffnete die Mutter die Tür. Sofort war die Schlange verschwunden. Darauf holte sie ihren Mann vom Feld und erzählte ihm alles. Aber auch der wußte keinen Rat. Darauf erzählten sie den Leuten im Dorf von diesem Ereignis. Da sagte ihnen einer von ihren Nachbarn: »Wenn ihr wieder auf das Feld geht, so breitet ein schneeweißes Tuch in der Stube aus. Wenn die Schlange wiederkommt, so wird sie ihre schöne Krone darauf legen. Vielleicht gelingt es euch, diese zu erlangen.« Am folgenden Tag taten die Leute wie ihnen geheißen war. Sie kamen wieder früher als gewöhnlich vom Feld heim. Als sie durch das Fenster blickten, sahen sie wieder die Schlange. Die Schlange hatte ihre Krone abgelegt. Die Leute sahen diese auf dem weißen Tuch. Plötzlich traten sie schnell in das Zimmer. Alsbald enteilte die Schlange, vergaß in der Eile aber, ihre Krone vom Tuch zu nehmen. So gelangten die Leute in den Besitz der Krone. Sie haben diese später allen Leuten gezeigt. Seit der Zeit ist die Schlange nicht mehr gesehen worden. (292)

Die fliegenden Schlangen

Im Spreewald sind früher so viel Schlangen gewesen, daß sie zur Landplage wurden. Die Leute haben sich zwar alle mögliche Mühe gegeben, sie zu vertreiben, aber nichts hat dagegen geholfen. Da ist ein Mann zu ihnen gekommen, der hat gesagt: »Ich will euch die Schlangen vertreiben, aber eher nicht als am ersten Mai.« Darauf haben die Leute eine große Grube gegraben und quer über die Grube ein Brett legen müssen. Als der erste Mai gekommen war, da sagte der Mann zu dem ganzen Volk, das sich versammelt hatte: »Aus allen Himmelsgegenden werden Schlangen mit ihren Königen kommen. Sobald ich meine Zauberei beginne, werden sie auf mich losschießen, dabei aber werden sie in die Grube fallen. Es kann nun sein, daß ich dabei auch hineinfalle. Geschieht dies, so muß ich sterben. Werft aber, wenn ich in der Grube bin, sogleich Erde hinein, damit mich die Schlangen nicht so sehr beißen.« Als der Mann so gesprochen hatte, gingen die Bauern auf ein hohes Gerüst, welches sie erbaut hatten, um das Schauspiel mit anzusehen. Der Mann trat auf das Brett, welches über die Grube gelegt war, nahm eine Flöte und blies darauf eine wunderschöne Melodie. Dann neigte er sich dreimal nach allen vier Himmelsgegenden und blies wieder auf seiner Flöte. Plötzlich ließ sich ein seltsames Rauschen in der Luft hören. Dann kam eine ungeheure Menge von Schlangen aus allen vier Himmelsgegenden herbei. Voran waren die Schlangenkönige mit goldenen Kronen und unerhörter Pracht. Es war ein Gefunkel, wie die Leute noch nie gesehen hatten: Alles glänzte von Gold und Edelstein. Die Schlangen schossen auf den Mann zu, verfehlten ihn aber und fielen in die Grube. Aber eine oder die andere von den Schlangen muß ihn doch erreicht haben, denn plötzlich schrie der Mann auf und sank in die Grube. Da liefen die Leute eiligst mit Schippen und Spaten herbei, warfen die Grube zu und verschütteten alle Schlangen mitsamt dem Mann. Seit dieser Zeit sind die Schlangen aus dem Spreewald verschwunden. (293)

Das Schloß in Lübbenau

Vor langen Jahren waren die Wenden noch ein mächtiges Volk. Sie führten mit den Nachbarvölkern Krieg und machten Raubzüge in ihr Gebiet. Auf einem dieser Züge machten sie eine große Menge Gefangene. Unter diesen war eine schöne blonde Frau, die Gemahlin eines mächtigen Fürsten, der sein Gebiet in weiter Ferne hatte. Die Frau lernte die Sprache der

Wenden. Darauf erzählte sie viel von ihrer fernen, schönen Heimat, nach der ihre Sehnsucht so groß war, daß sie ihr ein halbes Jahr später erlag, nachdem sie einem Sohn das Leben gegeben hatte.
Der Junge war ein schönes, liebliches Kind. Deshalb nahm ihn eine Zauberin an und erzog ihn; sie hoffte durch ihn noch einmal ihr Glück zu machen. Als aus ihm ein Jüngling geworden war, hielt er sich stets im Spreewald auf. Er liebte die Bäume über alles, und die Schlangen waren seine besten Freunde. Fortan durfte kein Wende mehr eine Schlange töten. In Folge davon taten die Schlangen keinem Wenden mehr etwas, dem Jüngling aber wandten sie alle ihre Gunst zu. Saß er im Wald auf einem Baumstamm, so kamen sie herbei und spielten um ihn herum. Sie zeigten ihm auch heilkräftige Kräuter, welche die Menschen schön und stark machen.
Eines Tages war der Jüngling wieder im Spreewald. In der Ferne hörte er den Lärm eines Jagdzuges. Er mied den Lärm und drang tiefer in den Wald ein. Plötzlich sah er ein junges schönes Weib, das angstvoll die Augen auf eine Schlange geheftet hatte, welche eben im Begriff war, die Fremde in den Fuß zu stechen. Der Jüngling ließ sofort einen Pfiff erschallen und die Schlange zog sich zurück.
Die schöne fremde Frau reichte ihrem Erretter die Hand und sprach ihm ihren Dank aus. Indem kam ihr Gemahl, ein fremder deutscher Fürst, zur Stelle. Sie erzählte ihm von der Gefahr und ihrer Rettung. Der Fürst, ein alter häßlicher Mann, stellte sich, als ob er dem Erretter seiner Frau sehr dankbar sei. Er lud ihn zu sich in sein Zelt und bewirtete ihn dort reichlich. In der Nacht aber gab er einem seiner Kriegsknechte den Befehl, er solle den Fremdling töten. Dieser lag im tiefsten Schlaf. Plötzlich erweckte ihn ein lauter Schrei: er sprang erschreckt von seinem Lager auf. Da sah er einen Kriegsmann mit gezücktem Schwert sterbend am Boden liegen, eine Schlange hatte ihn in den Fuß gestochen. Sofort erkannte er den Zusammenhang des Geschehenen. Die Schlange, welche ihn gerettet hatte, gab ihm ein Zeichen, er solle ihr folgen. Das tat er. Die Schlange geleitete ihn sicher und unbemerkt durch die Mannen des fremden Fürsten. Darauf führte sie ihn an einen freien, lichten Platz, auf welchem sich ein kleiner Hügel befand. Vor dem machte die Schlange halt und deutete ihm an, er solle den Hügel durchsuchen. Das tat der Jüngling. Da fand er im Hügel das alte Schwert und den Schatz der Wenden. Als er sich mit dem Schwert umgürtet hatte, erkannten ihn die Wenden als ihren Herrn und Führer an. Schnell sammelte er eine Schar von Wendenkriegern um sich. Mit diesen erstürmte er die Burg des fremden Fürsten und erschlug diesen mit eigener Hand. Die junge Fürstin aber wurde sein Weib.

Schloß Lübbenau. Stahlstich um 1850

Darauf erbaute er sich von dem Schatz der Wenden in der Stadt Lübbenau ein Schloß. Da er den Schlangen all sein Glück verdankte, so hielt er diese in hohen Ehren. Auch seine Nachkommen haben dann die Schlangen hoch und heilig gehalten. Seine Nachkommen aber sind die jetzigen Grafen Lynar. (294)

Die Teufelsschmiede bei Friedersdorf an der Spree

Geht man von Spremberg nach dem freundlichen Friedersdorf, so zeigen sich linker Hand dem Waller einige wild übereinandergeworfene Felsstücke, welche unter dem Namen Teufelsschmiede bekannt sind. Folgendes meldet von ihnen die Sage:
Lebte in langer Vorzeit in Spremberg ein geschickter Huf- und Waffenschmied (der Name vermag nicht angegeben zu werden, weil zur damaligen Zeit Kirchenbücher und Bürgerlisten nicht in gegenwärtiger Ordnung gehalten wurden), welcher Tag und Nacht arbeitete, bloß sonntags ruhte und als frommer Christ ordentlich die Kirche besuchte.

Hatte einst bei ihm ein stattlicher Ritter aus dem Frankenland einen Harnisch, unter genauer Angabe der Zeit und Stunde des Abholens, bestellt. Meister Ehrlich – denn so wollen wir ihn solange, bis wir seinen wahren Namen zuverlässig erfahren, einstweilen nennen –, der ein Mann von Treu und Glauben war, schlug ein und versprach den Harnisch pünktlich in der bestimmten Zeit zur Zufriedenheit zu liefern.

Er begann nun auch sein Werk, allein sonderbar: dem erfahrenen Mann, dem so manche Arbeit gelungen war, und der so manchen Ritter mit Schild, Helm, Arm- und Beinschienen redlich versorgt hatte, verunglückte alles; denn bald verloschen ihm die Kohlen oder sie flammten in so unbändiger Glut, daß Eisen und Stahl untauglich wurden, bald zerschellte ein Hammer gleich Glasscherben, bald versagte anderes Handwerkszeug den Dienst, und so verstrich ein Tag nach dem andern, ohne daß Meister Ehrlich etwas zutage zu fördern vermochte, worüber denn freilich bei ihm nicht der Himmel voll Geigen hing.

Er versuchte alles, was ihm seine Erfahrung an die Hand gab, wendete alles an, was er auf seinen Wanderungen durch Welschland und Frankreich gesehen und von seinen Mitgenossen gehört hatte; alles vergebens; jeder Kunstgriff erlahmte, jeder Versuch schlug fehl. Nur noch vier Tage fehlten bis zum Ablauf des Termins, und da der Ritter übrigens kein Zutrauen erweckendes Antlitz hatte, bangte dem armen Kyklopen nicht wenig vor seinem Buckel.

Am Abend des dritten Tages, wo er nochmals alle Künste erschöpft und sich von der Unmöglichkeit etwas zu leisten überzeugt hatte, warf er sich bangend vor den Dingen, die da kommen sollten, aufs Lager. Allein da den Sorgenvollen gewöhnlich der Schlummer flieht, so geschah es auch ihm, und ruhelos zählte er die vom glänzenden Mondlicht erleuchteten runden Fensterscheiben in seiner niedern Behausung. Da klopft es in der Mitternachtsstunde kräftig an die Tür, und rasch erhob sich der Meister, den Ritter ahnend, von seiner Ruhestätte. Allein da es nicht der Ritter war, beruhigte sich der Feuerarbeiter und nötigte, nach angezündetem Span, den Fremden freundlich einzutreten.

Dieser gab sich für einen aus fernen Landen kommenden und nach Prag – wohin man ihn berufen – wandernden Schmiedeknecht aus und bat, weil er ermüdet und es fast spät bei Nacht sei, den Meister Ehrlich höflich um ein Nachtquartier.

Da nun damals die Polizei weniger wachsame Augen als gegenwärtig hatte, so wurde sein Begehren erfüllt und er noch obendrein mit Speis und Trank erquickt.

Etwas wunderbar kam nun wohl freilich der Fremde dem ehrlichen Schmied vor, und hätte er die eigenen Augen oder Nasen von Paßexpedienten besessen, so würde er in seinem Gast wenigstens einen ausgewanderten Polen erblickt oder einen irrenden Demagogen gewittert haben; denn sein schwarzes Barett mit der goldenen Kante und der roten Feder würden gewiß einen Teutonen, das krause schwarze Haar und der struppige Bart einen Burschen, das spitze Kinn und die stechenden schwarzen Augen einen Göttinger Relegierten und der hinkende linke Fuß einen aus Frankfurt am Main Entsprungenen verraten haben. Es wurde natürlicherweise vom Handwerk gesprochen, und obwohl der Fremde kein empfehlendes Äußeres hatte, so war doch um so anziehender sein Gespräch, welches einen Mann von Gewandtheit und Weltkenntnis sowie einen seinem Fach vollkommen Gewachsenen verriet. Dieses nun erweckte des ehrlichen Meisters Zutrauen, so daß er dem Wanderer seine Verlegenheit entdeckte.
»Je«, sprach der Unbekannte, »das ist ja Spaß; es passieren einem manchmal dergleichen Abenteuer, und wer weiß, guter Meister, wer Euch als geschicktem Mann, die oft die meisten Neider und Feinde haben, irgendeinen hämischen Streich gespielt hat; doch dafür wissen Leute meines Schlages schon Rat und Tat.
Man müßte nicht in Salamanca gewesen sein, und wenngleich nicht studiert, doch nebenbei so etwas von der weißen Magie begriffen haben, kurz, ich kann und will Euch helfen. Morgen früh haltet Euch bereit, dann soll's frisch ans Werk gehen; jetzt brauche ich Ruhe, daher schlaft wohl!«
Der Morgen begann, schon glühten die Kohlen, Stahl, Eisen und anderer Notbedarf war bei der Hand, aber noch schnarchte der Fremde gleich einer Sägemühle, bis ihn Meister Brontes zum Frühstück weckte. Jach stand er auf, verschluckte gleich dem Erysichton, hungrigen Andenkens, das Aufgetragene, und dann ging's stracks an die Arbeit.
Doch wie riß Meister Ehrlich die Augen auf, denn dergleichen hatte er auf allen seinen Wanderungen nie erblickt. Mit welcher geschicklichen Behendigkeit wendete der Zugewanderte sein Eisen, wie flog sein Hammer, mit welcher Zuversicht und Gewandtheit faßte er die Zange. Alles verriet den Meister, und sein Wirt keuchte und schwitzte schon bei den Handreichungen. Am Abend war die Rüstung fix und fertig, so schön, so herrlich, wie man sie gewiß in keiner Rüstkammer der alten oder neuen Welt erblickt hat. »Nun kann sie der gestrenge Ritter abholen lassen, wenn ihm beliebt!« sagte der Fremde, indem er den Hammer niederlegte und sich den Schweiß trocknete.

Am andern Tag erschien der ebenbürtige Ritter, entzückt über die Arbeit, und zahlte nach Herzenslust das Dreifache von dem Geforderten.
Früh des dritten Tages, als sich der Fremde zur Abreise anschickte, forschte der Meister nach dessen Lohn, mit der Versicherung, ihm das Doppelte recht gern seines Fleißes, seiner Geschicklichkeit und Uneigennützigkeit wegen zu reichen.
»Ist nicht Ursach', ist nicht Ursach', lieber Meister, arbeite nicht um schnöden Lohn, freut mich, meinem Nebenmenschen förderlich und dienstlich zu sein, behaltet das Eure, ich bedarf nichts! Doch«, fuhr er nach einer Pause fort, »eine Kleinigkeit werdet Ihr mir gewiß nicht versagen, nicht wahr?« fragte er, ihn scharf fixierend mit hämischem Lächeln.
»Ist es nicht gegen mein Gewissen und Pflicht, herzlich gern!« erwiderte der Schmied. »Heischt nur keck, es soll Euch werden.«
»So seht denn«, fuhr jener grinsend fort, »reitet, wie Ihr wißt, hienieden jeder sein Steckenpferd, also auch ich, der ich eine besondere Liebschaft für Handschriften, deren ich viel, sehr viel, auf meinen Reisen gesammelt habe, fühle. Macht mir in langen Winterabenden, wenn es draußen stürmt und tobt, als wenn der Welt Ende nahe oder eine Kälte ist, daß die Hufnägel springen möchten, viel Freude, nun da so herumzublättern und auf den Namen eines Freundes oder Bekannten zu stoßen. Also erzeigt auch mir den Gefallen und schenkt mir eure Schriftzüge. Hier ist Papier, Feder und Tinte besitzt jeder Haushalt, schreibt und wir sind quitt.«
»Nun, so unbedeutend dieses Verlangen ist«, entgegnete treuherzig der Schmied, »und so gern ich es immer erfüllen wollte; so ist mir's unmöglich, Feder und Tinte ist hier im Dorf so wenig wie ein Zitronenbaum zu Hause, nur der Herr Pfarrer besitzt Schreibmaterialien, die er mir aber nicht reichen würde, weil er weiß, daß ich weder lesen noch schreiben kann.« – »Hat nichts zu sagen«, fiel ihm der Fremde schnell ins Wort, »auch dafür ist gesorgt. Hier ist ein Messer, ritzt Euch schnell in die Hand und macht ein Zeichen, was für eins Ihr wollt, nur kein Kreuz, denn das mag ich nicht leiden, weil ohnedies Kreuz genug auf Erden ist«, fügte er mit funkelnden Augen hinzu.
Da durchbebte den biedern Schmied die Erinnerung an Hölle und Seligkeit und schnell fuhr ihm ein Gedanke durch den Kopf. Er legte nämlich sämtliches vom Ritter erhaltene Geld auf den Tisch und rief: »Hier, nehmt alles im Namen des allmächtigen Gottes! Ich unterzeichne nicht!«
Bei dem Namen Gottes erbebte der Fremde, verwandelte sich augenblicks in einen großen Raben und entflog unter höhnischen Gekrächz: »Nun, ich werde schon schmieden!« durchs Fenster.

Nun wußte der ehrliche Schmied, mit wem er zu tun gehabt hatte. Sehr bangte ihm einerseits vor dem Erfolg, weil er des Bösen Trug und List kannte; daher fürchtete er, daß der treffliche Harnisch sich in ein Spottkleid verwandeln und ihm Unschuldigen darob der Scheiterhaufen zum Lohn werden möchte; andrerseits aber freute er sich höchlich, seine Seele gerettet zu haben. Er nahm also seine Zuflucht zum Gebet, fastete und kasteite seinen Leib und so erfolgte kein Unheil.
Allein einige Tage nachher sah er auf dem ihm gegenüberliegenden Berg sich ein Haus erheben, welches Meister Urian in Schmiedeburschengestalt umhüpfte und dabei dem gastfreundlichen, ehrlichen Meister Mönche stach, Rübchen schabte und Schnippchen schlug.
Endlich, es war am grünen Donnerstag, stand die Schmiede fertig da, und schon am Karfreitag sprühten Funken aus der Esse und kräftige Hammerschläge tönten weit umher. Da fiel der Schmied auf seine Knie und betete inbrünstig zu Gott, alles Unheil von ihm abzuwenden, ihn nicht in Versuchung geraten zu lassen, sondern seinen heiligen Engel zu senden, der ihn leite und führe und ihn durch das Hohnnecken des Höllenfürsten nicht stören zu lassen.
Fortwährend öffentlich und ungestört an Sonn- und Werkeltagen trieb nun Satan sein böses Werk, dem guten Schmied aber mißlang alles, was er begonnen; seine Kunden wendeten sich von ihm und gingen zu dem Felsenschmied, wie sie ihn nannten, wo sie bessere Arbeit für geringere Zahlung bekamen, Meister Ehrlich aber schwieg, duldete, fuhr in seinen Bußübungen fort und harrte besserer Zeiten.
Am Himmelfahrtstag früh, als der Schlaf endlich auf die müden Augenlider des Schmiedes, der wiederum die Nacht kummervoll durchwacht hatte, sich senkte, weckte ihn ein starker Donnerknall. Erschrocken fuhr er auf, eilte ans Fenster, wo er dann sah, daß der Teufel in seiner wahren Gestalt in die Erde sank, das Haus zusammenstürzte, die wild untereinandergeworfenen Felsen, wie man sie noch heutigen Tages sieht, zusammenrollten und eine Jünglingsgestalt, in der rechten Hand ein Schwert, in der linken eine Waage haltend, sich in die Wolken schwang.
Fleißig fing nachher wiederum der Schmied zu arbeiten an; was er begann, geriet wohl und Segen verbreitete sich über sein Haus. (295)

Ein preußischer Auerochs. Kupferstich aus M. Chr. Hartknoch, Alt- und Neues Preußen oder Preußische Historien. Frankfurt und Leipzig 1584

Alraunmännchen, Heinzelmännchen, Galgenmännlein

Dieses spielt nun in den Sagen der Vorzeit und des Mittelalters keine geringe Rolle und möchte sie – da man auf Jahrmärkten sogar öffentliche Glücksfinger und Glückskugeln verkauft – vielleicht noch in unsern so aufgeklärten Zeiten fortspielen.

Man versichert nämlich im allgemeinen, daß wenn Johannes Faust, teufelsbannerischen Andenkens, nicht ein solches Männchen besessen, er wohl manches nicht ausgeführt haben würde; daß der Baron von Chaos wohl vergeblich es versucht haben möchte, Blei in Gold zu verwandeln, hätte ihm nicht ein dergleichen Männchen zur Seite gestanden; daß ohne dieses Männchen Barthold Schwarz das Schießpulver nicht erfunden haben würde, wenn er sich nicht dabei eines solchen Männchens bedient, und manche Hexe ohne selbiges die Feuer- und Wasserprobe nicht überstanden hätte, wäre ein solches Männchen nicht gewesen.

Wer ein dergleichen Männchen besitzt, dem kommt Glück, Heil und Segen ins Haus, es raunt ihm die Zukunft ins Ohr, erschließt die Vergangenheit seinem Blick, lüftet der Zukunft dichten Schleier, erfüllt ihn mit Wis-

senschaft, Weisheit und Verstand, bewahrt ihn vor bösen Geistern, Kobolden und Gespenstern, macht ihm die guten dienstbar und gibt die bösen unter seine Gewalt. Allein dafür muß er es sauberhalten, waschen, baden, ein Bett zubereiten und es mit Kleidern versehen, wofür es ihm wohlgeht und er alles, was er beginnt, glücklich vollendet.
Diese Alraunmännchen sind ehemals wirkliche Menschen gewesen, allein unter Beibehaltung der menschlichen Gestalt von Zauberern in Pflanzen verwandelt und in einsame, öde und unheimliche Orte verwiesen worden.
Auf dem Falkenberg bei Neukirch sowie in der Muskauer Heide soll man sie vor allem finden und sollen diese noch weit vorzüglicher sein als die, welche unterm Galgen wachsen. Man gräbt sie in den Mitternachtsstunden der Johannisnacht, darf sich jedoch durch den Schrei, den sie, wenn die Wurzel der Erde entrissen wird, von sich geben, nicht schrecken lassen.
Eigentlich ist dieses Idol nichts mehr und nichts weniger als die Mandragora (Atropa Mandragora L.) Alraunwurzel (vom altdeutschen Wort *all*, viel und *raunen, runen,* wissen). Man gab ihr durch Verzweigung und Schnitzeln Menschengestalt und brauchte sie zu Hexereien, Fest- und Unsichtbarmachen und dergl., daher man sie als einen Hausgötzen verehrte. Nach dem Theophrast (I. IX. c. 9.) mußte man, um die Pflanze zu graben, dreimal einen Kreis mit der Spitze eines Degens um sie machen und während sie einer ausriß, der andere darum tanzen und unverständliche Worte aussprechen. Um nichts dabei zu versehen und nicht unglücklich zu werden, ließ man sie durch Hunde ausgraben, wie schon Josephus de bello Judaico I. VII. c. 28, der die Pflanze *Barras* nennt, angibt. Man bediente sich auch ihrer zu Liebestränken, Annibal vergiftete den Wein damit und ließ ihn den Feinden zurück, welche, als sie ihn getrunken hatten, davon betäubt und von ihm bei seiner Rückkehr aufgerieben wurden. Auch als Heckemännchen bewahrte man sie sorgfältig auf. (296).

Die Nixe des Osterabrunnens

Der Brunnen in dem Vorwerk Einbecke, das auch ehemals einen anderen Namen hatte, hieß vor dreihundert Jahren noch der Osterabrunnen und wurde wegen der ihm zugeschriebenen Heilkräfte von den Einwohnern Gubens sehr hoch geschätzt.
Die Sage von der Nixe des Osterabrunnens ist eine der lieblichsten, aber eine sehr lange. Da sie nun mit allen den Sagen von Nixen, die einen schö-

nen Mann lieben, jedoch zum Gatten nicht bekommen, wesentlich übereinstimmt, so gebe ich von ihr nichts weiter als den ihr eigentümlichen Schluß.

Die Nixe, vom schönen Heinrich verschmäht, begibt sich in das Jungfrauenkloster, verrichtet schweigend und unerkannt die niedrigsten und härtesten Mägdedienste, wird wegen ihrer Demut und Frömmigkeit geachtet, Nonne, Subpriorin, Priorin, endlich die Äbtissin Paula. Aus dem seltsamen Umstand, daß ein Zipfel ihres Kopftuches immer feucht bleibt, schließt eine junge kluge Nonne, die Äbtissin möge wohl gar eine Nixe sein. Leider birgt sie ihre Entdeckung nicht in der eigenen Brust, sondern teilt sie unter dem Siegel schweren Geheimnisses zunächst ihrer teuersten Freundin mit, die nebenbei noch eine teure Freundin hat u.s.w., bis die Subpriorin, die Priorin, dann der Pfarrer des Klosters und Beichtvater der Nonnen, endlich gar der Probst die in kirchlicher Hinsicht höchst bedenkliche Sache wittert, welcher nun die an Kenntnis der Naturkräfte alle Mitglieder des Klosters überragende, in der Ausübung der Heilkunst ungewöhnlich geschickte und glückliche, daher nach dem bisherigen gemeinen Glauben der Nonnen wundertätige Äbtissin aufmerksamer und sorgfältiger beobachtet und zu grausigen Endeckungen gelangt, die ihn, den gelehrten Priester, mit Sorgen um das Heil der römischen katholischen Kirche erfüllen. Im Beichtstuhl scharf verhört, bekennt die Äbtissin der Wahrheit gemäß, daß sie die Nixe des Osterabrunnens ist; bedacht darauf, ihr ewiges Seelenheil durch den Glauben der Christen zu retten, habe sie dem Zweck entsprechend stets gehandelt, aber schon ganz nahe ihrem hohen Ziel sehe sie sich jetzt von diesem durch den voreiligen Eifer ihrer geistlichen Genossen weiter als je entfernt. Jammernd zerfließt sie in Luft. Bis auf diesen Tag ist sie noch nicht in christlicher Weise selig geworden; denn glaubwürdige ehrbare Leute haben sie während der heiligen Nächte des Jahres, besonders um Ostern und Johannis, am Osterabrunnen sitzen, andere sie mit dem Gewand der Äbtissin bekleidet und still für sich betend im Kreuzgang des Klosters umherwandern gesehen, namentlich während der Nacht vor dem Fest der Himmelfahrt der heiligen Jungfrau, d.h. vor dem 15. August. Sie fügt niemanden Übles zu. (297)

Die Stadtpfarrkirche in Guben. Gezeichnet von A. Fischer, Lithographie um 1850

Der heilige Polykarpos bekehrt die Semnonen in Guben zum Christentum

Die alten von jeher bürgergewaltsstolzen, freiheitsliebenden, ihre ausgedehnten Vorrechte zu ihrem Vorteil reichlich ausbeutenden und unbeugsamen Mutes kräftigst schirmenden Bürger Gubens, welche die ihnen von Gott geschenkten Güter zu Erheiterung und Verschönerung ihres kurzen irdischen Daseins dankbar und fröhlich verwendeten, achteten doch Gottesfurcht, innere und äußere Frömmigkeit, Kirchlichkeit sehr hoch.
Wir dürfen uns also keinesweges wundern, daß die alten freiheitsstolzen und unermüdlich arbeitsamen Gubener Bürger mit einer gewissen Vorliebe bei jeder schicklichen Gelegenheit auf die Gottesfurcht und die Frömmigkeit der Vorfahren, sogar der Ureinwohner, der heidnischen Semnonen, hinweisen, und zu deren höherem Ruhm kindlich unbefangen sich haben verlocken lassen.
Die der mittelalterlichen deutschen Dichtung lebhaft zugeneigte Stadt Guben ist erstaunlich reich an Sagen gewesen, nach denen die Heiligen der christlichen Kirche ihre Huld der Stadt zu beweisen sich um die Wette beeifert haben. Eine der wunderlichsten will ich hier mitteilen.

Der dem Herrn und Heiland geliebteste Jünger Johannes empfing, als er auf Patmos weilte, eine Erleuchtung von oben. Er sah nämlich im fernen Norden das fromme Volk der Semnonen, welches nach der Erlösung aus den Finsternissen des Heidentumes schmachtete. Deshalb bewog er seinen Schüler Polykarpos, zu den Semnonen zu wandern, um ihnen die christliche Heilslehre zu verkünden. Polykarpos erfüllte gehorsam den Auftrag seines Meisters, wurde von den gottesfürchtigen und lernbegierigen Semnonen freundlichst aufgenommen, blieb bei ihnen ein Jahr lang, gewann währenddessen viele für das Christentum und reiste, nachdem er es befestigt zu haben glaubte, zurück nach Patmos.
Durch diese Sage begründeten ehemals die Gubener Bürger die stolze Behauptung, daß sie unter allen Deutschen die ältesten Christen wären. Auf der Stelle an der Neiße, wo nachmals das Kloster erbaut worden ist, soll Polykarpos die Heiden unterrichtet und getauft haben. (298)

Der große Haarstern

Ein Jahr vor der Ankunft Karls d. Großen in Guben setzte ein furchtbarer Haarstern (Komet), der plötzlich am Himmel erschien und allnächtlich den Ort, an dem später das Kloster erbaut worden ist, umkreiste, die Bewohner Gubens in Angst und Schrecken. Sie taten aber Buße und hielten, von ihren Priestern geführt, täglich feierliche Umzüge, fromme Lieder singend und Gebete sprechend. Da verschwand des Himmels Wunder. Die gottesfürchtigen Einwohner aber beschenkten die Kirche reichlich und begingen mit ihren Priestern ein Fest, um Gott zu danken dafür, daß er mit ihnen Erbarmen gehabt und sie aus schwerer Bedrängnis und Not errettet hatte. Einige meinten, der Haarstern habe den Krieg mit den heidnischen Wenden, andere dagegen, er habe die Ankunft des großen Kaisers angezeigt. Die Nonnen aber haben später behauptet, das Wunder des Himmels habe die Heilige Jungfrau ausgesandt, um die Stiftung ihres Klosters den Bewohnern der Stadt anzukündigen; denn der Stern sei an die Stelle, unter welcher dann das Kloster erbaut wurde, gebannt gewesen. Falls die Sage einen Grund hat, muß der genannte Haarstern 802 beobachtet worden sein. (299)

Die Hussiten in Guben

Bevor die Hussiten die Stadt Guben eroberten, hat in der Hundsgasse ein so furchbarer Kampf stattgefunden, daß das Blut den Berg heruntergeflossen ist und die Hunde dasselbe geleckt haben. Aus dieser Veranlassung hat man dem Weg den Namen Hundsgasse beigelegt. Hier werden die Leute nachts manchmal von einem weißen Hund begleitet.
In der Pförtenerstraße haben die Hussiten eine Frau eingemauert und ihre Hände und Beine mit Ketten gefesselt. Hernach kam von den Deutschen ein Offizier in das Haus. Da rasselte die Frau mit den Ketten. Der Offizier hörte es, ließ die Mauer aufbrechen und fand die Frau noch lebendig. (300)

Gubens Stammutter

Die Hussiten kamen mit großer Heeresmacht vor die Stadt Guben, und die Bürger wollten ihnen widerstehen, aber sie vermochten es nicht. Die wilden Böhmen erstiegen die Mauern, drangen in die Stadt und töteten alles, Männer, Weiber und Kinder. Von Haus zu Haus wüteten sie in ihrer Mordlust, und es war nur noch eine einzige kleine Wohnung übrig. Darin saß eine Mutter vor einer Wiege und wiegte ihr Kind, und das war eine sehr fromme Mutter. Da wollten sie auch über diese herfallen. Aber Gott verblendete ihre Augen, daß das Kind ihnen als ein Kalb mit feurigen Augen erschien. Und sie hielten das für den Teufel, und es kam sie eine so große Furcht an, daß sie aus dem Haus flohen und den andern zuriefen: »Hier hat der Satan Junge gekriegt und seine Großmutter sitzt dabei und wiegt sie!« und alle zogen fort aus der Stadt, nachdem sie diese angezündet hatten. Da kam noch ein fremder Handwerksbursche herzu, der dem Blutbad in einem Versteck entronnen war, der tat sich zu dem Weib, und sie zeugten Söhne und Töchter und bevölkerten wieder die öde Stadt. Also wurde eine einzige Frau die Stammutter von Guben. (301)

Die Hussiten in Neuzelle

Obschon der Landvogt Hans von Polenz alles aufbot, den Hussiten Widerstand zu leisten, so drangen diese doch im Jahr 1429 in die Niederlausitz ein, eroberten die Stadt Guben und überfielen das Kloster Neuzell gewaltsam und blutdürstig. Sämtliche Geistliche, unter denen sich auch

Klosterkirche Neuzelle. Lithographie 1861

der Abt Petrus befand, wurden von den Hussiten auf das grausamste verstümmelt und ermordet. Nachdem sie die Abtei samt der Kirche entheiligt, alles ausgeplündert und verwüstet hatten, steckten sie auch die Klostergebäude und die Kirche in Brand. Schon knisterte das Feuer und drohte die dürren Sparren des Kirchdaches in helle Flammen zu bringen, als es einem auf dem Kirchboden sich verborgen haltenden Laienbruder namens Koch gelang, das zu wiederholten Malen angelegte Feuer aus nicht weit davon entfernten und mit Wasser gefüllten Gefäßen zu löschen und so das Gotteshaus vor der gänzlichen Verwüstung zu retten.
Zum dankbaren Andenken an diesen mutigen Bruder wurde das Gut seiner Verwandten in dem benachbarten Dorf Schlaben, aus welchem er gebürtig war, von allen dem Kloster zu leistenden Diensten auf ewige Zeit befreit. (302)

Literatur

1. Quellen

Bechstein 1853	Ludwig Bechstein, Deutsches Sagenbuch. Leipzig 1853
Brachwitz 1937	Oskar Brachwitz, Sagen aus dem Kreise Zauch-Belzig. Belzig 1937
Gander 1894	Karl Gander, Niederlausitzer Volkssagen vornehmlich aus dem Stadt- und Landkreise Guben. Berlin 1894
Grässe 1868	J. G. Th. Grässe, Sagenbuch des Preußischen Staats. Erster Band. Glogau 1868
Gräve 1839	Heinrich Gottlob Gräve, Volkssagen und volkstümliche Denkmale der Lausitz. Heft 1 und 2. Bautzen 1839
Grimm 1816	Brüder Grimm, Deutsche Sagen. Erster Band. Berlin 1816
Haase 1887	Carl Eduard Haase, Sagen der Grafschaft Ruppin und Umgebung. Neu-Ruppin 1887
Handtmann 1883	Eduard Handtmann, Neue Sagen der Mark Brandenburg. Berlin 1883
Heuer 1922	Reinhard Heuer, Prignitzer Sagen und Geschichten. Pritzwalk 1922
Kuhn 1843	Adalbert Kuhn, Märkische Sagen und Märchen. Berlin 1843
Kuhn/Schwartz 1848	Adalbert Kuhn und Wilhelm Schwartz, Norddeutsche Sagen, Märchen und Gebräuche. Leipzig 1848
Kunzendorf 1911	Paul Kunzendorf, Sagen der Provinz Brandenburg. Cottbus 1911
Lohre 1921	Heinrich Lohre, Märkische Sagen. Leipzig-Gohlis 1921 (= Eichblatts Deutscher Sagenschatz, Band 2)
Müller 1924	Sagenschatz des Landes Friedeberg. Sagen, Bräuche, Sprüche. 3. Aufl. Friedeberg 1924
Petzoldt 1976	Leander Petzoldt, Historische Sagen. Erster Band: Fahrten, Abenteuer und merkwürdige Begebenheiten. München 1976
Reinhard 1869	Karl von Reinhard, Sagen und Märchen aus Potsdam's Vorzeit mit Ergänzungen von Wilhelm Riehl. Potsdam 1869 (EA 1837)
Scharnweber/Jungrichter 1933	Robert Scharnweber und Otto Jungrichter, Sagen, Anekdoten und Schnurren aus dem Kreise Luckau. Berlin 1933
Schmidt 1909	Märkisches Sagenbuch. Sagen und Geschichten aus Barnim und Uckermark. Charlottenburg 1909
Schwartz 1871	Wilhelm Schwartz, Sagen und alte Geschichten der Mark Brandenburg für Jung und Alt. Berlin 1871
Temme 1839	J. D. H. Temme, Die Volkssagen der Altmark. Berlin 1839
Veckenstedt 1880	Wendische Sagen, Märchen und abergläubische Gebräuche. Graz 1880

Wolff o. J. — O. L. B. Wolff, Der Märkische Eulenspiegel. Das ist: Seltsame und kurzweilige Geschichten von Hans Clauert in Trebbin. Leipzig o. J. (um 1840)

Ziehnert 1840 — Widar Ziehnert, Preußens Volkssagen, Mährchen und Legenden. Zweiter Band. Leipzig 1840 (der erste Band erschien 1839)

2. *Weitere Literatur*

Karl Bartsch, Sagen, Märchen und Gebräuche. Wien 1879

Karl Bartsch, Altmärkischer Sagenschatz. Berlin 1909

Gisela Burde-Schneidewind, Historische Volkssagen zwischen Elbe und Niederrhein. Berlin DDR 1973

Albert Burkhardt, Märkische Sagen und Märchen. Berlin DDR 1965

Oskar Dümke, Havelsagen. Leipzig 1924

A. Engelien und W. Lahn, Der Volksmund in der Mark Brandenburg. Sagen, Märchen, Spiele, Sprichwörter und Gebräuche. Berlin 1868

Ernst Grau, Berliner Sagen und Geschichten. Berlin DDR 1954

Karl Haupt, Sagenbuch der Lausitz. Leipzig 1862

Konrad Lemmer, Sagen und Märchen aus Berlin und der Mark Brandenburg. Berlin (W) 1968

Paul Nedo, Sorbische Volksmärchen. Bautzen 1956

Ernst Wilhelm Neumann, Märkische Sagen. Berlin (W) 1955

Max Pohlandt, Lebuser Sagen und Geschichten. Leipzig o. J.

Kurt Pomplun, Berlins alte Sagen. 4. überarb. Aufl. Berlin (W) 1975

Wilhelm von Schulenburg, Wendische Volkssagen und Gebräuche aus dem Spreewald. 2. verb. Aufl. Cottbus 1930

Friedrich Sieber, Wendische Sagen. Jena 1925 (= Deutsche Volkheit, Band 4)

Quellennachweis

Die vorangestellten Ziffern beziehen sich auf die Texte in ihrer Reihenfolge. Bei dem jeweiligen Sagentext wird die entsprechende Nummer am Schluß (in Klammern) aufgeführt.

[1]Kuhn/Schwartz 1848, Nr. 80, S. 78
[2]Kunzendorf 1911, Nr. 1, S. 16f.
[3]Schwartz 1871, Nr. 6
[4]Ziehnert 1840, S. 93f.
[5]Grässe 1868, Nr. 39, S. 48f.
[6]Ziehnert 1840, S. 242f.
[7]Lohre 1921, Nr. 257, S. 125
[8]Lohre 1921, Nr. 169, S. 100
[9]Kuhn 1843, Nr. 118, S. 123ff.
[10]Grässe 1868, Nr. 27, S. 41f.
[11]Kuhn/Schwartz 1848, Nr. 81, S. 78f.
[12]Grässe 1868, Nr. 33, S. 46f.
[13]Grässe 1868, Nr. 29, S. 42f.
[14]Lohre 1921, Nr. 338, S. 153
[15]Kunzendorf 1911, Nr. 3, S. 19 und Grässe 1868, Nr. 35, S. 46
[16]Ziehnert 1840, Nr. 77, S. 267f. und Grässe 1868, Nr. 36, S. 47
[17]Schwartz 1871, zitiert nach A. Cosmar, Sagen und Miszellen aus Berlins Vorzeit, 1893, Nr. 5, S. 1f.
[18]Grässe 1868, Nr. 42, S. 52
[19]Grässe 1868, Nr. 15, S. 32
[20]Grässe 1868, Nr. 28, S. 42
[21]Kuhn/Schwartz 1848, Nr. 82, S. 79
[22]Grässe 1868, Nr. 32, S. 45
[23]Grässe 1868, Nr. 38, S. 48
[24]Eberhard Buchner, Das Neueste von Gestern, Bd. 2, München 1912, Nr. 397, S. 88
[25]ebda., Nr. 398, S. 88f.
[26]Ziehnert 1840, S. 223f.; vgl. Kuhn 1843, Nr. 117, S. 122f.
[27]Grässe 1868, Nr. 37, S. 47
[28]Lohre 1921, Nr. 235, S. 151
[29]Kuhn 1843, Nr. 122, S. 129
[30]Schwartz 1871, Nr. 2
[31]Kuhn 1843, Nr. 121, S. 129
[32]Grimm 1816, Nr. 250, S. 338f.
[33]Kuhn 1843, Nr. 123, S. 130
[34]Kuhn 1843, Nr. 200, S. 214f.
[35]Kuhn 1843, Nr. 111, S. 113ff.
[36]Ziehnert 1840, Nr. 47, S. 168f.

[37]Kuhn 1843, Nr. 112, S. 117
[38]Kuhn 1843, Nr. 113, S. 117f.
[39]Kuhn 1843, Nr. 114, S. 118f.
[40]Kuhn 1843, Nr. 115, S. 119f.
[41]Schwartz 1871, Nr. 10
[42]Schwartz 1871, Nr. 9
[43]Schwartz 1871, Nr. 12
[44]Schwartz 1871, Nr. 15
[45]Kuhn 1843, Nr. 124, S. 131f.
[46]Schwartz 1871, Nr. 14
[47]Schwartz 1871, Nr. 43
[48]Kuhn 1843, Nr. 126, S. 133ff.
[49]Reinhard 1869, S. 18ff.
[50]Reinhard 1869, S. 46f.
[51]Grässe 1868, Nr. 124, S. 119ff.
[52]Lohre 1921, Nr. 210, S. 130f.
[53]Lohre 1921, Nr. 214, S. 155f.
[54]Grässe 1868, Nr. 117, S. 113f.
[55]Grässe 1868, Nr. 125, S. 121f.
[56]Lohre 1921, Nr. 270, S. 147f.
[57]Eberhard Buchner, Das Neueste von Gestern. Bd. 2, München 1912, Nr. 65, S. 38
[58]Grässe 1868, Nr. 130, S. 128f.
[59]G. Hyckel, Der Alte Fritz in Oberschlesien. Oppeln 1936, S. 40f.
[60]Lohre 1921, Nr. 242, S. 154
[61]Lohre 1921, Nr. 1, S. 1
[62]Reinhard 1869, S. 51f.
[63]Grässe 1868, Nr. 109, S. 105
[64]Schwartz 1871, Nr. 41
[65]Reinhard 1869, S. 188f.
[66]Kuhn 1843, Nr. 128, S. 136ff.
[67]Grässe 1868, Nr. 129, S. 126
[68]Grässe 1868, Nr. 123, S. 117
[69]Kuhn 1843, Nr. 59, S. 59
[70]Kuhn 1843, Nr. 60, S. 60
[71]Kuhn 1843, Nr. 62, S. 61f.
[72]Kuhn 1843, Nr. 63, S. 62f.
[73]Kuhn 1843, Nr. 64, S. 63
[74]Kuhn 1843, Nr. 66, S. 64ff.
[75]Kuhn 1843, Nr. 67, S. 66f.
[76]Kuhn 1843, Nr. 68, S. 67f.
[77]Kuhn 1843, Nr. 69, S. 68
[78]Kuhn 1843, Nr. 70, S. 68f.
[79]Kuhn 1843, Nr. 72, S. 70ff.

[80]Kuhn 1843, Nr. 73, S. 72 ff.
[81]Kuhn 1843, Nr. 74, S. 74 ff.
[82]Kuhn 1843, Nr. 75, S. 77
[83]Kuhn 1843, Nr. 76, S. 78
[84]Kuhn 1843, Nr. 77, S. 78 f.
[85]Kunzendorf 1911, Nr. 167, S. 157 f.
[86]Kuhn 1843, Nr. 80, S. 81 f.
[87]Kuhn 1843, Nr. 81, S. 82 f.
[88]Kuhn 1843, Nr. 82, S. 83
[89]Kuhn 1843, Nr. 83, S. 83 f.
[90]Kuhn 1843, Nr. 84, S. 84 f.
[91]Kuhn/Schwartz 1848, Nr. 98, S. 89
[92]Kuhn 1843, Nr. 86, S. 86
[93]Kuhn 1843, Nr. 87, S. 86 ff.
[94]Kuhn 1843, Nr. 88, S. 88 ff.
[95]Kuhn/Schwartz 1848, Nr. 96, S. 88
[96]Kuhn 1843, Nr. 90, S. 92 f.
[97]Kuhn 1843, Nr. 93, S. 98 f.
[98]Kuhn 1843, Nr. 95, S. 100 f.
[99]Kuhn 1848, Nr. 96, S. 101 f.
[100]Kuhn 1843, Nr. 98, S. 103 f.
[101]Kuhn 1843, Nr. 105, S. 108 f.
[102]Kuhn 1843, Nr. 106, S. 109 f.
[103]Grimm 1816, Nr. 210, S. 289 f.
[104]O. L. B. Wolff, Der Märkische Eulenspiegel. Das ist: Seltsame und kurzweilige Geschichten von Hans Clauert in Trebbin. Leipzig o. J. (um 1840) S. 43 f.
[105]ebda., S. 45 ff.
[106]ebda., S. 32 f.
[107]Kuhn/Schwartz 1848, Nr. 95, S. 87 f.
[108]Scharnweber/Jungrichter 1933, Nr. 2
[109]Scharnweber/Jungrichter 1933, Nr. 3
[110]Scharnweber/Jungrichter 1933, Nr. 18
[111]Scharnweber/Jungrichter 1933, Nr. 32
[112]Scharnweber/Jungrichter 1933, Nr. 53
[113]Scharnweber/Jungrichter 1933, Nr. 54
[114]Scharnweber/Jungrichter 1933, Nr. 56
[115]Scharnweber/Jungrichter 1933, Nr. 66
[116]Scharnweber/Jungrichter 1933, Nr. 67
[117]Scharnweber/Jungrichter 1933, Nr. 69
[118]Scharnweber/Jungrichter 1933, Nr. 89
[119]Scharnweber/Jungrichter 1933, Nr. 97
[120]Scharnweber/Jungrichter 1933, Nr. 141
[121]Scharnweber/Jungrichter 1933, Nr. 109

[122]Scharnweber/Jungrichter 1933, Nr. 129
[123]Scharnweber/Jungrichter 1933, Nr. 142
[124]Scharnweber/Jungrichter 1933, Nr. 143
[125]Brachwitz 1937, Nr. 3, S. 3
[126]Brachwitz 1937, Nr. 4, S. 3
[127]Brachwitz 1937, Nr. 12, S. 8f.
[128]Brachwitz 1937, Nr. 13, S. 9
[129]Brachwitz 1937, Nr. 137, S. 88ff.
[130]Brachwitz 1937, Nr. 138, S. 90
[131]Brachwitz 1937, Nr. 139, S. 90f.
[132]Brachwitz 1937, Nr. 142, S. 93
[133]Brachwitz 1937, Nr. 140, S. 91f.
[134]Brachwitz 1937, Nr. 141, S. 92f.
[135]Kuhn 1843, Nr. 199, S. 213f.
[136]Kuhn 1843, Nr. 129, S. 138f.
[137]Kuhn 1843, Nr. 130, S. 140
[138]Kuhn 1843, Nr. 131, S. 140f.
[139]Kuhn 1843, Nr. 132, S. 142
[140]Kuhn 1843, Nr. 136, S. 145
[141]Kuhn 1843, Nr. 138, S. 146f.
[142]Heuer 1922, Nr. 8
[143]Kuhn 1843, Nr. 223, S. 238f.
[144]Kuhn 1843, Nr. 141, S. 149
[145]Kuhn 1843, Nr. 142, S. 149f.
[146]Kuhn 1843, Nr. 144, S. 151ff.
[147]Kuhn 1843, Nr. 145, S. 153f.
[148]Kuhn 1843, Nr. 148, S. 155f.
[149]Kuhn 1843, Nr. 152, S. 160
[150]Kuhn 1843, Nr. 153, S. 160f.
[151]Kunzendorf 1911, Nr. 135, S. 130f.
[152]Kunzendorf 1911, Nr. 164, S. 155f.
[153]Kunzendorf 1911, Nr. 165, S. 156
[154]Handtmann 1883, Nr. 5
[155]Schwartz 1871, Nr. 28
[156]Petzoldt 1976, Nr. 232, S. 216ff.
[157]Haase 1887, Nr. 1
[158]Haase 1887, Nr. 13
[159]Haase 1887, Nr. 42
[160]Haase 1887, Nr. 54
[161]Haase 1887, Nr. 85
[162]Haase 1887, Nr. 96
[162a]Schwartz 1871, Nr. 57
[163]Haase 1887, Nr. 100

[164] Kuhn 1843, Nr. 214, S. 233
[165] Heuer 1922, Nr. 7
[166] Heuer 1922, Nr. 9
[167] Heuer 1922, Nr. 21
[168] Kunzendorf 1911, Nr. 133, S. 128f.
[169] Kunzendorf 1911, Nr. 134, S. 129f.
[170] Kuhn 1843, Nr. 209, S. 229f.
[171] Kuhn 1843, Nr. 210, S. 230f.
[172] Kuhn 1843, Nr. 213, S. 232
[173] Kuhn 1843, Nr. 217, S. 234f.
[174] Kuhn 1843, Nr. 218, S. 235f.
[175] Kuhn 1843, Nr. 155, S. 163f.
[176] Kuhn 1843, Nr. 158, S. 165f.
[177] Kuhn 1843, Nr. 161, S. 168f.
[178] Schmidt 1909, S. 17
[179] Kuhn 1843, Nr. 163, S. 169f.
[180] Kuhn 1843, Nr. 164, S. 170ff.
[181] Kuhn 1843, Nr. 168, S. 175
[182] Kuhn 1843, Nr. 169, S. 175f.
[183] Kuhn 1843, Nr. 170, S. 176ff.
[184] Kuhn 1843, Nr. 171, S. 178ff.
[185] Kuhn 1843, Nr. 173, S. 182ff.
[186] Kuhn 1843, Nr. 176, S. 189
[187] Kuhn 1843, Nr. 177, S. 189f.
[188] Kuhn 1843, Nr. 179, S. 190f.
[189] Kuhn 1843, Nr. 186, S. 198
[190] Kuhn 1843, Nr. 187, S. 199f.
[191] Schmidt 1909, S. 51ff.
[192] Schmidt 1909, S. 23f.
[193] Schmidt 1909, S. 26
[194] Schmidt 1909, S. 26f.
[195] Schmidt 1909, S. 27
[196] Schmidt 1909, S. 28f.
[197] Schmidt 1909, S. 80f.
[198] Schmidt 1909, S. 100
[199] Schmidt 1909, S. 100
[200] Schmidt 1909, S. 101
[201] Kuhn 1843, Nr. 188, S. 203
[202] Kuhn 1843, Nr. 189, S. 204f.
[203] Kuhn 1843, Nr. 192, S. 207f.
[204] Kuhn 1843, Nr. 195, S. 209f.
[205] Kuhn 1843, Nr. 196, S. 210f.
[206] Kuhn 1843, Nr. 197, S. 211f.

[207]Kuhn 1843, Nr. 201, S. 215
[208]Kuhn 1843, Nr. 202, S. 216
[209]Kuhn 1843, Nr. 204, S. 217f.
[210]Kuhn 1843, Nr. 205, S. 218f.
[211]Kuhn 1843, Nr. 207, S. 221f.
[212]Kuhn 1843, Nr. 226, S. 243
[213]Kuhn 1843, Nr. 227, S. 244
[214]Kuhn 1843, Nr. 228, S. 244f.
[215]Kuhn 1843, Nr. 230, S. 246
[216]Schwartz 1871, Nr. 194
[217]Kuhn 1843, Nr. 235, S. 250f.
[218]Kuhn 1843, Nr. 236, S. 251f.
[219]Kuhn 1843, Nr. 238, S. 253
[220]Kuhn 1843, Nr. 239, S. 254
[221]Kuhn 1843, Nr. 240, S. 255
[222]Kuhn 1843, Nr. 241, S. 255f.
[223]Kuhn 1843, Nr. 243, S. 259f.
[224]Müller 1924, Nr. 39, S. 24
[225]Müller 1924, Nr. 40, S. 24f.
[226]Müller 1924, Nr. 41, S. 25
[227]Müller 1924, Nr. 42, S. 25f.
[228]Müller 1924, Nr. 43, S. 26
[229]Müller 1924, Nr. 46, S. 27f.
[230]Müller 1924, Nr. 47, S. 28
[231]Handtmann 1883, Nr. 6
[232]Handtmann 1883, Nr. 7
[233]Handtmann 1883, Nr. 8
[234]Kunzendorf 1911, Nr. 212, S. 192f.
[235]Kuhn 1843, Nr. 1, S. 3f.
[236]Kuhn 1843, Nr. 3, S. 4f.
[237]Kuhn 1843, Nr. 4, S. 5f.
[238]Grässe 1868, Nr. 152, S. 141
[239]Kuhn 1843, Nr. 7, S. 8f.
[240]Kuhn 1843, Nr. 8, S. 9f.
[241]Kuhn 1843, Nr. 11, S. 11ff.
[242]Kuhn 1843, Nr. 12, S. 13ff.
[243]Kuhn 1843, Nr. 14, S. 15ff.
[244]Altmärkischer Sagenschatz. Ges. vom Lehrerverband der Altmark. In: Beiträge zur Volks- und Heimatkunde der Altmark, Bd. 2. Leipzig und Berlin 1908, Nr. 24
[245]Kuhn 1843, Nr. 19, S. 21ff.
[246]Kuhn 1843, Nr. 24, S. 26
[247]Kuhn 1843, Nr. 29, S. 29f.
[248]Kuhn 1843, Nr. 30, S. 30

[249]Kuhn 1843, Nr. 36, S. 35 f.
[250]Kuhn 1843, Nr. 38, S. 37
[251]Kuhn 1843, Nr. 41, S. 39 ff.
[252]Kuhn 1843, Nr. 50, S. 49 f.
[253]Kuhn 1843, Nr. 52, S. 50 ff.
[254]Altmärkischer Sagenschatz a. a. O., Leipzig und Berlin 1908, Nr. 4, S. 235
[255]Grässe 1868, Nr. 177, S. 159 f.
[256]Grässe 1868, Nr. 208, S. 192 f.
[257]Bechstein 1853, S. 287
[258]Temme 1839, Nr. 32, S. 29
[259]Temme 1839, Nr. 33, S. 30
[260]Temme 1839, Nr. 57, S. 50
[261]Temme 1839, Nr. 59, S. 51 ff.
[262]Temme 1839, Nr. 71, S. 64 f.
[263]Temme 1839, Nr. 72, S. 65
[264]Temme 1839, Nr. 73, S. 65 ff.
[265]Temme 1839, Nr. 74, S. 68 ff.
[266]Veckenstedt 1880, Nr. I/1, S. 1 ff. und I/37, S. 12 f.
[267]Veckenstedt 1880, Nr. I/42, S. 15
[268]Veckenstedt 1880, Nr. I/82, S. 27
[269]Veckenstedt 1880, Nr. I/102, S. 32 f.
[270]Veckenstedt 1880, Nr. II/1, S. 35
[271]Veckenstedt 1880, Nr. II/55, S. 50 f.
[272]Veckenstedt 1880, Nr. III/14, S. 56
[273]Veckenstedt 1880, Nr. V/1, S. 86
[274]Veckenstedt 1880, Nr. V/4, S. 87
[275]Veckenstedt 1880, Nr. V/10, S. 89
[276]Veckenstedt 1880, Nr. V/12, S. 90
[277]Veckenstedt 1880, Nr. XI/3, S. 115 f.
[278]Veckenstedt 1880, Nr. XIV/10, S. 133
[279]Veckenstedt 1880, Nr. XVII/1, S. 157
[280]Veckenstedt 1880, Nr. XVII/50, S. 169
[281]Veckenstedt 1880, Nr. XVII/59, S. 171
[282]Veckenstedt 1880, Nr. XVII/60, S. 171 f.
[283]Veckenstedt 1880, Nr. XIX/49, S. 202
[284]Veckenstedt 1880, Nr. XIX/53, S. 203 f.
[285]Veckenstedt 1880, Nr. XXIII/6, S. 279 f.
[286]Veckenstedt 1880, Nr. XXXI/1, S. 336 f.
[287]Veckenstedt 1880, Nr. XXXV/22, S. 368 f.
[288]Veckenstedt 1880, Nr. XXXIX/5, S. 383 f.
[289]Veckenstedt 1880, Nr. XL/14, S. 389
[290]Veckenstedt 1880, Nr. XL/16, S. 389
[291]Veckenstedt 1880, Nr. XLIII/1, S. 402

[292]Veckenstedt 1880, Nr. XLIII/3, S. 403 f.
[293]Veckenstedt 1880, Nr. XLIII/8, S. 406 f.
[294]Veckenstedt 1880, Nr. XLIII/9, S. 407 ff.
[295]Gräve 1839, Heft 1, Nr. 14
[296]Gräve 1839, Heft 1, Nr. 16
[297]Wilhelm Sausse, Geschichte des Jungfrauenklosters und der Klosterkirche von Guben. In: Neues Lausitzisches Magazin, 43. Band, Görlitz 1866, Nr. 4, S. 175 ff.
[298]ebda., Nr. 5, S. 177 f.
[299]ebda., Nr. 6, S. 178 f.
[300]Gander 1894, Nr. 302, S. 116 f.
[301]Gander 1894, Nr. 303, S. 117
[302]Gander 1894, Nr. 328/1, S. 126 f.

Ortsregister